기독교문서선교회(Christian Literature Center: 약칭 CLC)는 1941년 영국 콜체스터에서 켄 아담스에 의해 시작되었으며 국제 본부는 미국 필라델피아에 있습니다.
국제 CLC는 약 650여 명의 선교사들이 59개 나라에서 180개의 서점을 운영하며 이동 도서 차량 40대를 이용하여 문서 보급에 힘쓰고 있으며 이메일 주문을 통해 130여 국으로 책을 공급하고 있는 국제적 문서선교 기관입니다.

언약의 성취

The Fulfillment of the Covenant
Written by Kim Seong in
All rights reserved.
Korean Edition Copyright ⓒ 2025 by Christian Literature Center, Seoul, Korea.

언약의 성취

2025년 12월 10일 초판 발행

지 은 이 ｜ 김성인

편　　집 ｜ 서춘교
디 자 인 ｜ 박성준, 소신애
펴 낸 곳 ｜ (사)기독교문서선교회
등　　록 ｜ 제16-25호(1980.1.18.)
주　　소 ｜ 서울특별시 동대문구 천호대로71길 39
전　　화 ｜ 02-586-8761-3(본사) 031-942-8761(영업부)
팩　　스 ｜ 02-523-0131(본사) 031-942-8763(영업부)
이 메 일 ｜ clckor@gmail.com
홈페이지 ｜ www.clcbook.com
송금계좌 ｜ 기업은행 073-000308-04-020 (사)기독교문서선교회
일련번호 ｜ 2025-99

ISBN 978-89-341-2884-7 (03230)

이 책의 출판권은 (사)기독교문서선교회가 소유합니다.
신저작권법에 의하여 한국 내에서 보호받는 저작물이므로 무단 전재와 무단 복제를 금합니다.

ACHIEVEMENT OF THE COVENANT
언약의 성취

성경의 핵심 진리를 말한다

김성인 지음

신앙생활의 실패는 성경 말씀을 이해하지 못하기 때문이다.

성경은 죄인을 구원하시려는 하나님의 언약과
그 언약이 성취된 사실이 기록된 말씀이다.

처참하게 무너진 성막과 성전, 그리고 예수님의
십자가 죽음과 부활, 그 속에 숨겨진 비밀

성막 시대를 지나고 성전 시대를 넘어 예수님의
성육신으로 마침내 언약이 성취되었다.

무너진 성전에 계시된 생명의 비밀을 전한다.

CLC

목차

서문   7

제1장 구약 시대에 성취된 언약   12

    1. 언약 이전의 묵시적 언약   12

    2. 범죄 이후 사람에게 어떤 변화가 나타났는가?   13

    3. 노아와 맺은 언약과 성취   16

    4. 아브라함과 맺은 언약과 성취   21

    5. 야곱(이스라엘) 가족의 애굽 이주   23

    6. 이스라엘 백성의 번성과 애굽 왕의 박해   35

    7. 모세를 바로에게 보내시는 하나님   38

    8. 유월절과 이스라엘 백성의 해방   41

    9. 하늘에 있는 식양대로 성막이 만들어지다   49

    10. 성막 봉헌과 구름 기둥 불 기둥의 임재   53

    11. 모세의 사명은 여기까지   56

    12. 새로운 지도자 여호수아   59

    13. 성막과 사사 시대   65

    14. 성막 시대를 지나 성전 시대로   83

    15. 솔로몬왕의 성대한 성전 봉헌식   87

16. 백성들의 무지와 우상숭배로 인하여 버림받은 성전　　　　93
　　17. 이방의 왕에 의하여 재건된 성전　　　　　　　　　　　　119
　　18. 헤롯에 의한 대대적인 성전 확장 공사　　　　　　　　　　128

제2장 신약에서 보는 언약의 성취　　　　　　　　　　　　　132
　　1. 예수 그리스도에 대한 선지자들의 예언 성취　　　　　　　132
　　2. 천사의 증거　　　　　　　　　　　　　　　　　　　　　　134
　　3. 세례 요한의 증거　　　　　　　　　　　　　　　　　　　137
　　4. 예수님의 증거　　　　　　　　　　　　　　　　　　　　　141
　　5. 예수님의 많은 표적이 증거　　　　　　　　　　　　　　　149
　　6. 예수님의 죽으심과 부활이 증거(가장 놀랍고 확실한 증거)　155
　　7. 오순절 성령강림 후에 사도들이 증거　　　　　　　　　　164
　　8. 성막과 성전의 무너짐 그리고 예수님의 십자가 죽으심의 공통점　179
　　9. 영원한 참성전의 시대 도래　　　　　　　　　　　　　　　197

제3장 최후의 심판을 대비하라   204

  1. 사후에는 영생과 영원한 형벌이 예고되어 있다   204

  2. 나 외에는 구원자가 없느니라   215

  3. 그리스도 예수 안에 있는 자는 결코 정죄함이 없느니라   225

  4. 구원의 복음에 대한 사람들의 반응   229

  5. 복음을 위해 목숨 바친 제자들   234

  6. 누구도 피할 수 없는 사망과 형벌   243

  7. 역사 속에 등장하였다가 사라진 교회   249

  8. 영광의 주인공이 될 최후의 승리자들   252

부록: 언약의 성취 과정을 보여 주는 교회사   259

  1. 언약의 성취 과정을 보여 주는 교회사   259

  2. 교회 시대(AD 30년 - 현재)   260

  3. 대한민국의 교회 시대(1883년-현재)   263

서문

김 성 인 목사
강성교회 담임목사

　백사십여 년 전 영적으로 아주 척박하였던 이 땅에도 복음이 전하여져 싹이 트고 뿌리 내려 성장하니 전 세계 어디서도 유례를 찾아볼 수 없는 빠른 외적 성장과 세계 선교를 이루며 화려한 기독교 문화를 꽃 피었다. 그러나 이제는 그 성장 동력을 잃어 가며 점차 침체기에 빠져 들어 가고 있다. 그런데 이러한 현상은 앞서 복음이 전하여졌던 모든 나라에서 동일하게 나타나는 공통적인 현상이다.
　영원하여야 할 교회가 왜 2, 3세기도 유지하지 못하고 사라지는 것인가?
　그 원인이 무엇인가 원인을 알아야 한다 그 원인이 성경 말씀에 분명하게 기록되어 있다.

　사람들은 처음부터 복음을 제대로 이해하지 못하고 자신들이 원하는 무엇을 얻기 위하여 하나님을 찾았고 스스로 기독교 문화를 만들어 가며 신앙생활을 하였는데 이러한 것들이 주님의 뜻과는 아주 배치되는 것이었으니 결국 교회가 일정 기간 존재하다가 사라지게 된 원인이

다. 올바른 신앙생활을 위해서 가장 중요한 것은 성경 말씀(복음)에 대한 올바른 이해이다.

교회가 성경 말씀을 바르게 이해하지 못하고 자신들이 원하는 것을 얻기 위하여 사람의 뜻과 목적을 위한 수단으로 이용하려 하고 있기에 진리에 이르지 못하고 실패하는 것이다. 예수님의 공생애 활동 초기에는 엄청난 인파가 자신들이 원하는 것을 얻고자 큰 기대와 호기심을 가지고 주님을 찾아왔있으나 예수님께서 자신의 십자가 죽음에 대하여 말씀하시기 시작하면서부터 모두 실망하며 떠나갔던 것과 동일한 것이다.

복음을 올바르게 알지 못하는 사람들은 절대로 주님을 따라갈 수 없다. 예수님의 제자들도 예수님이 누구인지 알지 못하던 시기에는 모두 실패하였지만, 예수님 부활 후에 예수님에 대하여 모든 것을 알게 된 후에는 한 사람도 실패하지 않고 복음을 위하여 생명 바쳐 사명을 수행하였으니 주님을 따르는 사람들에게 가장 중요한 것이 복음에 대한 올바른 이해이다.

교회의 역사는 하나님의 사랑과 언약을 이해하지 못한 백성들의 거듭된 배도의 역사이다. 그런데도 하나님의 언약은 변함없이 성취되어 가고 있으니, 여기에서 하나님의 놀라운 사랑과 구속의 섭리를 깨닫게 된다. 교회가 하나님을 배도 하는 것은 하나님에 대한 무지와 인간의 탐욕과 사탄의 미혹 때문이다. 이 세 가지 문제로 인하여 어느 시대나 마찬가지로 교회가 세워졌다 무너지는 역사가 반복되고 있다.

본서는 성경의 핵심 이해와 교회의 지난 역사를 깨닫고 하나님 말씀을 거울삼아 오늘의 교회를 올바르게 진단하고 교회 지도자들이 먼저 말씀 속에서 주님을 만나 주님과 하나 되어 무너져가는 교회를 다시 세워갈 수 있기를 바라는 간절한 심정으로 성경 말씀에서 가장 중요한

핵심이 되는 구속의 진리 "하나님의 언약과 성취"에 관하여 누구나 쉽게 이해할 수 있도록 관련된 말씀을 찾아 획일적으로 편집 저술하였다.

성경 말씀은 하나님의 말씀으로 신앙과 생활의 유일한 교과서이며 지침서이다.

그러므로 교회의 지도자나 성도들에게 가장 중요한 것은 성경 말씀에 대한 올바른 이해이다. 그러나 성경 말씀이 너무나 방대하니 말씀을 보아도 알지 못하고 들어도 깨닫지 못하여 평생 신앙생활을 하여도 구원에 확신이 없는 사람이 많으며 중도 포기하는 사람도 많고 심지어 그릇된 신앙을 가르치는 거짓 지도자들이 활동하면서 교회가 큰 혼란 속에 빠져 선교 활동에 많은 어려움을 겪고 있고 많은 사람이 신앙생활에 실패하고 있다.

본 교재가 앞으로 독자들이 하나님의 말씀과 교회의 역사에 눈을 뜨게 하여 오늘의 교회를 정확히 진단하고 올바른 처방을 내려 무너져가는 교회를 다시 세워갈 수 있도록 하는 참고서가 되기를 바라는 마음 간절하다. 하나님은 당신의 백성들이 말씀을 떠나서 잘못된 방향으로 나갈 때마다 여러 수단을 통하여 징벌하셨는데, 그 징벌을 하나님의 채찍으로 깨닫고 철저히 회개하고 돌아오는 자들로 언약의 맥을 이어가셨고 지금도 진행 중이다.

새 술은 새 부대에 담아야 한다는 주님의 말씀을 항상 기억하여야 하는데, 교회는 언제나 옛것에 발목 잡혀서 새것을 보지 못하고 있다. 교회의 가장 큰 문제는 이스라엘 백성들이 주님을 알아보지 못하고 따라가지 못한 것처럼 오늘의 교회가 교회의 정체성(identity)을 잃어버리고 마침 성전 시대와 교회 시대의 사이에서 맴돌며 앞서가신 주님을 따라

가지 못하는 것이다. 이스라엘 백성의 성전 중심 신앙이 세상의 온갖 가증스러운 것과 혼합되어 혼합신앙을 가지게 된 후에 버림받았던 것처럼 교회 시대에도 그들의 뒤를 따라가다가 결국 소멸하고 있다.

오래전부터 일부 지도자들이 교회의 심각성을 깨닫고 성경으로 돌아가야 한다, 초대 교회로 돌아가야 한다고 말을 하는데 그러한 말은 그동안 교회가 하나님의 말씀을 벗어났다는 것을 자인하는 말일 뿐 핵심이 없는 아주 모호하기 그지없는 말이며 초대 교회도 얼마 가지 못하고 모두 사라졌으니 우리는 그 원인을 찾아야 한다.

> 내가 네 행위를 아노니 네가 차지도 아니하고 더웁지도 아니하도다. 네가 차든지 더웁든지 하기를 원하노라. 네가 이같이 미지근하여 더웁지도 아니하고 차지도 아니하니 내 입에서 너를 토하여 내치리라 네가 말하기를 나는 부자라 부요하여 부족한 것이 없다 하나 네 곤고한 것과 가련한 것과 가난한 것과 눈먼 것과 벌거벗은 것을 알지 못하도다. 내가 너를 권하노니 내게서 불로 연단한 금을 사서 부요하게 하고 흰 옷을 사서 입어 벌거벗은 수치를 보이지 않게 하고 안약을 사서 눈에 발라 보게 하라 무릇 내가 사랑하는 자를 책망하여 징계하노니 그러므로 네가 열심을 내라 회개하라 볼찌어다. 내가 문밖에 서서 두드리노니 누구든지 내 음성을 듣고 문을 열면 내가 그에게로 들어가 그로 더불어 먹고 그는 나로 더불어 먹으리라(계 3:15-20).

부요한 시대의 교회는 라오디게아 교회처럼 물질적인 것에 만족할 뿐, 영적인 것이나 주님에 관하여서는 관심이 없다. 그렇기에 영혼 구원이나 주님과는 아무 상관 없이 흥행하다가 사라지는 것이다.

개혁을 말하며 말씀으로, 초대 교회로 돌아가야 한다는 모호한 말을 하지 말고 이제는 말씀을 가르치고 전하는 자들이 먼저 말씀을 깨닫고 주님과 하나 되어 말씀을 듣는 사람들이 회개하고 예수님을 영접할 수 있도록 하는 분명한 외침이 있어야 한다. 성경은 우리의 구원자로 오신 예수님에 대한 말씀으로 죄인들이 예수님을 알고 영접하여 구원에 이르는 지혜를 얻도록 하려고 주신 말씀이다.

세례 요한이나 제자들의 사역은 예수님께서 누구이신가를 분명하게 알고 전하여 듣는 사람들이 예수님을 영접하고 구원받도록 하였다. 이것이 세상에 교회가 존재하는 유일한 목적이며 교회의 유일한 사명이다.

2025년 4월
안양시 관양동 아크로타워에서

제1장

구약 시대에 성취된 언약

1. 언약 이전의 묵시적 언약
  (여자의 후손과 가죽옷에 나타난 묵시적 언약)

> 여호와 하나님이 뱀에게 이르시되 네가 이렇게 하였으니 네가 모든 육축과 들의 모든 짐승보다 더욱 저주를 받아 배로 다니고 종신토록 흙을 먹을지니라. 내가 너로 여자와 원수가 되게 하고 너의 후손도 여자의 후손과 원수가 되게 하리니 여자의 후손은 네 머리를 상하게 할 것이요 너는 그의 발꿈치를 상하게 할 것이니라 하시고(창 3:14-15).

> 여호와 하나님이 아담과 그 아내를 위하여 가죽옷을 지어 입히시니라 (창 3:21).

　인간의 범죄 직후 하나님은 최초로 여자의 후손에 대하여 말씀을 하셨는데 여자의 후손은 동정녀 마리아를 통해서 세상에 오실 예수 그리스도를 계시하신 것이다.

2. 범죄 이후 사람에게 어떤 변화가 나타났는가?

이전의 영화는 모두 사라지고 여러 부분에 변화가 나타났다.

1) 아담과 하와는 벌거벗은 자신이 부끄러워 스스로 하나님을 피하여 숨었다

> 이에 그들의 눈이 밝아 자기들의 몸이 벗은 줄을 알고 무화과나무 잎을 엮어 치마를 하였더라 그들이 날이 서늘할 때에 동산에 거니시는 여호와 하나님의 음성을 듣고 아담과 그 아내가 여호와 하나님의 낯을 피하여 동산 나무 사이에 숨은지라. 여호와 하나님이 아담을 부르시며 그에게 이르시되 네가 어디 있느냐. 가로되 내가 동산에서 하나님의 소리를 듣고 내가 벗었으므로 두려워하여 숨었나이다. 가라사대 누가 너의 벗었음을 네게 고하였느냐 내가 너더러 먹지 말라 명한 그 나무 실과를 네가 먹었느냐. 아담이 가로되 하나님이 주셔서 나와 함께하게 하신 여자 그가 그 나무 실과를 내게 주므로 내가 먹었나이다. 여호와 하나님이 여자에게 이르시되 네가 어찌하여 이렇게 하였느냐 여자가 가로되 뱀이 나를 꾀므로 내가 먹었나이다(창 3:7-13).

2) 고통과 저주와 죽음이 왔다

> 또 여자에게 이르시되 내가 네게 잉태하는 고통을 크게 더하리니 네가 수고하고 자식을 낳을 것이며 너는 남편을 사모하고 남편은 너를 다스릴 것이니라 하시고 아담에게 이르시되 네가 네 아내의 말을 들

> 고 내가 너더러 먹지 말라한 나무 실과를 먹었은즉 땅은 너로 인하여 저주를 받고 너는 종신토록 수고하여야 그 소산을 먹으리라. 땅이 네게 가시덤불과 엉겅퀴를 낼 것이라 너의 먹을 것은 밭의 채소인즉 네가 얼굴에 땀이 흘러야 식물을 먹고 필경은 흙으로 돌아가리니 그 속에서 네가 취함을 입었음이라 너는 흙이니 흙으로 돌아갈 것이니라 하시니라(창 3:16-19).

3) 아름답고 풍요하였던 보금자리 에덴에서 쫓겨났다

범죄 이후 사람은 하나님과 함께할 수가 없었으므로 하나님으로부터 에덴에서 쫓겨나 스스로 땅을 갈며 땀을 흘려 농사를 지어 땅에서 나는 열매를 먹고 살게 되었으니 이때부터 고난의 삶이 시작되었고 종말은 죽어서 흙으로 돌아가라는 선고를 받았다.

> 여호와 하나님이 가라사대 보라 이 사람이 선악을 아는 일에 우리 중 하나 같이 되었으니 그가 그 손을 들어 생명나무 실과도 따먹고 영생할까 하노라 하시고 여호와 하나님이 에덴동산에서 그 사람을 내어 보내어 그의 근본 된 토지를 갈게 하시니라. 이같이 하나님이 그 사람을 쫓아내시고 에덴동산 동편에 그룹들과 두루 도는 화염검을 두어 생명 나무의 길을 지키게 하시니라(창 3:22-24).

범죄 이후 아담과 하와는 무화과 나뭇잎을 엮어서 부끄러움을 가려 보려 하였으나 그들의 수고는 매일 반복될 뿐 해결 수단이 되지 못했다. 그런데 하나님께서 가죽옷을 지어 입히셨으니 그 가죽옷은 그의 부끄러움을 가리어 줄 수 있는 완전한 옷이었다. 죄는 사람이 범했지만, 하나님께서는 죄를 범하고 부끄러워 숨어 있던 아담에게 찾아오셔서 손수 지으신 가죽옷을 입혀 주셨는데 가죽옷을 만들기 위해서는 죄 없는 한 짐승이 죽어야 했다.

이 짐승의 희생으로 만들어진 가죽옷이 죄인의 수치를 가려 주는 옷이 되었는데 이는 장차 세상에 오셔서 죄인들의 수치를 가리어주어 하나님 앞에 나아 갈 수 있도록 하실 어린양 예수 그리스도의 희생을 암시한 예표이다. 죄인을 구원하시려는 하나님의 계시가 최초 여자의 후손과 짐승의 가죽옷에 나타났으며 그 후 아브라함에게 구체적인 말씀으로 전하여졌고 점진적으로 성취되어 마침내 예수님께서 오심으로 우리의 구원을 이루셨으니 이 소식이 죄인들을 위한 구원의 복음이다.

구약은 하나님의 죄인 구원에 대한 언약의 말씀이며 신약은 그 언약이 성취되었음을 선포한 말씀이다.

구약은 그림자요, 신약은 실체이다. 그림자는 희미하게 보였지만, 실체가 나타남으로 인하여 구약과 신약의 말씀이 하나이며 하나님의 언약이란 사실이 확실하게 증명된 것이다. 사탄에 미혹되어 죄를 범한 인간은 스스로는 죄와 사망과 사탄에서 벗어날 수 없으므로 사탄을 이기시고 멸하실 권세와 능력을 소유하신 예수님께서 오셔야 죄와 사탄에 매여 있는 사람을 살릴 수 있었다(롬 8:1-4; 히 2:14-15 참조).

> 우리의 년 수가 칠십이요 강건하면 팔십이라도 그 년 수의 자랑은 수고와 슬픔 뿐이요 신속히 가니 우리가 날아가나이다 누가 주의 노의 능력을 알며 누가 주를 두려워하여야 할 대로 주의 진노를 알리이까 우리에게 우리 날 계수함을 가르치사 지혜의 마음을 얻게 하소서(시 90:9-11).

3. 노아와 맺은 언약과 성취 (인류 최초의 심판과 구원을 위한 언약)

하나님은 노아가 살던 시대에 세상에 만연한 죄악으로 인하여 최초로 세상을 홍수로 심판하실 것을 작정하시고 의로운 노아와 그의 가족, 그리고 각종 생물의 일부를 구원하기 위하여 노아에게 홍수 심판에 대하여 알리셨다 그리고 구원의 방편으로 하나님이 직접 설계하신 방주의 설계도를 보여주시며 방주를 짓게 하셨고, 홍수가 창일한 동안 방주 안에 먹을 양식을 준비하게 하심으로 노아의 가족과 방주 안으로 들어간 생물들을 구원하셨다.

> 사람이 땅 위에 번성하기 시작할 때에 그들에게서 딸들이 나니 하나님의 아들들이 사람의 딸들의 아름다움을 보고 자기들의 좋아하는 모든 자로 아내를 삼는지라. 여호와께서 가라사대 나의 신이 영원히 사람과 함께 하지 아니하리니 이는 그들이 육체가 됨이라 그러나 그들의 날은 일백 이십년이 되리라 하시니라. 당시에 땅에 네피림이 있었고 그 후에도 하나님의 아들들이 사람의 딸들을 취하여 자식을 낳았으니 그들이 용사라 고대에 유명한 사람이었더라 여호와께서 사람의 죄악이 세상에 관영함과 그 마음의 생각의 모든 계획이 항상 악할 뿐임을 보시고 땅 위에 사람 지으셨음을 한탄하사 마음에 근심하시고 가라사대 나의 창조한 사람을 내가 지면에서 쓸어 버리되 사람으로부터 육축과 기는 것과 공중의 새까지 그리하리니 이는 내가 그것을 지었음을 한탄함이니라 하시니라 그러나 노아는 여호와께 은혜를 입었더라 노아의 사적은 이러하니라 노아는 의인이요 당세에 완전한 자라 그가 하나님과 동행하였으며 그가 세 아들을 낳았으

니 셈과 함과 야벳이라 때에 온 땅이 하나님 앞에 패괴하여 강포가 땅에 충만한지라. 하나님이 보신즉 땅이 패괴 하였으니 이는 땅에서 모든 혈육 있는 자의 행위가 패괴함이었더라 하나님이 노아에게 이르시되 모든 혈육 있는 자의 강포가 땅에 가득하므로 그 끝날이 내 앞에 이르렀으니 내가 그들을 땅과 함께 멸하리라 너는 잣나무로 너를 위하여 방주를 짓되 그 안에 간들을 막고 역청으로 그 안팎에 칠하라 그 방주의 제도는 이러하니 장이 삼백 규빗, 광이 오십 규빗, 고가 삼십 규빗이며 거기 창을 내되 위에서부터 한 규빗에 내고 그 문은 옆으로 내고 상 중 하 삼층으로 할찌니라 내가 홍수를 땅에 일으켜 무릇 생명의 기식 있는 육체를 천하에서 멸절하리니 땅에 있는 자가 다 죽으리라 그러나 너와는 내가 내 언약을 세우리니 너는 네 아들들과 네 아내와 네 자부들과 함께 그 방주로 들어가고 혈육 있는 모든 생물을 너는 각기 암 수 한쌍씩 방주로 이끌어 들여 너와 함께 생명을 보존케 하되 새가 그 종류대로, 육축이 그 종류대로, 땅에 기는 모든 것이 그 종류대로 각기 둘씩 네게로 나아오리니 그 생명을 보존케 하라. 너는 먹을 모든 식물을 네게로 가져다가 저축하라 이것이 너와 그들의 식물이 되리라 노아가 그와 같이 하되 하나님이 자기에게 명하신대로 다 준행하였더라(창 6:1-22).

여호와께서 노아에게 이르시되 너와 네 온 집은 방주로 들어가라 네가 이 세대에 내 앞에서 의로움을 내가 보았음이니라 너는 모든 정결한 짐승은 암 수 일곱씩, 부정한 것은 암 수 둘씩을 네게로 취하며 공중의 새도 암 수 일곱씩을 취하여 그 씨를 온 지면에 유전케 하라 지금부터 칠일이면 내가 사십 주야를 땅에 비를 내려 나의 지은 모든 생물을 지면에서 쓸어 버리리라 노아가 여호와께서 자기에게 명하신대로 다 준행하였더라 홍수가 땅에 있을 때에 노아가 육백세라 노아가 아들들과 아내와 자부들과 함께 홍수를 피하여 방주에 들어갔고 정결한 짐승과 부정한 짐승과 새와 땅에 기는 모든 것이 하나님이 노아에게 명하신 대로 암 수 둘씩 노아에게 나아와 방주로 들어갔더니 칠일 후에 홍수가 땅에 덮이니 노아 육백세 되던 해 이월 곧 그 달 십칠일이라 그날에 큰 깊음의 샘들이 터지며 하늘의 창들이 열려 사십 주야를 비가 땅에 쏟아졌더라 곧 그날에 노아와 그의 아들 셈, 함, 야벳과 노아의 처와 세 자부가 다 방주로 들어갔고 그들과 모든 들짐승이 그 종류대로, 모든 육축이 그 종류대로, 땅에 기는 모든 것이 그 종류대로, 모든 새 곧 각양의 새가 그 종류대로 무릇 기식이 있는 육체가 둘씩 노아에게 나아와 방주로 들어갔으니 들어간 것들은 모든 것의 암 수라 하나님이 그에게 명하신 대로 들어가매 여호와께서 그를 닫아 넣으시니라 홍수가 땅에 사십일을 있었는지라 물이 많아져 방주가 땅에서 떠 올랐고 물이 더 많아져 땅에 창일하매 방주가 물위에 떠 다녔으며 물이 땅에 더욱 창일하매 천하에 높은 산이 다 덮였더니 물이 불어서 십 오 규빗이 오르매 산들이 덮인지라. 땅 위에 움직이는 생물이 다 죽었으니 곧 새와 육축과 들짐승과 땅에 기는 모든 것과 모든 사람이라 육지에 있어 코로 생물의 기식을 호흡하는 것은 다 죽었더라 지면의 모든 생물을 쓸어버리시니 곧 사람과 짐승과 기는 것과 공중의 새까지라 이들은 땅에서 쓸어버림을 당하였으되 홀로 노아와 그와 함께 방주에 있던 자만 남았더라 물이 일백 오십일을 땅에 창일하였더라(창 7:1-24).

하나님께서 노아에게 말씀하신 대로 세상을 심판하셨으니 창조 이후 최초로 세상에 임한 심판이었다. 그러나 심판 후에도 많은 시간이 흐르고 세대가 바뀌면 사람들은 여지없이 지난날의 심판에 대한 교훈을 잊어버리고 심판 전과 똑같이 여전히 큰 죄악 가운데 살아감으로 인하여 하나님의 크고 작은 심판(징벌)이 오늘까지 반복적으로 계속되고 있다. 세상 끝에는 전무후무한 대 환난이 예고되었으니 그때는 선택된 사람 외에는 아무도 살아남지 못할 것이다.

1) 종말의 심판 예고

> 내가 또 보니 힘센 다른 천사가 구름을 입고 하늘에서 내려오는데 그 머리 위에 무지개가 있고 그 얼굴은 해 같고 그 발은 불 기둥 같으며 그 손에 펴 놓인 작은 책을 들고 그 오른발은 바다를 밟고 왼발은 땅을 밟고 사자의 부르짖는 것 같이 큰 소리로 외치니 외칠 때에 일곱 우뢰가 그 소리를 발하더라 일곱 우뢰가 발할 때에 내가 기록하려고 하다가 곧 들으니 하늘에서 소리나서 말하기를 일곱 우뢰가 발한 것을 인봉하고 기록하지 말라 하더라 내가 본바 바다와 땅을 밟고 섰는 천사가 하늘을 향하여 오른손을 들고 세세토록 살아계신 자 곧 하늘과 그 가운데 있는 물건이며 땅과 그 가운데 있는 물건이며 바다와 그 가운데 있는 물건을 창조하신 이를 가리켜 맹세하여 가로되 지체하지 아니하리니 일곱째 천사가 소리 내는 날 그 나팔을 불게 될 때에 하나님의 비밀이 그 종 선지자들에게 전하신 복음과 같이 이루리라 (계 10:1-7).

> 그러나 그날과 그때는 아무도 모르나니 하늘의 천사들도, 아들도 모르고 오직 아버지만 아시느니라 노아의 때와 같이 인자의 임함도 그러하리라 홍수 전에 노아가 방주에 들어가던 날까지 사람들이 먹고 마시고 장가들고 시집가고 있으면서 홍수가 나서 저희를 다 멸하기까지 깨닫지 못하였으니 인자의 임함도 이와 같으리라(마 24:36-39).

> 주의 약속은 어떤이의 더디다고 생각하는 것 같이, 더딘 것이 아니라 오직 너희를 대하여 오래 참으사 아무도 멸망치 않고 다 회개하기에 이르기를 원하시느니라 그러나 주의 날이 도적 같이 오리니 그날에는 하늘이 큰 소리로 떠나가고 체질이 뜨거운 불에 풀어지고 땅과 그중에 있는 모든 일이 드러나리로다. 이 모든 것이 이렇게 풀어지리니 너희가 어떠한 사람이 되어야 마땅하뇨, 거룩한 행실과 경건함으로 하나님의 날이 임하기를 바라보고 간절히 사모하라 그날에 하늘이 불에 타서 풀어지고 체질이 뜨거운 불에 녹아지려니와 우리는 그의 약속대로 의의 거하는바 새 하늘과 새 땅을 바라보도다. 그러므로 사랑하는 자들아 너희가 이것을 바라보나니 주 앞에서 점도 없고 흠도 없이 평강 가운데서 나타나기를 힘쓰라(벧후 3:9-14).

※ 노아 시대에 있었던 심판과 구원은 마지막 날에 있을 심판과 구원도 반드시 있으리라는 사실을 전제로 계시하고 경고한다.

4. 아브라함과 맺은 언약과 성취
(심판받을 세상에서 하나님 백성의 구원과 영원한 기업 상속에 대한 언약)

하나님은 마지막 때에 임할 심판에서 택한 자들을 구원하시기 위하여 믿음의 조상 아브라함과 귀중한 언약을 하셨는데 그 언약이 일차적으로는 육적 이스라엘 백성들에게 성취되었고(애굽에서 약속의 땅으로) 마지막에 영적 이스라엘 백성에게 이루어질 언약이다(세상에서 천국으로).

이후에 여호와의 말씀이 이상 중에 아브람에게 임하여 가라사대 아브람아 두려워 말라 나는 너의 방패요 너의 지극히 큰 상급이니라 아브람이 가로되 주 여호와여 무엇을 내게 주시려나이까 나는 무자하오니 나의 상속자는 이 다메섹 엘리에셀이니이다 아브람이 또 가로되 주께서 내게 씨를 아니주셨으니 내 집에서 길리운 자가 나의 후사가 될 것이니이다 여호와의 말씀이 그에게 임하여 가라사대 그 사람은 너의 후사가 아니라 네 몸에서 날 자가 네 후사가 되리라 하시고 그를 이끌고 밖으로 나가 가라사대 하늘을 우러러 뭇별을 셀 수 있나 보라 또 그에게 이르시되 네 자손이 이와 같으리라 아브람이 여호와를 믿으니 여호와께서 이를 그의 의로 여기시고 또 그에게 이르시되 나는 이 땅을 네게 주어 업을 삼게 하려고 너를 갈대아 우르에서 이끌어낸 여호와로라 그가 가로되 주 여호와여 내가 이 땅으로 업을 삼을 줄을 무엇으로 알리이까 여호와께서 그에게 이르시되 나를 위하여 삼 년 된 암소와 삼 년 된 암염소와 삼 년 된 수양과 산비둘기와 집비둘기 새끼를 취할찌니라 아브람이 그 모든 것을 취하여 그 중간을 쪼개고 그 쪼갠 것을 마주 대하여 놓고 그 새는 쪼개지 아니하였으며 솔개가 그 사체 위에 내릴 때에는 아브람이 쫓았더라 해질 때에 아브람이 깊이 잠든 중에 캄캄함이 임하므로 심히 두려워하더니 여호와께서 아브람에게 이르시되 너는 정녕히 알라 네 자손이 이방에서 객이 되어 그들을 섬기겠고 그들은 사백년 동안 네 자손을 괴롭게 하리니 그 섬기는 나라를 내가 징치할찌며 그 후에 네 자손이 큰 재물을 이끌고 나오리라. 너는 장수하다가 평안히 조상에게로 돌아가 장사 될 것이요 네 자손은 사대 만에 이 땅으로 돌아오리니 이는 아모리 족속의 죄악이 아직 관영치 아니함이니라 하시더니 해가 져서 어둘 때에 연기 나는 풀무가 보이며 타는 횃불이 쪼갠 고기 사이로 지나더라 그날에 여호와께서 아브람으로 더불어 언약을 세워 가라사대 내가 이 땅을 애굽강에서부터 그 큰 강 유브라데까지 네 자손에게 주노니 곧 겐 족속과 그니스 족속과 갓몬 족속과 헷 족속과 브리스 족속과 르바 족속과 아모리 족속과 가나안 족속과 기르가스 족속과 여부스 족속의 땅이니라 하셨더라(창 15:1-21).

아브람의 구십 구세 때에 여호와께서 아브람에게 나타나서 그에게 이르시되 나는 전능한 하나님이라 너는 내 앞에서 행하여 완전하라. 내가 내 언약을 나와 너 사이에 세워 너로 심히 번성케 하리라 하시니 아브람이 엎드린대 하나님이 또 그에게 일러 가라사대 내가 너와 내 언약을 세우니 너는 열국의 아비가 될찌라 이제 후로는 네 이름을 아브람이라 하지 아니하고 아브라함이라 하리니 이는 내가 너로 열국의 아비가 되게 함이니라 내가 너로 심히 번성케 하리니 나라들이 네게로 좇아 일어나며 열왕이 네게로 좇아 나리라. 내가 내 언약을 나와 너와 네 대대 후손의 사이에 세워서 영원한 언약을 삼고 너와 네 후손의 하나님이 되

> 리라 내가 너와 네 후손에게 너의 우거하는 이 땅 곧 가나안 일경으로 주어 영원한 기업이 되게 하고 나는 그들의 하나님이 되리라 하나님이 또 아브라함에게 이르시되 그런즉 너는 내 언약을 지키고 네 후손도 대대로 지키라 너희 중 남자는 다 할례를 받으라 이것이 나와 너희와 너희 후손 사이에 지킬 내 언약이니라(창 17:1-10).

 이스라엘 백성의 애굽으로의 이주와 애굽에서의 번성 그리고 출애굽과 약속의 땅 정착에 관한 내용은 기독교 신앙의 핵심인 구속사(救贖史)를 이해하는데 매우 중요하다. 하나님께서는 사람들이 영적 세계에서 일어나는 일들에 대하여 말씀으로는 깨닫지 못할 것을 아시고, 이스라엘 백성의 출애굽과 약속의 땅 정착의 실제적 사건을 통하여 하나님의 구속 진리를 깨닫게 하신 것이니. 지금 영적 세계에서 그대로 진행되고 있으므로 이 사실을 바르게 깨닫고 하나님 말씀 안에서 살아가는 사람이 믿음에 실패하지 아니하고 약속의 나라를 기업으로 얻게 될 것이다.

5. 야곱(이스라엘) 가족의 애굽 이주

 하나님의 언약은 사람들이 이해할 수 없는 아주 극한 상황을 통하여 진행되는 경우가 많은데 하나님은 당신의 뜻을 이루어 가기 위하여 때로는 전쟁이나 기근 질병 등 사람이 예측할 수 없는 어려운 환경을 이용하신다. 그렇기에 사람들이 당시에는 큰 슬픔과 좌절로 낙심할 때도 많으나 시간이 지난 후에 깨닫고 하나님의 놀라운 사랑에 감사하며 머리 숙이게 된다.

하나님께서 이스라엘 백성을 애굽으로 이주시키기 위해서 하신 일을 보면 이렇게 시작되었다. 어느 날, 요셉이 아버지 야곱으로부터 세겜에 가서 목축하는 네 형의 안부가 궁금하니 네가 가서 형들의 안부를 알아보고 오라는 명을 받고 형들을 찾아갔다. 평소 배다른 형들의 미움을 받았던 감정으로 형들에게 버림을 받아 애굽으로 팔려가서 바로의 시위 대장 보디발의 종이 되었는데 요셉의 성실함을 보고 보디발은 요셉을 자기 집의 총무로 삼아 사기 집을 관리하게 하였다.

오랜 시간이 지난 후 어느 날 애굽 왕이 꿈을 꾸고 그 꿈으로 인하여 고심하게 되었을 때 요셉이 왕의 꿈을 명쾌하게 해석하여 줌으로 인하여 왕의 총애를 받아 애굽의 총리 자리에 오르게 되었다. 그 후 세상에 임한 7년의 기근으로 온 세상에 먹을 양식이 없을 때 애굽에는 양식이 있다는 소문을 듣고 애굽으로 양식을 사러 왔던 요셉의 형들이 요셉을 만나게 되어 그의 가족들이 애굽으로 이주하게 되었고 그 후 하나님의 축복으로 애굽에서 크게 번성하게 되었다.

그 형들이 세겜에 가서 아비의 양떼를 칠 때에 이스라엘이 요셉에게 이르되 네 형들이 세겜에서 양을 치지 아니하느냐 너를 그들에게로 보내리라 요셉이 아비에게 대답하되 내가 그리하겠나이다 이스라엘이 그에게 이르되 가서 네 형들과 양떼가 다 잘 있는 여부를 보고 돌아와 내게 고하라 하고 그를 헤브론 골짜기에서 보내매 이에 세겜으로 가니라 어떤 사람이 그를 만난즉 그가 들에서 방황하는지라 그 사람이 그에게 물어 가로되 네가 무엇을 찾느냐 그가 가로되 내가 나의 형들을 찾으오니 청컨대 그들의 양 치는 곳을 내게 가르치소서 그 사람이 가로되 그들이 여기서 떠났느니라 내가 그들의 말을 들으니 도단으로 가자 하더라 요셉이 그 형들의 뒤를 따라가서 도단에서 그들을 만나니라 요셉이 그들에게 가까이 오기 전에 그들이 요셉을 멀리서 보고 죽이기를 꾀하여 서로 이르되 꿈꾸는 자가 오는도다 자, 그를 죽여 한 구덩이에 던지고 우리가 말하기를 악한 짐승이 그를 잡아먹었다 하자 그 꿈이 어떻게 되는 것을 우리가 볼 것이니라 하는지라 르우벤이 듣고 요셉을 그들의 손에서 구원하려 하여 가로되 우리가 그 생명은 상하지 말자 르우벤이 또 그들에게 이르되 피를 흘리지 말라 그를 광야 그 구덩이에 던지고 손을 그에게 대지 말라 하니 이는 그가 요셉을 그들의 손에서 구원하여 그 아비에게로 돌리려 함이었더라 요셉이 형들에게 이르매 그 형들이 요셉의 옷 곧 그 입은 채색옷을 벗기고 그를 잡아 구덩이에 던지니 그 구덩이는 빈 것이라 그 속에 물이 없었더라 그들이 앉아 음식을 먹다가 눈을 들어 본즉 한 떼 이스마엘 족속이 길르앗에서 오는데 그 약대들에 향품과 유향과 몰약을 싣고 애굽으로 내려가는지라 유다가 자기 형제에게 이르되 우리가 우리 동생을 죽이고 그의 피를 은익한들 무엇이 유익할까 자 그를 이스마엘 사람에게 팔고 우리 손을 그에게 대지 말자 그는 우리의 동생이요 우리의 골육이니라 하매 형제들이 청종하였더라 때에 미디안 사람 상고들이 지나는지라 그들이 요셉을 구덩이에서 끌어올리고 은 이십개에 그를 이스마엘 사람들에게 팔매 그 상고들이 요셉을 데리고 애굽으로 갔더라 르우벤이 돌아와서 구덩이에 이르러 본즉 거기 요셉이 없는지라 옷을 찢고 아우들에게로 와서 가로되 아이가 없도다 나는 어디로 갈까 그들이 요셉의 옷을 취하고 수염소를 죽여 그 옷을 피에 적시고 그 채색옷을 보내어 그 아비에게로 가져다가 이르기를 우리가 이것을 얻었으니 아버지의 아들의 옷인가 아닌가 보소서 하매 아비가 그것을 알아보고 가로되 내 아들의 옷이라 악한 짐승이 그를 먹었도다 요셉이 정녕 찢겼도다 하고 자

> 기 옷을 찢고 굵은 베로 허리를 묶고 오래도록 그 아들을 위하여 애통하
> 니 그 모든 자녀가 위로하되 그가 그 위로를 받지 아니하여 가로되 내가
> 슬퍼하며 음부에 내려 아들에게로 가리라 하고 그 아비가 그를 위하여
> 울었더라 미디안 사람이 애굽에서 바로의 신하 시위대장 보디발에게 요
> 셉을 팔았더라(창 37:12-36).

만 이년 후에 바로가 꿈을 꾼즉 자기가 하숫가에 섰는데 보니 아름답고 살진 일곱 암소가 하수에서 올라와 갈밭에서 뜯어먹고 그 뒤에 또 흉악하고 파리한 다른 일곱 암소가 하수에서 올라와 그 소와 함께 하숫가에 섰더니 그 흉악하고 파리한 소가 그 아름답고 살진 일곱 소를 먹은지라 바로가 곧 깨었다가 다시 잠이 들어 꿈을 꾸니 한 줄기에 무성하고 충실한 일곱 이삭이 나오고 그 후에 또 세약하고 동풍에 마른 일곱 이삭이 나오더니 그 세약한 일곱 이삭이 무성하고 충실한 일곱 이삭을 삼킨지라 바로가 깬즉 꿈이라 아침에 그 마음이 번민하여 보내어 애굽의 술객과 박사를 모두 불러 그들에게 그 꿈을 고하였으나 그것을 바로에게 해석하는 자가 없었더라 술 맡은 관원장이 바로에게 고하여 가로되 내가 오늘날 나의 허물을 추억하나이다 바로께서 종들에게 노하사 나와 떡 굽는 관원장을 시위대장의 집에 가두셨을 때에 나와 그가 하룻밤에 꿈을 꾼즉 각기 징조가 있는 꿈이라 그곳에 시위대장의 종된 히브리 소년이 우리와 함께 있기로 우리가 그에게 고하매 그가 우리의 꿈을 풀되 그 꿈대로 각인에게 해석하더니 그 해석한대로 되어 나는 복직하고 그는 매여 달렸나이다 이에 바로가 보내어 요셉을 부르매 그들이 급히 그를 옥에서 낸지라 요셉이 곧 수염을 깎고 그 옷을 갈아입고 바로에게 들어오니 바로가

요셉에게 이르되 내가 한 꿈을 꾸었으나 그것을 해석하는 자가 없더니 들은즉 너는 꿈을 들으면 능히 푼다더라 요셉이 바로에게 대답하여 가로되 이는 내게 있는 것이 아니라 하나님이 바로에게 평안한 대답을 하시리이다 바로가 요셉에게 이르되 내가 꿈에 하숫가에 서서 보니 살지고 아름다운 일곱 암소가 하숫가에 올라와 갈밭에서 뜯어 먹고 그 뒤에 또 약하고 심히 흉악하고 파리한 일곱 암소가 올라오니 그같이 흉악한 것들은 애굽 땅에서 내가 아직 보지 못한 것이라 그 파리하고 흉악한 소가 처음의 일곱 살진 소를 먹었으며 먹었으나 먹은듯하지 아니하여 여전히 흉악하더라 내가 곧 깨었다가 다시 꿈에 보니 한 줄기에 무성하고 충실한 일곱 이삭이 나오고 그 후에 또 세약하고 동풍에 마른 일곱 이삭이 나더니 그 세약한 이삭이 좋은 일곱 이삭을 삼키더라 내가 그 꿈을 술객에게 말하였으나 그것을 내게 보이는 자가 없느니라 요셉이 바로에게 고하되 바로의 꿈은 하나이라 하나님이 그 하실 일을 바로에게 보이심이니이다 일곱 좋은 암소는 일곱해요 일곱 좋은 이삭도 일곱해니 그 꿈은 하나이라 그 후에 올라온 파리하고 흉악한 일곱 소는 칠년이요 동풍에 말라 속이 빈 일곱 이삭도 일곱해 흉년이니 내가 바로에게 고하기를 하나님이 그 하실 일로 바로에게 보이신다 함이 이것이라 온 애굽 땅에 일곱해 큰 풍년이 있겠고 후에 일곱해 흉년이 들므로 애굽 땅에 있던 풍년을 다 잊어버리게 되고 이 땅이 기근으로 멸망되리니 후에 든 그 흉년이 너무 심하므로 이전 풍년을 이 땅에서 기억하지 못하게 되리이다 바로께서 꿈을 두번 겹쳐 꾸신 것은 하나님이 이 일을 정하셨음이라 속히 행하시리니 이제 바로께서는 명철하고 지혜 있는 사람을 택하여 애굽 땅을 치리하게 하시고 바로께서는 또 이같이 행하사 국

중에 여러 관리를 두어 그 일곱해 풍년에 애굽 땅의 오분의 일을 거두되 그 관리로 장차 올 풍년의 모든 곡물을 거두고 그 곡물을 바로의 손에 돌려 양식을 위하여 각 성에 적치하게 하소서 이와 같이 그 곡물을 이 땅에 저장하여 애굽 땅에 임할 일곱해 흉년을 예비하시면 땅이 이 흉년을 인하여 멸망치 아니하리이다 바로와 그 모든 신하가 이 일을 좋게 여긴지라 바로가 그 신하들에게 이르되 이와 같이 하나님의 신이 감동한 사람을 우리가 어찌 얻을 수 있으리요 하고 요셉에게 이르되 하나님이 이 모든 것을 네게 보이셨으니 너와 같이 명철하고 지혜 있는 자가 없도다 너는 내 집을 치리하라 내 백성이 다 네 명을 복종하리니 나는 너보다 높음이 보좌 뿐이니라 바로가 또 요셉에게 이르되 내가 너로 애굽 온 땅을 총리하게 하노라 하고 자기의 인장 반지를 빼어 요셉의 손에 끼우고 그에게 세마포 옷을 입히고 금사슬을 목에 걸고 자기에게 있는 버금 수레에 그를 태우매 무리가 그 앞에서 소리 지르기를 엎드리라 하더라 바로가 그로 애굽 전국을 총리하게 하였더라(창 41:1-43).

때에 야곱이 애굽에 곡식이 있음을 보고 아들들에게 이르되 너희는 어찌하여 서로 관망만 하느냐 야곱이 또 이르되 내가 들은즉 저 애굽에 곡식이 있다 하니 너희는 그리로 가서 거기서 우리를 위하여 사오라 그리하면 우리가 살고 죽지 아니하리라 하매 요셉의 형 십인이 애굽에서 곡식을 사려고 내려갔으나 야곱이 요셉의 아우 베냐민을 그 형들과 함께 보내지 아니하였으니 이는 그의 말이 재난이 그에게 미칠까 두렵다 함이었더라 이스라엘의 아들들이 양식 사러간 자 중에 있으니 가나안 땅에 기근이 있음이라 때에 요셉이 나라의 총리로서 그 땅 모든 백성에게 팔더니 요셉의 형들이 와서 그 앞에서 땅에 엎드려 절하매 요셉이 보고 형들인줄 아나 모르는체하고 엄한 소리로 그들에게 말하여 가로되 너희가 어디서 왔느냐 그들이 가로되 곡물을 사려고 가나안에서 왔나이다 요셉은 그 형들을 아나 그들은 요셉을 알지 못하더라 요셉이 그들에 대하여 꾼 꿈을 생각하고 그들에게 이르되 너희는 정탐들이라 이 나라의 틈을 엿보려고 왔느니라 그들이 그에게 이르되 내 주여 아니니이다 종들은 곡물을 사러 왔나이다 우리는 다 한 사람의 아들로서 독실한 자니 종들은 정탐이 아니니이다 요셉이 그들에게 이르되 아니라 너희가 이 나라의 틈을 엿보러 왔느니라 그들이 가로되 주의 종 우리들은 십 이 형제로서 가나안 땅 한 사람의 아들들이라 말째 아들은 오늘 아버지와 함께 있고 또 하나는 없어졌나이다 요셉이 그들에게 이르되 내가 너희에게 이르기를 너희는 정탐들이라 한 말이 이것이니라 너희는 이같이 하여 너희 진실함을 증명할 것이라 바로의 생명으로 맹세하노니 너희 말째 아우가 여기 오지 아니하면 너희가 여기서 나가지 못하리라 너희 중 하나를 보내어 너희 아우를 데려오게 하고 너희는 갇히어 있으라 내가 너희의 말을 시험하여 너희 중에 진실이 있는지 보리라 바로의 생명으로 맹세하노니 그리하지 아니하면 너희는 과연 정탐이니라 하고 그들을 다 함께 삼 일을 가두었더라 삼 일만에 요셉이 그들에게 이르되 나는 하나님을 경외하노니 너희는 이같이 하여 생명을 보전하라 너희가 독실한 자이면 너희 형제 중 한 사람만 그 옥에 갇히게 하고 너희는 곡식을 가지고 가서 너희 집들의 주림을 구하고 너희 말째 아우를 내게로 데리고 오라 그리하면 너희 말이 진실함이 되고 너희가 죽지 아니하리라 그들이 그대로 하니라 그들이 서로 말하되 우리가 아우의 일로 인하여 범죄하였도다 그가 우리에게 애걸할 때에 그 마음의 괴로움을 보고도 듣지 아니하였으므로 이 괴로움이 우리에게 임하도다 르우벤이 그들에게 대답하여 가로되 내가 너희더러 그 아이에게 득죄하지 말라고 하지 아니하였느냐 그래도 너희가 듣지 아니하였느니라 그러므로 그의 피 값을 내게 되었도다 하니 피차간에 통변을 세웠으므로 그들은 요셉이 그 말을 알아 들은줄을 알지 못하였더라 요셉이 그들을 떠나 가서 울고 다시 돌아와서 그들과 말하다가 그들 중에서 시므온을 취하여 그들의 목전에서 결박하고 명하여 곡물을 그 그릇에 채우게 하고 각인의 돈은 그 자루에 도로 넣게 하고 또 길 양식을 그들에게 주게 하니 그대로 행하였더라 그들이 곡식을 나귀에 싣고 그곳을 떠났더니 한 사람이 객점에서 나귀에게 먹이를 주려고 자루를 풀고 본즉 그 돈이 자루 아구에 있는지라 그가 그 형제에게 고하되 내 돈을 도로 넣었도다 보라 자루 속에 있도다 이에 그들이 혼이 나서 떨며 서로 돌아보며 말하되 하나님이 어찌하여 우리에게 이 일을 행하셨는고 하고 그들이 가나안 땅에 돌아와 그 아비 야곱에게 이르러 그 만난 일을 자세히 고하여 가로되 그 땅의 주 그 사람이 엄히 우리에게 말씀하고 우리를 그 나라 정탐자로 여기기로 우리가 그에게 이르되 우리는 독실한 자요 정탐이 아니니이다 우리는 한 아비의 아들 십 이 형제로서 하나는 없어지고 말째는 오늘 우리 아버지와 함께 가나안 땅에 있나이다 하였더니 그 땅의 주 그 사람이 우리에게 이르되 내가 이같이 하여 너희가 독실한 자임을 알리니 너희 형제 중 하나를 내게 두고 양식을 가지고 가서 너희 집들의 주림을 구하고 너희 말째 아우를 내게로 데려오라 그리하면 너희가 정탐이 아니요 독실한 자임을 내가 알고 너희 형제를 너희에게 돌리리니 너희가 이 나라에서 무역하리라 하더이다 하고 각기 자루를 쏟고 본즉 각인의 돈뭉치가 그 자루 속에 있는지라 그들과 그 아비가 돈뭉치를 보고 다 두려워하더니 그 아비 야곱이 그들에게 이르되 너희가 나로 나의 자식들을 잃게 하도다 요셉도 없어졌고 시므온도 없어졌거늘 베냐민을 또 빼앗아 가고자 하니 이는 다 나를 해롭게 함이로다 르우벤이 아비에게 고하여 가로되 내가 그를 아버지께로 데리고 오지 아니하거든 나의 두 아들을 죽이소서 그를 내 손에 맡기소서 내가 그를 아버지께로 데리고 돌아오리이다 야곱이 가로되 내 아들은 너희와 함께 내려가지 못하리니 그의 형은 죽고 그만 남았음이라 만일 너희 행하는 길에서 재난이 그 몸에 미치면 너희가 나의 흰 머리로 슬피 음부로 내려가게 함이 되리라 (창 42:1-38).

요셉이 시종하는 자들 앞에서 그 정을 억제하지 못하여 소리질러 모든 사람을 자기에게서 물러가라 하고 그 형제에게 자기를 알리니 때에 그와 함께한 자가 없었더라 요셉이 방성대곡하니 애굽 사람에게 들리며 바로의 궁중에 들리더라 요셉이 그 형들에게 이르되 나는 요셉이라 내 아버지께서 아직 살아 계시니이까 형들이 그 앞에서 놀라서 능히 대답하지 못하는지라 요셉이 형들에게 이르되 내게로 가까이 오소서 그들이 가까이 가니 가로되 나는 당신들의 아우 요셉이니 당신들이 애굽에 판 자라 당신들이 나를 이곳에 팔았으므로 근심하지 마소서 한탄하지 마소서 하나님이 생명을 구원하시려고 나를 당신들 앞서 보내셨나이다 이 땅에 이년 동안 흉년이 들었으나 아직 오년은 기경도 못하고 추수도 못할찌라 하나님이 큰 구원으로 당신들의 생명을 보존하고 당신들의 후손을 세상에 두시려고 나를 당신들 앞서 보내셨나니 그런즉 나를 이리로 보낸 자는 당신들이 아니요 하나님이시라 하나님이 나로 바로의 아비를 삼으시며 그 온 집의 주를 삼으시며 애굽 온 땅의 치리자를 삼으셨나이다 당신들은 속히 아버지께로 올라가서 고하기를 아버지의 아들 요셉의 말에 하나님이 나를 애굽 전국의 주로 세우셨으니 내게로 지체 말고 내려오사 아버지의 아들들과 아버지의 손자들과 아버지의 양과 소와 모든 소유가 고센 땅에 있어서 나와 가깝게 하소서 흉년이 아직 다섯 해가 있으니 내가 거기서 아버지를 봉양하리이다 아버지와 아버지의 가속과 아버지의 모든 소속이 결핍할까 하나이다 하더라 하소서 당신들의 눈과 내 아우 베냐민의 눈이 보는바 당신들에게 이 말을 하는 것은 내 입이라 당신들은 나의 애굽에서의 영화와 당신들의 본 모든 것을 다 내 아버지께 고하고 속히 모시고 내려오소서 하며 자기 아우 베냐민의 목을 안고 우니 베냐민도 요셉의 목을 안고 우니라 요셉이 또 형들과 입 맞추며 안고 우니 형들이 그제야 요셉과 말하니라 요셉의 형들이 왔다는 소문이 바로의 궁에 들리매 바로와 그 신복이 기뻐하고 바로는 요셉에게 이르되 네 형들에게 명하기를 너희는 이렇게 하여 너희 양식을 싣고 가서 가나안 땅에 이르거든 너희 아비와 너희 가속을 이끌고 내게로 오라 내가 너희에게 애굽 땅 아름다운 것을 주리니 너희가 나라의 기름진 것을 먹으리라 이제 명을 받았으니 이렇게 하라 너희는 애굽 땅에서 수레를 가져다가 너희 자녀와 아내를 태우고 너희 아비를 데려오라 또 너희의 기구를 아끼지 말라 온 애굽 땅의 좋은 것이 너희 것임이니라 하라 이스라엘의 아들들이 그대로 할 쌔 요셉이 바로의 명대로 그들에게 수레를 주고 길 양식을 주며 또 그들에게 다 각기 옷 한벌씩 주되 베냐민에게는 은 삼백과 옷 다섯벌을 주고 그가 또 이와 같이 그 아비에게 보내되 수나귀 열 필에 애굽의 아름다운 물품을 실리고 암나귀 열 필에는 아비에게 길에서 공궤할 곡식과 떡과 양식을 실리고 이에 형들을 돌려보내며 그들에게 이르되 당신들은 노중에서 다투지 말라 하였더라 그들이 애굽에서 올라와 가나안 땅으로 들어가서 아비 야곱에게 이르러 고하여 가로되 요셉이 지금까지 살아 있어 애굽 땅 총리가 되었더이다 야곱이 그들을 믿지 아니하므로 기색하더니 그들이 또 요셉이 자기들에게 부탁한 모든 말로 그 아비에게 고하매 그 아비 야곱이 요셉의 자기를 태우려고 보낸 수레를 보고야 기운이 소생한지라 이스라엘이 가로되 족하도다 내 아들 요셉이 지금까지 살았으니 내가 죽기 전에 가서 그를 보리라 (창 45:1-28).

이스라엘이 모든 소유를 이끌고 발행하여 브엘세바에 이르러 그 아비 이삭의 하나님께 희생을 드리니 밤에 하나님이 이상 중에 이스라엘에게 나타나시고 불러 가라사대 야곱아 야곱아 하시는지라 야곱이 가로되 내가 여기 있나이다 하매 하나님이 가라사대 나는 하나님이라 네 아비의 하나님이니 애굽으로 내려가기를 두려워 말라 내가 거기서 너로 큰 민족을 이루게 하리라 내가 너와 함께 애굽으로 내려가겠고 정녕 너를 인도하여 다시 올라올 것이며 요셉이 그 손으로 네 눈을 감기리라 하셨더라 야곱이 브엘세바에서 발행할쌔 이스라엘의 아들들이 바로의 태우려고 보낸 수레에 자기들의 아비 야곱과 자기들의 처자들을 태웠고 그 생축과 가나안 땅에서 얻은 재물을 이끌었으며 야곱과 그 자손들이 다 함께 애굽으로 갔더라 이와 같이 야곱이 그 아들들과 손자들과 딸들과 손녀들 곧 그 모든 자손을 데리고 애굽으로 갔더라 애굽으로 내려간 이스라엘 가족의 이름이 이러하니 야곱과 그 아들들 곧 야곱의 맏아들 르우벤과 르우벤의 아들

하녹과 발루와 헤스론과 갈미요 시므온의 아들 곧 여무엘과 야민과 오핫과 야긴과 스할과 가나안 여인의 소생 사울이요 레위의 아들 곧 게르손과 그핫과 므라리요 유다의 아들 곧 엘과 오난과 셀라와 베레스와 세라니 엘과 오난은 가나안 땅에서 죽었고 또 베레스의 아들 곧 헤스론과 하물이요 잇사갈의 아들 곧 돌라와 부와와 욥과 시므론이요 스불론의 아들 곧 세렛과 엘론과 얄르엘이니 이들은 레아가 밧단아람에서 야곱에게 낳은 자손들이라 그 딸 디나를 합하여 남자와 여자가 삼십 삼명이며 갓의 아들 곧 시본과 학기와 수니와 에스본과 에리와 아로디와 아렐리요 아셀의 아들 곧 임나와 이스와와 이스위와 브리아와 그들의 누이 세라며 또 브리아의 아들 곧 헤벨과 말기엘이니 이들은 라반이 그 딸 레아에게 준 실바가 야곱에게 낳은 자손들이라 합 십 륙명이요 야곱의 아내 라헬의 아들 곧 요셉과 베냐민이요 애굽 땅에서 온 제사장 보디베라의 딸 아스낫이 요셉에게 낳은 므낫세와 에브라임이요 베냐민의 아들 곧 벨라와 베겔과 아스벨과 게라와 나아만과 에히와 로스와 뭅빔과 훕빔과 아릇이니 이들은 라헬이 야곱에게 낳은 자손이라 합 십 사명이요 단의 아들 후심이요 납달리의 아들 곧 야스엘과 구니와 예셀과 실렘이라 이들은 라반이 그 딸 라헬에게 준 빌하가 야곱에게 낳은 자손이니 합이 칠명이라 야곱과 함께 애굽에 이른 자는 야곱의 자부 외에 육십 륙명이니 이는 다 야곱의 몸에서 나온 자며 애굽에서 요셉에게 낳은 아들이 두 명이니 야곱의 집 사람으로 애굽에 이른 자의 도합이 칠십명이었더라 야곱이 유다를 요셉에게 미리 보내어 자기를 고센으로 인도하게 하고 다 고센 땅에 이르니 요셉이 수레를 갖추고 고센으로 올라가서 아비 이스라엘을 맞으며 그에게 보이고 그 목을 어긋맞겨 안고 얼마

동안 울매 이스라엘이 요셉에게 이르되 네가 지금까지 살아 있고 내가 네 얼굴을 보았으니 지금 죽어도 가하도다 요셉이 그 형들과 아비의 권속에게 이르되 내가 올라가서 바로에게 고하여 이르기를 가나안 땅에 있던 내 형들과 내 아비의 권속이 내게로 왔는데 그들은 목자라 목축으로 업을 삼으므로 그 양과 소와 모든 소유를 이끌고 왔나이다 하리니 바로가 당신들을 불러서 너희의 업이 무엇이냐 묻거든 당신들은 고하기를 주의 종들은 어렸을 때부터 지금까지 목축하는 자이온데 우리와 우리 선조가 다 그러하니이다 하소서 애굽 사람은 다 목축을 가증히 여기나니 당신들이 고센 땅에 거하게 되리이다 (창 46:1-34).

6. 이스라엘 백성의 번성과 애굽 왕의 박해

야곱과 함께 각기 권속을 데리고 애굽에 이른 이스라엘 아들들의 이름은 이러하니 르우벤과 시므온과 레위와 유다와 잇사갈과 스불론과 베냐민과 단과 납달리와 갓과 아셀이요 이미 애굽에 있는 요셉까지 야곱의 혈속이 모두 칠십인이었더라. 요셉과 그의 모든 형제와 그 시대 사람은 다 죽었고 이스라엘 자손은 생육이 중다하고 번식하고 창성하고 심히 강대하여 온 땅에 가득하게 되었더라. 요셉을 알지 못하는 새 왕이 일어나서 애굽을 다스리더니 그가 그 신민에게 이르되 이 백성 이스라엘 자손이 우리보다 많고 강하도다 자, 우리가 그들에게 대하여 지혜롭게 하자 두렵건대 그들이 더 많게 되면 전쟁이 일어날 때에 우리 대적과 합하여 우리와 싸우고 이 땅에서 갈까 하노라 하고 감독들을 그들 위에 세우고 그들에게 무거운 짐을 지워 괴롭게 하여 그들로 바로를 위하여 국고성 비돔과 라암셋을 건축하게 하니라 그러나 학대를 받을수록 더욱 번식하고 창성하니 애굽 사람이 이스라엘 자손을 인하여 근심하여 이스라엘 자손의 역사를 엄하게 하여 고역으로 그들의 생활을 괴롭게 하니 곧 흙 이기기와 벽돌 굽기와 농사의 여러가지 일이라 그 시키는 역사가 다 엄하였더라 애굽 왕이 히브리 산파 십브라라 하는 자와 부아라 하는 자에게 일러 가로되 너희는 히브리 여인을 위하여 조산할 때에 살펴서 남자여든 죽이고 여자여든 그는 살게 두라 그러나 산파들이 하나님을 두려워하여 애굽 왕의 명을 어기고 남자를 살린지라 애굽 왕이 산파를 불러서 그들에게 이르되 너희가 어찌 이같이 하여 남자를 살렸느냐 산파가 바로에게 대답하되 히브리 여인은 애굽 여인과 같지 아니하고 건장하여 산파가 그들에게 이르기 전에 해산하였더이다 하매 하나님이 그 산파들에게 은혜를 베푸시니라 백성은 생육이 번성하고 심히 강대하며 산파는 하나님을 경외하였으므로 하나님이 그들의 집을 왕성케 하신지라 그러므로 바로가 그 모든 신민에게 명하여 가로되 남자가 나거든 너희는 그를 하수에 던지고 여자여든 살리라 하였더라(출 1:1-22).

레위 족속 중 한 사람이 가서 레위 여자에게 장가들었더니 그 여자가 잉태하여 아들을 낳아 그 준수함을 보고 그를 석달을 숨겼더니 더 숨길 수 없이 되매 그를 위하여 갈 상자를 가져다가 역청과 나무 진을 칠하고 아이를 거기 담아 하숫가 갈대 사이에 두고 그 누이가 어떻게 되는 것을 알려고 멀리 섰더니 바로의 딸이 목욕하러 하수로 내려오고 시녀들은 하숫가에 거닐 때에 그가 갈대 사이의 상자를 보고 시녀를 보내어 가져다가 열고 그 아이를 보니 아이가 우는지라 그가 불쌍히 여겨 가로되 이는 히브리 사람의 아이로다 그 누이가 바로의 딸에게 이르되 내가 가서 히브리 여인 중에서 유모를 불러다가 당신을 위하여 이 아이를 젖 먹이게 하리이까 바로의 딸이 그에게 이르되 가라 그 소녀가 가서 아이의 어미를 불러오니 바로의 딸이 그에게 이르되 이 아이를 데려다가 나를 위하여 젖을 먹이라 내가 그 삯을 주리라 여인이 아이를 데려다가 젖을 먹이더니 그 아이가 자라매 바로의 딸에게로 데려가니 그의 아들이 되니라 그가 그 이름을 모세라 하여 가로되 이는 내가 그를 물에서 건져 내었음이라 하였더라 모세가 장성한 후에 한번은 자기 형제들에게 나가서 그 고역함을 보더니 어떤 애굽 사람이 어떤 히브리 사람 곧 자기 형제를 치는 것을 본지라 좌우로 살펴 사람이 없음을 보고 그 애굽 사람을 쳐 죽여 모래에 감추니라 이튿날 다시 나가니 두 히브리 사람이 서로 싸우는지라 그 그른 자에게 이르되 네가 어찌하여 동포를 치느냐 하매 그가 가로되 누가 너로 우리의 주재와 법관을 삼았느냐 네가 애굽 사람을 죽임 같이 나도 죽이려느냐 모세가 두려워하여 가로되 일이 탄로되었도다 바로가 이 일을 듣고 모세를 죽이고자 하여 찾은지라 모세가 바로의 낯을 피하여 미디안 땅에 머물며 하루는 우물 곁에 앉았더라 미디안 제사장에게 일곱 딸이 있더니 그들이 와서 물을 길어 구유에 채우고 그 아비의 양무리에게 먹이려 하는데 목자들이 와서 그들을 쫓는지라 모세가 일어나 그들을 도와 그 양무리에게 먹이니라 그들이 그 아비 르우엘에게 이를 때에 아비가 가로되 너희가 오늘은 어찌하여 이같이 속히 돌아오느냐 그들이 가로되 한 애굽 사람이 우리를 목자들의 손에서 건져 내고 우리를 위하여 물을 길어 양무리에게 먹였나이다 아비가 딸들에게 이르되 그 사람이 어디 있느냐 너희가 어찌하여 그 사람을 버리고 왔느냐 그를 청하여 음식으로 대접하라 하였더라 모세가 그와 동거하기를 기뻐하매 그가 그 딸 십보라를 모세에게 주었더니 그가 아들을 낳으매 모세가 그 이름을 게르솜이라 하여 가로되 내가 타국에서 객이 되었음이라 하였더라. 여러 해 후에 애굽 왕은 죽었고 이스라엘 자손은 고역으로 인하여 탄식하며 부르짖으니 그 고역으로 인하여 부르짖는 소리가 하나님께 상달한지라 하나님이 그 고통 소리를 들으시고 아브라함과 이삭과 야곱에게 세운 그 언약을 기억하사 이스라엘 자손을 권념하셨더라(출 2:1-25).

※ 우리에게 예기치 못한 고통은 새로운 방향을 바라보게 하는 신호탄이다.

7. 모세를 바로에게 보내시는 하나님

모세가 그 장인 미디안 제사장 이드로의 양무리를 치더니 그 무리를 광야 서편으로 인도하여 하나님의 산 호렙에 이르매 여호와의 사자가 떨기나무 불꽃 가운데서 그에게 나타나시니라 그가 보니 떨기나무에 불이 붙었으나 사라지지 아니하는지라 이에 가로되 내가 돌이켜 가서 이 큰 광경을 보리라 떨기나무가 어찌하여 타지 아니하는고 하는 동시에 여호와께서 그가 보려고 돌이켜 오는 것을 보신지라 하나님이 떨기나무 가운데서 그를 불러 가라사대 모세야 모세야 하시매 그가 가로되 내가 여기 있나이다. 하나님이 가라사대 이리로 가까이하지 말라, 너의 선 곳은 거룩한 땅이니 네 발에서 신을 벗으라 또 이르시되 나는 네 조상의 하나님이니 아브라함의 하나님, 이삭의 하나님, 야곱의 하나님이니라 모세가 하나님 뵈옵기를 두려워하여 얼굴을 가리우매 여호와께서 가라사대 내가 애굽에 있는 내 백성의 고통을 정녕히 보고 그들이 그 간역자로 인하여 부르짖음을 듣고 그 우고를 알고 내가 내려와서 그들을 애굽인의 손에서 건져내고 그들을 그 땅에서 인도하여 아름답고 광대한 땅, 젖과 꿀이 흐르는 땅 곧 가나안 족속, 헷 족속, 아모리 족속, 브리스 족속, 히위 족속, 여부스 족속의 지방에 이르려 하노라 이제 이스라엘 자손의 부르짖음이 내게 달하고 애굽 사람이 그들을 괴롭게 하는 학대도 내가 보았으니 이제 내가 너를 바로에게 보내어 너로 내 백성 이스라엘 자손을 애굽에서 인도하여 내게 하리라 모세가 하나님께 고하되 내가 누구관대 바로에게 가며 이스라엘 자손을 애굽에서 인도하여 내리이까 하나님이 가라사대 내가 정녕 너와 함께 있으리라 네가 백성을 애굽에서 인도하여 낸 후에 너희가 이 산에서 하나님을 섬기리니 이것이 내가 너를 보낸 증거니라. 모세가 하나님께 고하되 내가 이스라엘 자손에게 가서 이르기를 너희 조상의 하나님이 나를 너희에게 보내셨다 하면 그들이 내게 묻기를 그의 이름이 무엇이냐 하리니 내가 무엇이라고 그들에게 말하리이까 하나님이 모세에게 이르시되 나는 스스로 있는 자니라 또 이르시되 너는 이스라엘 자손에게 이같이 이르기를 스스로 있는 자가 나를 너희에게 보내셨다 하라(출 3:1-14).

그 후에 모세와 아론이 가서 바로에게 이르되 이스라엘 하나님 여호와의 말씀에 내 백성을 보내라 그들이 광야에서 내 앞에 절기를 지킬 것이니라 하셨나이다 바로가 가로되 여호와가 누구관대 내가 그 말을 듣고 이스라엘을 보내겠느냐 나는 여호와를 알지 못하니 이스라엘도 보내지 아니하리라 그들이 가로되 히브리인의 하나님이 우리에게 나타나셨은즉 우리가 사흘 길쯤 광야에 가서 우리 하나님 여호와께 희생을 드리려 하오니 가기를 허락하소서 여호와께서 온역이나 칼로 우리를 치실까 두려워하나이다 애굽 왕이 그들에게 이르되 모세와 아론아 너희가 어찌하여 백성으로 역사를 쉬게 하느냐 가서 너희의 역사나 하라 또 가로되 이제 나라에 이 백성이 많거늘 너희가 그들로 역사를 쉬게 하는도다 하고 바로가 당일에 백성의 간역자들과 패장들에게 명하여 가로되 너희는 백성에게 다시는 벽돌 소용의 짚을 전과 같이 주지 말고 그들로 가서 스스로 줍게 하라 또 그들의 전에 만든 벽돌 수효대로 그들로 만들게 하고 감하지 말라 그들이 게으르므로 소리질러 이르기를 우리가 가서 우리 하나님께 희생을 드리자 하나니 그 사람들의 고역을 무겁게 함으로 수고롭게 하여 그들로 거짓말을 듣지 않게 하라(출 5:1-9).

여호와께서 모세에게 이르시되 이제 내가 바로에게 하는 일을 네가 보리라 강한 손을 더하므로 바로가 그들을 보내리라 강한 손을 더하므로 바로가 그들을 그 땅에서 쫓아 내리라 하나님이 모세에게 말씀하여 가라사대 나는 여호와로라 내가 아브라함과 이삭과 야곱에게 전능의 하나님으로 나타났으나 나의 이름을 여호와로는 그들에게 알리지 아니하였고 가나안 땅 곧 그들의 우거하는 땅을 주기로 그들과 언약하였더니 이제 애굽 사람이 종을 삼은 이스라엘 자손의 신음을 듣고 나의 언약을 기억하노라 그러므로 이스라엘 자손에게 말하기를 나는 여호와라 내가 애굽 사람의 무거운 짐 밑에서 너희를 빼

> 어내며 그 고역에서 너희를 건지며 편 팔과 큰 재앙으로 너희를 구속하여 너희로 내 백성을 삼고 나는 너희 하나님이 되리니 나는 애굽 사람의 무거운 짐 밑에서 너희를 빼어낸 너희 하나님 여호와인줄 너희가 알찌라 내가 아브라함과 이삭과 야곱에게 주기로 맹세한 땅으로 너희를 인도하고 그 땅을 너희에게 주어 기업을 삼게 하리라 나는 여호와로라 하셨다 하라(출 6:1-8).

※ 하나님은 당신의 일을 위하여 필요한 일군을 예비하시고, 때가 되면 부르시고, 명하시고, 능력과 권세를 주셔서 보내시고 이루신다.

8. 유월절과 이스라엘 백성의 해방

> 여호와께서 애굽 땅에서 모세와 아론에게 일러 가라사대 이달로 너희에게 달의 시작 곧 해의 첫 달이 되게 하고 너희는 이스라엘 회중에게 고하여 이르라 이달 열흘에 너희 매인이 어린양을 취할찌니 각 가족대로 그 식구를 위하여 어린양을 취하되 그 어린양에 대하여 식구가 너무 적으면 그 집의 이웃과 함께 인수를 따라서 하나를 취하며 각 사람의 식량을 따라서 너희 어린양을 계산할 것이며 너희 어린양은 흠 없고 일년 된 수컷으로 하되 양이나 염소 중에서 취하고 이달 십 사일까지 간직 하였다가 해 질 때에 이스라엘 회중이 그 양을 잡고 그 피로 양을 먹을 집 문 좌우 설주와 인방에 바르고 그 밤에 그 고기를 불에 구워 무교병과 쓴 나물과 아울러 먹되 날로나 물에 삶아서나 먹지 말고 그 머리와 정강이와 내장을 다 불에 구워 먹고 아침까지 남겨두지 말며 아침까지 남은 것은 곧 소

화하라 너희는 그것을 이렇게 먹을찌니 허리에 띠를 띠고 발에 신을 신고 손에 지팡이를 잡고 급히 먹으라 이것이 여호와의 유월절이니라 내가 그 밤에 애굽 땅에 두루 다니며 사람과 짐승을 무론하고 애굽 나라 가운데 처음 난 것을 다 치고 애굽의 모든 신에게 벌을 내리리라 나는 여호와로라. 내가 애굽 땅을 칠 때에 그 피가 너희의 거하는 집에 있어서 너희를 위하여 표적이 될찌라 내가 피를 볼 때에 너희를 넘어가리니 재앙이 너희에게 내려 멸하지 아니하리라 너희는 이날을 기념하여 여호와의 절기를 삼아 영원한 규례로 대대에 지킬찌니라 너희는 칠일 동안 무교병을 먹을찌니 그 첫날에 누룩을 너희 집에서 제하라 무릇 첫날부터 칠일까지 유교병을 먹는 자는 이스라엘에서 끊쳐지리라 너희에게 첫날에도 성회요 제 칠일에도 성회가 되리니 이 두 날에는 아무 일도 하지 말고 각인의 식물만 너희가 갖출 것이니라 너희는 무교절을 지키라 이날에 내가 너희 군대를 애굽 땅에서 인도하여 내었음이니라 그러므로 너희가 영원한 규례를 삼아 이날을 대대로 지킬찌니라 정월에 그달 십사일 저녁부터 이십일일 저녁까지 너희는 무교병을 먹을 것이요 칠일 동안은 누룩을 너희 집에 있지 않게 하라 무릇 유교물을 먹는 자는 타국인이든지 본국에서 난 자든지 무론하고 이스라엘 회중에서 끊쳐지리니 너희는 아무 유교물이든지 먹지 말고 너희 모든 유하는 곳에서 무교병을 먹을찌니라. 모세가 이스라엘 모든 장로를 불러서 그들에게 이르되 너희는 나가서 너희 가족대로 어린양을 택하여 유월절 양으로 잡고 너희는 우슬초 묶음을 취하여 그릇에 담은 피에 적시어서 그 피를 문 인방과 좌우 설주에 뿌리고 아침까지 한 사람도 자기 집 문밖에 나가지 말라 여호와께서 애굽 사람을 치러 두루 다니실 때에 문 인방과 좌우 설주의 피를 보시면 그 문을 넘으시고 멸하는 자로 너희 집에 들어가서 너희를 치지 못하게 하실 것임이니라 너희는 이 일을 규례로 삼아 너희와 너희 자손이 영원히 지킬 것이니 너희는 여호와께서 허락하신 대로 너희에게 주시는 땅에 이를 때에 이 예식을 지킬 것이라 이후에 너희 자녀가 묻기를 이 예식이 무슨 뜻이냐 하거든 너희는 이르기를 이는 여호와의 유월절 제사라 여호와께서 애굽 사람을 치실 때에 애굽에 있는 이스라엘 자손의 집을 넘으사 우리의 집을 구원하셨느니라 하라 하매 백성이 머리 숙여 경배하니라. 이스라엘 자손이 물러가서 그대로 행하되 여호와께서 모세와 아론에게 명하신 대로 행하니라 밤중에 여호와께서 애굽 땅에서 모든 처음 난 것 곧 위에 앉은 바로의 장자로부터 옥에 갇힌 사람의 장자까지와 생축의 처음 난 것을 다 치시매 그 밤에 바로와 그 모든 신하와 모든 애굽 사람이 일어나고 애굽에 큰 호곡이 있었으니 이는 그 나라에 사망치 아니한 집이 하나도 없었음이었더라. 밤에 바로가 모세와 아론을 불러서 이르되 너희와 이스라엘 자손은 일어나 내 백성 가운데서 떠나서 너희의 말대로 가서 여호와를 섬기며 너희의 말대로 너희의 양도 소도 몰아가고 나를 위하여 축복하라 하며 애굽 사람들은 말하기를 우리가 다 죽은 자가 되도다 하고 백성을 재촉하여 그 지경에서 속히 보내려 하므로 백성이 발교되지 못한 반죽 담은 그릇을 옷에 싸서 어깨에 메니라 이스라엘 자손이 모세의 말대로 하여 애굽 사람에게 은금 패물과 의복을 구하매 여호와께서 애굽 사람으로 백성에게 은혜를 입히게 하사 그들의 구하는 대로 주게 하시므로 그들이 애굽 사람의 물품을 취하였더라 이스라엘 자손이 라암셋에서 발행하여 숙곳에 이르니 유아 외에 보행하는 장정이 육십만 가량이요 중다한 잡족과 양과 소와 심히 많은 생축이 그들과 함께 하였으며 그들이 가지고 나온 발교되지 못한 반죽으로 무교병을 구웠으니 이는 그들이 애굽에서 쫓겨남으로 지체할 수 없었음이며 아무 양식도 준비하

지 못하였음이었더라 이스라엘 자손이 애굽에 거주한 지 사백 삼십년이
라 사백 삼십년이 마치는 그 날에 여호와의 군대가 다 애굽 땅에서 나왔
은즉 이 밤은 그들을 애굽 땅에서 인도하여 내심을 인하여 여호와 앞에
지킬 것이니 이는 여호와의 밤이라 이스라엘 자손이 다 대대로 지킬 것
이니라. 여호와께서 모세와 아론에게 이르시되 유월절 규례가 이러하니
라 이방 사람은 먹지 못할 것이나 각 사람이 돈으로 산 종은 할례를 받은
후에 먹을 것이며 거류인과 타국 품꾼은 먹지 못하리라 한 집에서 먹되
그 고기를 조금도 집 밖으로 내지 말고 뼈도 꺾지 말찌며 이스라엘 회중
이 다 이것을 지킬찌니라 너희와 함께 거하는 타국인이 여호와의 유월절
을 지키고자 하거든 그 모든 남자는 할례를 받은 후에야 가까이하여 지
킬찌니 곧 그는 본토인과 같이 될 것이나 할례 받지 못한 자는 먹지 못할
것이니라 본토인에게나 너희 중에 우거한 이방인에게나 이 법이 동일하
니라 하셨으므로 온 이스라엘 자손이 이와 같이 행하되 여호와께서 모세
와 아론에게 명하신대로 행하였으며 그 같은 날에 여호와께서 이스라엘
자손을 그 군대대로 애굽 땅에서 인도하여 내셨더라(출 12:1-51).

이스라엘 백성들을 애굽에서 해방하기 위해서 하나님은 애굽 전역에 열 가지의 재앙을 내리셨는데 마지막 열 번째 재앙인 죽음의 재앙이 임하고서야 애굽 왕 바로가 하나님 앞에 항복하고 이스라엘 백성들을 내보냈다. 그날 밤 놀라운 일이 일어났다. 애굽 사람들의 집에는 죽음의 재앙이 임하였고, 이스라엘 백성의 집에는 재앙의 사자가 그대로 넘어갔으니 하나님께서 이스라엘 백성과 사전에 구원의 언약을 하셨다. 그들이 거주하는 집 대문의 문 인방과 문설주에 희생양의 피를 바르게 하여 이스라엘 사람의 집과 애굽 사람의 집을 피로 구별되게 하

여서 죽음의 사자가 그날 밤 피가 묻어 있는 이스라엘 백성의 집은 그대로 넘어갔지만 애굽 사람들은 아무도 죽음을 피하지 못하였다.

그날 밤 이스라엘 백성의 집에 언약의 피가 묻어 있으므로 죽음의 사자가 그 피를 보고 그대로 넘어갔다 하여 유월절(逾越節)이라 한다.

열 번째 재앙이 있기 전에도 아홉 가지의 무서운 재앙이 있었지만, 애굽 왕은 끝까지 버티며 이스라엘 백성을 내어 보내지 않았다. 그러나 열 번째의 죽음의 재앙을 겪은 후에는 손들고 말았으니 사탄은 애굽의 바로처럼 사탄의 손에 잡혀 있는 사람을 절대로 돌려주지 않는다. 그렇기에 하나님의 죄인 구원 방식도 죽음의 심판을 통해서 이루어졌다. 죄인을 대신하여 죽으신 유월절 희생양 예수 그리스도에 의하여 구원받을 사람과 심판받을 사람을 구별하셨으니 예수님을 영접하여 예수님과 하나 된 사람을 죽음의 심판에서 해방하여 구원에 이르도록 하신 것이다.

> 그러므로 이제 그리스도 예수 안에 있는 자에게는 결코 정죄함이 없나니 이는 그리스도 예수 안에 있는 생명의 성령의 법이 죄와 사망의 법에서 너를 해방하였음이라 율법이 육신으로 말미암아 연약하여 할 수 없는 그것을 하나님은 하시나니 곧 죄를 인하여 자기 아들을 죄 있는 육신의 모양으로 보내어 육신에 죄를 정하사 육신을 좇지 않고 그 영을 좇아 행하는 우리에게 율법의 요구를 이루어지게 하려 하심이니라(롬 8:1-4).

> 내가 너희에게 전한 것은 주께 받은 것이니 곧 주 예수께서 잡히시던 밤에 떡을 가지사 축사하시고 떼어 가라사대 이것은 너희를 위하는 내 몸이니 이것을 행하여 나를 기념하라 하시고 식후에 또한 이와 같이 잔을

가지시고 가라사대 이 잔은 내 피로 세운 새 언약이니 이것을 행하여 마
실 때마다 나를 기념하라 하셨으니 너희가 이 떡을 먹으며 이 잔을 마실
때마다 주의 죽으심을 오실 때까지 전하는 것이니라(고전 11:23-26).

이러므로 첫 언약도 피 없이 세운 것이 아니니 모세가 율법대로 모든 계
명을 온 백성에게 말한 후에 송아지와 염소의 피와 및 물과 붉은 양털과
우슬초를 취하여 그 책과 온 백성에게 뿌려 이르되 이는 하나님이 너희
에게 명하신 언약의 피라 하고 또한 이와 같이 피로써 장막과 섬기는 일
에 쓰는 모든 그릇에 뿌렸느니라 율법을 좇아 거의 모든 물건이 피로써
정결케 되나니 피 흘림이 없은즉 사함이 없느니라(히 9:18-22).

그러므로 예수도 자기 피로써 백성을 거룩케 하려고 성문 밖에서 고
난을 받으셨느니라(히 13:12).

우리를 구원하시되 우리의 행한바 의로운 행위로 말미암지 아니하
고 오직 그의 긍휼하심을 좇아 중생의 씻음과 성령의 새롭게 하심으
로 하셨나니 성령을 우리 구주 예수 그리스도로 말미암아 우리에게
풍성히 부어 주사 우리로 저의 은혜를 힘입어 의롭다 하심을 얻어 영
생의 소망을 따라 후사가 되게 하려 하심이라(딛 3:5-7).

우리가 아직 죄인 되었을 때에 그리스도께서 우리를 위하여 죽으
심으로 하나님께서 우리에게 대한 자기의 사랑을 확증하셨느니라
(롬 5:8).

> 그러면 이제 우리가 그 피를 인하여 의롭다 하심을 얻었은즉 더욱 그로 말미암아 진노하심에서 구원을 얻을 것이니 곧 우리가 원수 되었을 때에 그 아들의 죽으심으로 말미암아 하나님으로 더불어 화목 되었은즉 화목 된 자로서는 더욱 그의 살으심을 인하여 구원을 얻을 것이니라(롬 5:8-10).

> 한 사람의 범죄를 인하여 사망이 그 한 사람으로 말미암아 왕노릇 하였은즉 더욱 은혜와 의의 선물을 넘치게 받는 자들이 한 분 예수 그리스도로 말미암아 생명 안에서 왕노릇 하리로다 그런즉 한 범죄로 많은 사람이 정죄에 이른것 같이 의의 한 행동으로 말미암아 많은 사람이 의롭다 하심을 받아 생명에 이르렀느니라(롬 5:17-18).

애굽 땅에서의 심판과 구원을 가르는 언약의 표식은 유월절 양의 피였다.

이스라엘 백성들을 애굽에서 해방시키기 위하여 죽었던 유월절 희생양은 장차 세상에 오실 어린양 예수 그리스도의 예표이니 세상 마지막 때의 심판과 구원도 예수 그리스도의 피로 약속되어 있다.

예수님의 피로 죄 사함 받아 깨끗함을 얻은 사람은 심판을 받지 아니하고 죄 사함 받지 못한 사람은 심판에서 아무도 살아남을 수 없는 것이다.

> 장로 중에 하나가 응답하여 내게 이르되 이 흰옷 입은 자들이 누구며 또 어디서 왔느뇨 내가 가로되 내 주여 당신이 알리이다 하니 그가 나더러 이르되 이는 큰 환난에서 나오는 자들인데 어린양의 피에 그 옷을 씻어 희게 하였느니라(계 7:13-14).

이스라엘 백성의 애굽에서 해방과 약속의 땅을 기업으로 받은 역사적 사건은 장차 하나님의 백성들이 이 세상을 떠나서 영원한 하늘나라를 기업으로 얻게 될 것에 대한 예표로 보여주신 것인데 사람들이 영적인 일에 대하여 아무것도 알지 못하기 때문에 이스라엘 백성들의 애굽에서 구출과 약속의 땅 정착 사건을 통하여 장차 완성될 영적 나라를 말씀하신 것이다.

세상에 있는 하나님의 백성에게 이루어질 가장 중요한 약속이 남아 있으니 이스라엘 백성의 역사를 교훈 삼아 한 사람도 낙오자 없이 하나님 나라를 기업으로 얻기 위하여 힘써야 할 것이다.

> 그러므로 우리는 두려워할지니 그의 안식에 들어갈 약속이 남아 있을지라도 너희 중에 혹 미치지 못할 자가 있을까 함이라 저희와 같이 우리도 복음 전함을 받은 자이나 그러나 그 들은바 말씀이 저희에게 유익되지 못한 것은 듣는 자가 믿음을 화합지 아니함이라 이미 믿는 우리들은 저 안식에 들어가는도다 그 말씀하신 바와 같으니 내가 노하여 맹세한 바와 같이 저희가 내 안식에 들어오지 못하리라 하셨다 하였으나 세상을 창조할 때부터 그 일이 이루었느니라(히 4:1-3).

> 찬송하리로다 우리 주 예수 그리스도의 아버지 하나님이 그 많으신 긍휼대로 예수 그리스도의 죽은 자 가운데서 부활하심으로 말미암아 우리를 거듭나게 하사 산 소망이 있게 하시며 썩지 않고 더럽지 않고 쇠하지 아니하는 기업을 잇게 하시나니 곧 너희를 위하여 하늘에 간직하신 것이라(벧전 1:3-4).

※ 인간의 구원은 사람의 행위로 말미암지 아니하고 오직 하나님이 정하신 하나님의 법에 의하여 이루어진다.

9. 하늘에 있는 식양대로 성막이 만들어지다

여호와께서 모세에게 일러 가라사대 이스라엘 자손에게 명하여 내게 예물을 가져오라 하고 무릇 즐거운 마음으로 내는 자에게서 내게 드리는 것을 너희는 받을찌니라 너희가 그들에게서 받을 예물은 이러하니 금과 은과 놋과 청색 자색 홍색실과 가는 베실과 염소 털과 붉은 물 들인 수양의 가죽과 해달의 가죽과 조각목과 등유와 관유에 드는 향품과 분향할 향을 만들 향품과 호마노며 에봇과 흉패에 물릴 보석이니라 내가 그들 중에 거할 성소를 그들을 시켜 나를 위하여 짓되 무릇 내가 네게 보이는대로 장막의 식양과 그 기구의 식양을 따라 지을찌니라 그들은 조각목으로 궤를 짓되 장이 이 규빗 반, 광이 일 규빗 반, 고가 일 규빗 반이 되게 하고 너는 정금으로 그것을 싸되 그 안팎을 싸고 윗가로 돌아가며 금테를 두르고 금고리 넷을 부어 만들어 그 네 발에 달되 이편에 두 고리요 저편에 두 고리며 조각목으로 채를 만들고 금으로 싸고 그 채를 궤 양편 고리에 꿰어서 궤를 메게 하며 채를 궤의 고리에 꿴대로 두고 빼어내지 말찌며 내가 네게 줄 증거판을 궤 속에 둘찌며 정금으로 속죄소를 만들되 장이 이 규빗 반, 광이 일 규빗 반이 되게 하고 금으로 그룹 둘을 속죄소 두 끝에 쳐서 만들되 한 그룹은 이 끝에, 한 그룹은 저 끝에 곧 속죄소 두 끝에 속죄소와 한 덩이로 연하게 할찌며 그룹들은 그 날개를 높이 펴서 그 날개로 속죄소를 덮으며 그 얼굴을 서로 대하여 속죄소를 향하게 하고 속죄소를 궤 위에 얹고 내가 네게 줄 증거판을 궤 속에 넣으라 거기서 내가 너와 만나고 속죄소 위 곧 증거궤 위에 있는 두 그룹 사이에서 내가 이스라엘 자손을 위하여 네게 명할 모든 일을 네게 이르리라. 너는 조각목으로 상을 만들되 장이 이 규빗, 광이 일 규빗, 고가 일 규빗 반이 되게 하고 정금으로 싸고 주위에 금테를 두르고 그 사면에 손바닥 넓이만한 턱을 만들고 그 턱 주위에 금으로 테를 만들고 그것을 위하여 금고리 넷을 만들어 그 네 발위 네 모퉁이에 달되 턱 곁에 달라 이는 상 멜 채를 꿸 곳이며 또 조각목으로 그 채를 만들고 금으로 싸라 상을 이것으로 멜 것이니라. 너는 대접과 숟가락과 병과 붓는 잔을 만들되 정금으로 만들찌며 상 위에 진설병을 두어 항상 내 앞에 있게 할찌니라 너는 정금으로 등대를 쳐서 만들되 그 밑판과 줄기와 잔과 꽃받침과 꽃을 한 덩이로 연하게 하고 가지 여섯을 등대 곁에서 나오게 하되 그 세 가지는 이편으로 나오고 그 세 가지는 저편으로 나오게 하며 이편 가지에 살구꽃 형상의 잔 셋과 꽃받침과 꽃이 있게 하고 저편 가지에도 살구꽃 형상의 잔 셋과 꽃받침과 꽃이 있게 하여 등대에서 나온 여섯가지를 같게 할찌며 등대 줄기에는 살구꽃 형상의 잔 넷과 꽃받침과 꽃이 있게 하고 등대에서 나온 여섯 가지를 위하여 꽃받침이 있게 하되 두 가지 아래 한 꽃받침이 있어 줄기와 연하게 하며 또 두 가지 아래 한 꽃받침이 있어 줄기와 연하게 하며 또 두 가지 아래 한 꽃받침이 있어 줄기와 연하게 하고 그 꽃받침과 가지를 줄기와 연하게 하여 전부를 정금으로 쳐 만들고 등잔 일곱을 만들어 그 위에 두어 앞을 비추게 하며 그 불집게와 불똥 그릇도 정금으로 만들찌니 등대와 이 모든 기구를 정금 한 달란트로 만들되 너는 삼가 이 산에서 네게 보인 식양대로 할찌니라(출 25:1-40).

여호와께서 모세에게 이르시되 너는 이 말들을 기록하라 내가 이 말들의 뜻대로 너와 이스라엘과 언약을 세웠음이니라 하시니라 모세가 여호와와 함께 사십일 사십야를 거기 있으면서 떡도 먹지 아니하였고 물도 마시지 아니하였으며 여호와께서는 언약의 말씀 곧 십계를 그 판들에 기록하셨더라(출 34:27-28).

브살렐과 오홀리압과 및 마음이 지혜로운 사람 곧 여호와께서 지혜와 총명을 부으사 성소에 쓸 모든 일을 할 줄 알게 하심을 입은 자들은 여호와의 무릇 명하신대로 할 것이니라 모세가 브살렐과 오홀리압과 및 마음이 지혜로운 사람 곧 그 마음에 여호와께로 지혜를 얻고 와서 그 일을 하려고 마음에 원하는 모든 자를 부르매 그들이 이스라엘 자손의 성소의 모든 것을 만들기 위하여 가져온 예물을 모세에게서 받으니라 그러나 백성이 아침마다 자원하는 예물을 연하여 가져오는 고로 성소의 모든 일을 하는 지혜로운 자들이 각기 하는 일을 정지하고 와서 모세에게 고하여 가로되 백성이 너무 많이 가져오므로 여호와의 명하신 일에 쓰기에 남음이 있나이다 모세가 명을 내리매 그들이 진중에 공포하여 가로되 무론 남녀하고 성소에 드릴 예물을 다시 만들지 말라 하매 백성이 가져오기를 정지하니 있는 재료가 모든 일을 하기에 넉넉하여 남음이 있었더라 일하는 사람 중에 마음이 지혜로운 모든 사람이 열 폭 앙장으로 성막을 지었으니 곧 가늘게 꼰 베실과 청색 자색 홍색실로 그룹들을 무늬 놓아 짜서 지은 것이라 매폭의 장은 이십팔 규빗, 광은 사 규빗으로 각 폭의 장단을 같게 하여 그 다섯 폭을 서로 연하며 또 그 다섯 폭을 서로 연하고 연락할 말폭 가에 청색 고를 만들며 다른 연락할 말폭 가에도 고를 만들되 그 연락할 한 폭에 고 오십을 달고 다른 연락할 한 폭의 가에도 고 오십을 달아 그 고들이 서로 대하게 하고 금 갈고리 오십을 만들어 그 갈고리로 두 앙장을 연하여 한 막을 이루었더라 그 성막을 덮는 막 곧 앙장을 염소털로 만들되 십 일폭을 만들었으니 각 폭의 장은 삼십 규빗, 광은 사 규빗으로 십 일폭의 장단을 같게 하여 그 앙장 다섯 폭을 서로 연하며 또 여섯 폭을 서로 연하고 앙장을 연락할 말폭 가에 고 오십을 달며 다른 연락할 말폭 가에도 고 오십을 달고 놋 갈고리 오십을 만들어 그 앙장을 연합하여 한 막이 되게 하고 붉은 물 들인 수양의 가죽으로 막의 덮개를 만들고 해달의 가죽으로 그 웃덮개를 만들었더라 그가 또 조각목으로 성막에 세울 널판들을 만들었으니 각 판의 장은 십 규빗, 광은 일 규빗 반이며 각 판에 두 촉이 있어 서로 연하게 하였으니 성막의 모든 판이 그러하며 성막을 위하여 널판을 만들었으되 남으로는 남편에 널판이 이십이라 그 이십 널판 밑에 은받침 사십을 만들었으되 곧 이 널판 밑에도 두 받침이 그 두 촉을 받게 하였고 저 널판 밑에도 두 받침이 그 두 촉을 받게 하였으며 성막 다른 편 곧 북편을 위하여도 널판 이십을 만들고 또 은받침 사십을 만들었으니 곧 이 판 밑에도 두 받침이요 저 판 밑에도 두 받침이며 장막 뒤 곧 서편을 위하여는 널판 여섯을 만들었고 장막 뒤 두 모퉁이 편을 위하여는 널판 둘을 만들되 아래서부터 위까지 각기 두 겹 두께로 하여 윗 고리에 이르게 하고 두 모퉁이 편을 다 그리하며 그 널판은 여덟이요 그 받침은 은 받침 열여섯이라 각 널판 밑에 둘씩이었더라 그가 또 조각목으로 띠를 만들었으니 곧 성막 이편 널판을 위하여 다섯이요 성막 저편 널판을 위하여 다섯이요 성막 뒤 곧 서편 널판을 위하여 다

> 섯이며 그 중간 띠를 만들되 널판 중간 이 끝에서 저 끝에 미치게 하였으며 그 널판들을 금으로 싸고 그 널판에 띠를 꿸 금고리를 만들고 그 띠도 금으로 쌌더라 그가 또 청색 자색 홍색실과 가늘게 꼰 베실로 장을 짜고 그 위에 그룹들을 공교히 수 놓고 조각목으로 네 기둥을 만들어 금으로 쌌으며 그 갈고리는 금이며 기둥의 네 받침은 은으로 부어 만들었으며 청색 자색 홍색실과 가늘게 꼰 베실로 수 놓아 장막 문을 위하여 장을 만들고 문장의 기둥 다섯과 그 갈고리를 만들고 기둥머리와 그 가름대를 금으로 쌌으며 그 다섯 받침은 놋이었더라 (출 36:1-38).

※ 성막은 모세가 하나님의 명으로 하늘에 있는 것을 보고 그대로 만든 것으로 죄인들이 하나님 앞에 나아갈 수 있는 유일한 한시적 방편이었으며 우리의 구원자로 오실 예수 그리스도의 모형이었다.

10. 성막 봉헌과 구름 기둥 불 기둥의 임재

> 여호와께서 모세에게 일러 가라사대 너는 정월 초일일에 성막 곧 회막을 세우고 또 증거궤를 들여놓고 또 장으로 그 궤를 가리우고 또 상을 들여놓고 그 위에 물품을 진설하고 등대를 들여놓고 불을 켜고 또 금 향단을 증거궤 앞에 두고 성막 문에 장을 달고 또 번제단을 회막의 성막 문 앞에 놓고 또 물두멍을 회막과 단 사이에 놓고 그 속에 물을 담고 또 뜰 주위에 포장을 치고 뜰 문에 장을 달고 또 관유를 취하여 성막과 그 안에 있는 모든 것에 발라 그것과 그 모든 기구를 거룩하게 하라 그것이 거룩하리라 너는 또 번제단과 그 모든 기구에 발라 그 안을 거룩하게 하라

그 단이 지극히 거룩하리라 너는 또 물두멍과 그 받침에 발라 거룩하게 하고 너는 또 아론과 그 아들들을 회막문으로 데려다가 물로 씻기고 아론에게 거룩한 옷을 입히고 그에게 기름을 부어 거룩하게 하여 그로 내게 제사장의 직분을 행하게 하라 너는 또 그 아들들을 데려다가 그들에게 겉옷을 입히고 그 아비에게 기름을 부음 같이 그들에게도 부어서 그들로 내게 제사장 직분을 행하게 하라 그들이 기름 부음을 받았은즉 대대로 영영히 제사장이 되리라 하시매 모세가 그 같이 행하되 곧 여호와께서 자기에게 명하신 대로 다 행하였더라 제 이년 정월 곧 그 달 초일일에 성막을 세우니라 모세가 성막을 세우되 그 받침들을 놓고 그 널판들을 세우고 그 띠를 띠우고 그 기둥들을 세우고 또 성막 위에 막을 펴고 그 위에 덮개를 덮으니 여호와께서 모세에게 명하신대로 되니라 그가 또 증거 판을 궤 속에 넣고 채를 궤에 꿰고 속죄소를 궤 위에 두고 또 그 궤를 성막에 들여놓고 장을 드리워서 그 증거궤를 가리우니 여호와께서 모세에게 명하신대로 되니라 그가 또 회막 안 곧 성막 북편으로 장 밖에 상을 놓고 또 여호와 앞 그 상위에 떡을 진설하니 여호와께서 모세에게 명하신 대로 되니라 그가 또 회막 안 곧 성막 남편에 등대를 놓아 상과 대하게 하고 또 여호와 앞에 등잔에 불을 켜니 여호와께서 모세에게 명하신 대로 되니라 그가 또 금 향단을 회막 안장 앞에 두고 그 위에 향기로운 향을 사르니 여호와께서 모세에게 명하신 대로 되니라 그가 또 성막 문에 장을 달고 또 회막의 성막 문 앞에 번제단을 두고 번제와 소제를 그 위에 드리니 여호와께서 모세에게 명하신 대로 되니라 그가 또 물두멍을 회막과 단 사이에 두고 거기 씻을 물을 담고 자기와 아론과 그 아들들이 거기서 수족을 씻되 그들이 회막에 들어갈 때와 단에 가까이 갈 때에 씻었으니 여호와께서 모세에게 명하신 대로 되니라 그가 또 성막과 단 사

> 면 뜰에 포장을 치고 뜰문의 장을 다니라 모세가 이같이 역사를 필하였더라 그 후에 구름이 회막에 덮이고 여호와의 영광이 성막에 충만하매 모세가 회막에 들어갈 수 없었으니 이는 구름이 회막 위에 덮이고 여호와의 영광이 성막에 충만함이었으며 구름이 성막 위에서 떠오를 때에는 이스라엘 자손이 그 모든 행하는 길에 앞으로 발행하였고 구름이 떠오르지 않을 때에는 떠오르는 날까지 발행하지 아니하였으며 낮에는 여호와의 구름이 성막 위에 있고 밤에는 불이 그 구름 가운데 있음을 이스라엘의 온 족속이 그 모든 행하는 길에서 친히 보았더라(출 40:1-38).

성막 봉헌 후에 낮에는 구름 기둥이 밤에는 불 기둥이 성막 위에 임재하였고 여호와의 영광이 성막에 충만하였으니 성막은 곧 임마누엘 주님의 그림자였다. 이스라엘 백성의 진행과 멈춤이 성막 위의 구름 기둥의 움직임에 의하여 이루어졌으니 구름 기둥이 떠오를 때 이스라엘 백성도 따라가고, 구름 기둥이 멈추면 백성들의 진행도 멈췄으니 이스라엘 백성을 인도하시는 분은 우리의 참 목자이신 임마누엘 주님이셨다.

※ 성막을 세운 후 낮에는 구름 기둥, 밤에는 불 기둥이 그 위에 임하였으니 성막은 희생의 양 예수 그리스도의 그림자요 구름 기둥 불 기둥은 성령의 임재를 보여준 것이다.

11. 모세의 사명은 여기까지

> 당일에 여호와께서 모세에게 일러 가라사대 너는 여리고 맞은편 모압 땅에 있는 아바림 산에 올라 느보 산에 이르러 내가 이스라엘 자손에게 기업으로 주는 가나안 땅을 바라보라 네 형 아론이 호르산에서 죽어 그 조상에게로 돌아간것 같이 너도 올라가는 이 산에서 죽어 네 조상에게로 돌아가리니 이는 너희가 신 광야 가데스의 므리바 물 가에서 이스라엘 자손 중 내게 범죄하여 나의 거룩함을 이스라엘 자손 중에서 나타내지 아니한 연고라 내가 이스라엘 자손에게 주는 땅을 네가 바라보기는 하려니와 그리로 들어가지는 못하리라 하시니라(신 32:48-52).

> 모세가 모압 평지에서 느보산에 올라 여리고 맞은편 비스가산 꼭대기에 이르매 여호와께서 길르앗 온 땅을 단까지 보이시고 또 온 납달리와 에브라임과 므낫세의 땅과 서해까지의 유다 온 땅과 남방과 종려의 성읍 여리고 골짜기 평지를 소알까지 보이시고 여호와께서 그에게 이르시되 이는 내가 아브라함과 이삭과 야곱에게 맹세하여 그 후손에게 주리라 한 땅이라 내가 네 눈으로 보게 하였거니와 너는 그리로 건너가지 못하리라 하시매 이에 여호와의 종 모세가 여호와의 말씀대로 모압 땅에서 죽어 벧브올 맞은편 모압 땅에 있는 골짜기에 장사 되었고 오늘까지 그 묘를 아는 자 없으니라 모세의 죽을 때 나이 일백이십 세나 그 눈이 흐리지 아니하였고 기력이 쇠하지 아니하였더라 이스라엘 자손이 모압 평지에서 애곡하는 기한이 맞도록 모세를 위하여 삼십 일을 애곡하니라 모세가 눈의 아들 여호수아에게 안수하였으므로 그에게 지혜의 신이 충만하니 이스라엘 자손이 여호와께서 모세에게 명하신 대로 여호수아의 말을 순종하였더라(신 34:1-9).

모세는 하나님의 명을 받아 애굽에서 이스라엘 백성을 인도한 후 하나님의 명으로 하늘에 있는 성막을 보고 성막을 건조하였고, 하나님으로부터 백성들이 지켜야 할 율법을 받아 사십 년 동안 광야에서 백성들에게 율법을 가르쳐 지키도록하였다. 그 후 약속의 땅 문 앞에서 사명을 마치고 하나님의 부르심을 받았으니 구약 이스라엘 역사에 가장 위대한 인물이었다.

하나님의 일은 결코 단시간에 한 인물을 통하여 완성되지 않으며, 최후 예수 그리스도로 말미암아 완성된다는 사실을 알아야 한다. 약속의 땅 가나안 정복 전쟁도, 여호수아로 시작하여 사사들, 사울왕, 다윗왕까지 이어졌으나 그때까지도 미완성이었다.

그것은 무엇을 교훈하는 것인가?

자신이 대단한 능력을 소유하고 있다 할지라도 스스로 높아져서 무엇이든 자신이 완성하겠다고 착각하지 말고 항상 겸손하여 하나님의 거대한 프로젝트에 나의 역할은 벽돌 한 장 쌓는 것으로 생각하라. 사람마다 자신의 역할은 극히 제한되어 있다.

사람은 지혜나 지식, 능력, 생명 등 모든 것이 유한하다. 그렇기에 그가 하는 일도 유한할 수밖에 없다. 그뿐만 아니라 사람마다 그의 역할도 다르다. 오직 일을 이루어 가시는 분은 여호와 하나님이시다. 그런데도 사람들 대부분이 착각에 빠져 무엇이든 자신이 완성하겠다고 꿈꾸며 살아가고 있다.

> 그러므로 형제들아 내가 하나님의 모든 자비하심으로 너희를 권하노니 너희 몸을 하나님이 기뻐하시는 거룩한 산 제사로 드리라 이는 너희의 드릴 영적 예배니라 너희는 이 세대를 본받지 말고 오직 마

음을 새롭게 함으로 변화를 받아 하나님의 선하시고 기뻐하시고 온전하신 뜻이 무엇인지 분별하도록 하라 내게 주신 은혜로 말미암아 너희 중 각 사람에게 말하노니 마땅히 생각할 그 이상의 생각을 품지 말고 오직 하나님께서 각 사람에게 나눠주신 믿음의 분량대로 지혜롭게 생각하라 우리가 한 몸에 많은 지체를 가졌으나 모든 지체가 같은 직분을 가진 것이 아니니 이처럼 우리 많은 사람이 그리스도 안에서 한 몸이 되어 서로 지체가 되었느니라 우리에게 주신 은혜대로 받은 은사가 각각 다르니 혹 예언이면 믿음의 분수대로, 혹 섬기는 일이면 섬기는 일로, 혹 가르치는 자면 가르치는 일로, 혹 권위 하는 자면 권위 하는 일로, 구제하는 자는 성실함으로, 다스리는 자는 부지런함으로, 긍휼을 베푸는 자는 즐거움으로 할 것이니라(롬 12:1-8).

이 세상에서의 인생은 미완성이다. 완성을 꿈꾸지 말라, 착각일 뿐이다, 착각은 돌이킬 수 없는 과오만 남길 뿐이다.

※ 아무리 훌륭하고 완벽한 사람이라 할지라도 모든 것이 유한하니, 언제나 겸손하며 온유하며 자신의 호흡과 생명이 하나님께 있음을 알고 하나님을 경외하며 살아야 한다.

12. 새로운 지도자 여호수아

여호와의 종 모세가 죽은 후에 여호와께서 모세의 시종 눈의 아들 여호수아에게 일러 가라사대 내 종 모세가 죽었으니 이제 너는 이 모든 백성으로 더불어 일어나 이 요단을 건너 내가 그들 곧 이스라엘 자손에게 주는 땅으로 가라 내가 모세에게 말한 바와 같이 무릇 너희 발바닥으로 밟는 곳을 내가 다 너희에게 주었노니 곧 광야와 이 레바논에서부터 큰 하수 유브라데에 이르는 헷 족속의 온 땅과 또 해 지는 편 대해까지 너희 지경이 되리라 너의 평생에 너를 능히 당할 자 없으리니 내가 모세와 함께 있던 것 같이 너와 함께 있을 것임이라 내가 너를 떠나지 아니하며 버리지 아니하리니 마음을 강하게 하라 담대히 하라 너는 이 백성으로 내가 그 조상에게 맹세하여 주리라 한 땅을 얻게 하리라 오직 너는 마음을 강하게 하고 극히 담대히 하여 나의 종 모세가 네게 명한 율법을 다 지켜 행하고 좌로나 우로나 치우치지 말라 그리하면 어디로 가든지 형통하리니 이 율법책을 네 입에서 떠나지 말게 하며 주야로 그것을 묵상하여 그 가운데 기록한 대로 다 지켜 행하라 그리하면 네 길이 평탄하게 될 것이라 네가 형통하리라 내가 네게 명한 것이 아니냐 마음을 강하게 하고 담대히 하라 두려워 말며 놀라지 말라 네가 어디로 가든지 네 하나님 여호와가 너와 함께 하느니라 하시니라 이에 여호수아가 백성의 유사들에게 명하여 가로되 진중에 두루 다니며 백성에게 명하여 이르기를 양식을 예비하라 삼 일 안에 너희가 이 요단을 건너 너희 하나님 여호와께서 너희에게 주사 얻게 하시는 땅을 얻기 위하여 들어갈 것임이니라 하라 (수 1:1-11).

이스라엘 자손이 요단 저편 해 돋는 편 곳 아르논 골짜기에서 헤르몬산까지의 동방 온 아라바를 점령하고 그 땅에서 쳐 죽인 왕들은 이러하니라 헤스본에 거하던 아모리 사람의 왕 시혼이라 그 다스리던 땅은 아르논 골짜기 가에 있는 아로엘에서부터 골짜기 가운데 성읍과 길르앗 절반 곧 암몬 자손의 지경 얍복강까지며 또 동방 아라바 긴네롯 바다까지며 또 동방 아라바의 바다 곧 염해의 벧여시못으로 통한 길까지와 남편으로 비스가 산록까지며 또 르바의 남은 족속으로서 아스다롯과 에드레이에 거하던 바산 왕 옥이라 그 치리하던 땅은 헤르몬산과 살르가와 온 바산과 및 그술 사람과 마아가 사람의 지경까지의 길르앗 절반이니 헤스본 왕 시혼의 지경에 접한 것이라 여호와의 종 모세와 이스라엘 자손이 그들을 치고 여호와의 종 모세가 그 땅을 르우벤 사람과 갓 사람과 므낫세 반 지파에게 기업으로 주었더라 여호수아와 이스라엘 자손이 요단 이편 곧 서편 레바논 골짜기의 바알갓에서부터 세일로 올라가는 곳 할락산까지에서 쳐서 멸한 왕들은 이러하니 (그 땅을 여호수아가 이스라엘의 구별을 따라 그 지파에게 기업으로 주었으니 곧 산지와 평지와 아라바와 경사지와 광야와 남방 곧 헷 사람과 아모리 사람과 가나안 사람과 브리스 사람과 히위 사람과 여부스 사람의 땅이라) 하나는 여리고 왕이요 하나는 벧엘 곁의 아이 왕이요 하나는 예루살렘 왕이요 하나는 헤브론 왕이요 하나는 야르뭇 왕이요 하나는 라기스 왕이요 하나는 에글론 왕이요 하나는 게셀 왕이요 하나는 드빌 왕이요 하나는 게델 왕이요 하나는 호르마 왕이요 하나는 아랏 왕이요 하나는 립나 왕이요 하나는 아둘람 왕이요 하나는 막게다 왕이요 하나는 벧엘 왕이요 하나는 답부아 왕이요 하나는 헤벨 왕이요 하나는 아벡 왕이요 하나는

제1장 구약 시대에 성취된 언약 61

> 랏사론 왕이요 하나는 마돈 왕이요 하나는 하솔 왕이요 하나는 시므론 므론 왕이요 하나는 악삽 왕이요 하나는 다아낙 왕이요 하나는 므깃도 왕이요 하나는 게데스 왕이요 하나는 갈멜의 욕느암 왕이요 하나는 돌의 높은 곳의 돌 왕이요 하나는 길갈의 고임 왕이요 하나는 디르사 왕이라 도합 삼십 일 왕이었더라(수 12:1-24).

여호수아가 나이 많아 늙으매 여호와께서 그에게 이르시되 너는 나이 많아 늙었고 얻을 땅의 남은 것은 매우 많도다 이 남은 땅은 이러하니 블레셋 사람의 온 지방과 그술 사람의 전경 곧 애굽 앞 시홀 시내에서부터 가나안 사람에게 속한 북방 에그론 지경까지와 블레셋 사람의 다섯 방백의 땅 곧 가사 사람과 아스돗 사람과 아스글론 사람과 가드 사람과 에그론 사람과 또 남방 아위 사람의 땅과 또 가나안 사람의 온 땅과 시돈 사람에게 속한 므아라와 아모리 사람의 지경 아벡까지와 또 그발 사람의 땅과 동편 온 레바논 곧 헤르몬산 아래 바알갓에서부터 하맛에 들어가는 곳까지와 또 레바논에서부터 미스르봇마임까지의 산지 모든 거민 곧 모든 시돈 사람의 땅이라 내가 그들을 이스라엘 자손 앞에서 쫓아내리니 너는 나의 명한 대로 그 땅을 이스라엘에게 분배하여 기업이 되게 하되 너는 이 땅을 아홉 지파와 므낫세 반 지파에게 나누어 기업이 되게 하라 하셨더라 므낫세 반 지파와 함께 르우벤 사람과 갓 사람은 요단 동편에서 그 기업을 모세에게 받았는데 여호와의 종 모세가 그들에게 준 것은 이러하니 곧 아르논 골짜기 가에 있는 아로엘에서부터 골짜기 가운데 있는 성읍과 디본까지 이르는 메드바 온 평지와 헤스본에 도읍하였던 아모리 사람의 왕 시혼의 모든 성읍 곧 암몬 자손의 지경까지와 길르앗과 및 그술 사람과 마아갓 사람의 지경과 온 헤르몬산과 살르가까지 이른 온 바산 곧 르바의 남은 족속으로서 아스다롯과 에드레이에 도읍하였던 바산 왕 옥의 온 나라라 모세가 이 땅의 사람들을 쳐서 쫓아내었어도 그술 사람과 마아갓 사람은 이스라엘 자손이 쫓아 내지 아니하였으므로 그술과 마아갓이 오늘날까지 이스라엘 가운데 거하더라 오직 레위 지파에게는 여호수아가 기업으로 준 것이 없었으니 이는 이스라엘 하나님 여호와께 드리는 화제물이 그 기업이 됨이 그에게 이르신 말씀과 같음이었더라(수 13:1-14).

여호수아가 이스라엘 모든 지파를 세겜에 모으고 이스라엘 장로들과 그 두령들과 재판장들과 유사들을 부르매 그들이 하나님 앞에 보인지라 여호수아가 모든 백성에게 이르되 이스라엘 하나님 여호와의 말씀에 옛적에 너희 조상들 곧 아브라함의 아비, 나홀의 아비 데라가 강 저편에 거하여 다른 신들을 섬겼으나 내가 너희 조상 아브라함을 강 저편에서 이끌어 내어 가나안으로 인도하여 온 땅을 두루 행하게 하고 그 씨를 번성케 하려고 그에게 이삭을 주었고 이삭에게는 야곱과 에서를 주었으며 에서에게는 세일산을 소유로 주었으나 야곱과 그 자손들은 애굽으로 내려 갔으므로 내가 모세와 아론을 보내었고 또 애굽에 재앙을 내렸나니 곧 내가 그 가운데 행한 것과 같고 그 후에 너희를 인도하여 내었었노라 내가 너희 열조를 애굽에서 인도하여 내어 바다에 이르게 한즉 애굽 사람이 병거와 마병을 거느리고 너희 열조를 홍해까지 따르므로 너희 열조가 나 여호와께 부르짖기로 내가 너희와 애굽 사람 사이에 흑암을 두고 바다를 이끌어 그들을 덮었었나니 내가 애굽에서 행한 일을 너희가 목도 하였으며 또 너희가 여러 날을 광야에 거하였었느니라 내가 또 너희를 인도하여 요단 저편에 거하는 아모리 사람의 땅으로 들어가게 하매 그들이 너희와 싸우기로 내가 그들을 너희 손에 붙이매 너희가 그 땅을 점령하였고 나는 그들을 너희 앞에서 멸절시켰으며 때에 모압 왕 십볼의 아들 발락이 일어나 이스라엘을 대적하여 사람을 보내어 브올의 아들 발람을 불러다가 너희를 저주케 하려 하였으나 내가 발람을 듣기를 원치 아니한고로 그가 오히려 너희에게 축복하였고 나는 너희를 그 손에서 건져내었으며 너희가 요단을 건너 여리고에 이른즉 여리고 사람과 아모리 사람과 브리스 사람과 가나안 사람과 헷 사람과 기르가스 사람과 히위 사람과 여부스 사람들이 너희와 싸우기로 내가 그들을 너희의 손에 붙였으며 내가 왕벌을 너희 앞에 보내어 그 아모리 사람의 두 왕을 너희 앞에서 쫓아내게 하였나니 너희 칼로나 너희 활로나 이같이 한 것이 아니며 내가 또 너희의 수고하지 아니한 땅과 너희가 건축지 아니한 성읍을 너희에게 주었더니 너희가 그 가운데 거하며 너희가 또 자기의 심지 아니한 포도원과 감람원의 과실을 먹는다 하셨느니라 그러므로 이제는 여호와를 경외하며 성실과 진정으로 그를 섬길 것이라 너희의 열조가 강 저편과 애굽에서 섬기던 신들을 제하여 버리고 여호와만 섬기라 만일 여호와를 섬기는 것이 너희에게 좋지 않게 보이거든 너희 열조가 강 저편에서 섬기던 신이든지 혹 너희의 거하는 땅 아모리 사람의 신이든지 너희 섬길 자를 오늘날 택하라 오직 나와 내 집은 여호와를 섬기겠노라 백성이 대답하여 가로되 여호와를 버리고 다른 신들 섬기는 일을 우리가 결단코 하지 아니하오리니 이는 우리 하나님 여호와 그가 우리와 우리 열조를 인도하여 애굽땅 종 되었던 집에서 나오게 하시고 우리 목전에서 그 큰 이적들을 행하시고 우리가 행한 모든 길에서, 우리의 지난 모든 백성 중에서 우리를 보호하셨음이며 여호와께서 또 모든 백성 곧 이 땅에 거하던 아모리 사람을 우리 앞에서 쫓아내셨음이라 그러므로 우리도 여호와를 섬기리니 그는 우리 하나님이심 이니이다 여호수아가 백성에게 이르되 너희가 여호와를 능히 섬기지 못할 것은 그는 거룩하신 하나님이시요 질투하는 하나님이시니 너희 허물과 죄를 사하지 아니하실 것임이라 만일 너희가 여호와를 버리고 이방 신들을 섬기면 너희에게 복을 내리신 후에라도 돌이켜 너희에게 화를 내리시고 너희를 멸하시리라 백성이 여호수아에게 말하되 아니니이다 우리가 정녕 여호와를 섬기겠나이다 여호수아가 백성에게 이르되 너희가 여호와를 택하고 그를 섬기리라 하였으니 스스로 증인이 되었느니라 그들이 가로되 우리가 증인이 되었나이다 여호수아가 가로되 그러면 이제 너희 중에 있는 이방신들을 제하여 버리고 너희 마음을 이스라엘의 하나님 여호와께로 향하라 백성이 여호수아에게 말하되 우리 하나님 여호와를 우리가 섬기고 그 목소리를 우리가 청종하리이다 한지라 그날에 여호수아가 세겜에서 백성으로 더불어 언약을 세우고 그들을 위하여 율례와 법도를 베풀었더라 여호수아가 이 모든 말씀을 하나님의 율법 책에 기록하고 큰 돌을 취하여 거기 여호와의 성소 곁에 있는 상수리나무 아래 세우고 모든 백성에게 이르되 보라 이 돌이 우리에게 증거가 되리니 이는 여호와께서 우리에게 하신 모든 말씀을 이 돌이 들었음이라 그런즉 너희로 너희 하나님을 배반치 않게 하도록 이 돌이 증거가 되리라 하고 백성을 보내어 각기 기업으로 돌아가게 하였더라 이 일 후에 여호와의 종 눈의 아들 여호수아가 일백 십세에 죽으매 무리가 그를 그의 기업의 경내 딤낫 세라에 장사하였으니 딤낫 세라는 에브라임 산지 가아스산 북이었더라 이스라엘이 여호수아의 사는 날 동안과 여호수아 뒤에 생존한 장로들 곧 여호와께서 이스라엘을 위하여 행하신 모든 일을 아는 자의 사는 날 동안 여호와를 섬겼더라 이스라엘 자손이

> 애굽에서 이끌어 낸 요셉의 뼈를 세겜에 장사하였으니 이곳은 야곱이 세겜의 아비 하몰의 자손에게 금 일백개를 주고 산 땅이라 그것이 요셉 자손의 기업이 되었더라아론의 아들 엘르아살도 죽으매 무리가 그를 그 아들 비느하스가 에브라임 산지에서 받은 산에 장사하였더라(수 24:1-33).

※ 아직도 정복할 땅이 많은데 여호수아는 백십 세에 죽었다 가나안 정복의 주역은 모세나 여호수아 또는 그 어떤 사람이 아니라 여호와 하나님으로 당신이 예정하신 시간 속에서 점진적으로 이루어 가신다.

13. 성막과 사사 시대

1) 약속의 땅 실로에 성막이 세워지다
   (성막은 임마누엘 되시는 예수 그리스도의 빛이시다)

> 유다야 너는 네 형제의 찬송이 될찌라 네 손이 네 원수의 목을 잡을 것이요 네 아비의 아들들이 네 앞에 절하리로다 유다는 사자 새끼로다 내 아들아 너는 움킨 것을 찢고 올라 갔도다 그의 엎드리고 웅크림이 수사자 같고 암사자 같으니 누가 그를 범할 수 있으랴 홀이 유다를 떠나지 아니하며 치리자의 지팡이가 그 발 사이에서 떠나지 아니하시기를 실로가 오시기까지 미치리니 그에게 모든 백성이 복종하리로다(창 49:8-10).

히브리어 "실로"(שִׁילֹה)는 '평안하다'라는 뜻을 가진 "살라"(שָׁלָה)에서 파생된 말로 '화평하게 하는자'라는 뜻이다. 이스라엘 백성들이 하나님의 인도하심으로 애굽을 떠나 약속의 땅 가나안에 들어와서 BC 1400년에 실로에 성막을 세우게 되었으니 이스라엘(야곱)이 그의 아들 유다를 축복하였던 실로의 실체가 성막이었으니 실로는 유다 지파의 후손으로 오실 예수 그리스도의 빛이셨다(창 49:8-10 참고).

> 이스라엘 자손의 온 회중이 실로에 모여서 거기 회막을 세웠으니 그 땅이 이미 그들의 앞에 돌아와 복종하였음이나 이스라엘 자손 중에 그 기업의 분배를 얻지 못한 자가 오히려 일곱 지파라 여호수아가 이스라엘 자손에게 이르되 너희가 너희 열조의 하나님 여호와께서 너희에게 주신 땅을 취하러 가기를 어느 때까지 지체하겠느냐 너희는 매 지파에 삼인씩 선정하라 내가 그들을 보내리니 그들은 일어나서 그 땅에 두루 다니며 그 기업에 상당하게 그려가지고 내게로 돌아올 것이라 그들이 그 땅을 일곱 부분에 나누되 유다는 남편 자기 경내에 거하고 요셉의 족속은 그 북편 자기 경내에 거한즉 그 남은 땅을 일곱 부분으로 그려서 이곳 내게로 가져올찌니 내가 여기서 너희를 위하여 우리 하나님 여호와 앞에서 제비 뽑으리라 레위 사람은 너희 중에 분깃이 없나니 여호와의 제사장 직분이 그들의 기업이 됨이며 갓과 르우벤과 므낫세 반 지파는 요단 저편 동편에서 이미 기업을 받았나니 이는 여호와의 종 모세가 그들에게 준 것이니라 그 사람들이 일어나 떠나니 여호수아가 땅을 그리러 가는 그들에게 명하여 가로되 가서 그 땅으로 두루 다니며 그려 가지고 내게로 돌아오라 내가 여기 실로에서 여호와 앞에서 너희를 위하여 제비 뽑으리라 그 사

> 람들이 가서 그 땅으로 두루 다니며 성읍들을 따라서 일곱 부분으로 책에 그리고 실로 진에 돌아와 여호수아에게 나아오니 여호수아가 그들을 위하여 실로 여호와 앞에서 제비 뽑고 그가 거기서 이스라엘 자손의 분파대로 땅을 분배하였더라(수 18:1-10).

BC 1446년 애굽에서 해방된 이스라엘 백성은 사십 년 동안 광야에서 연단을 받았고 모세가 세상을 떠나자 새로운 지도자 여호수아에 의하여 BC 1405년 마침내 약속의 땅에 들어와서 길갈에 임시 정부를 세우고 육 년 동안 가나안 정복 전쟁을 한 후 BC 1400년 지파별로 땅을 분배받게 되었다. 그러나 이때 가나안 땅의 정복은 완성된 것은 아니었고 아직도 정복할 땅이 많이 남아 있었다.

그러면 왜 그때까지 정복을 완성하지 못한 것인가?

여기에 하나님의 뜻이 있었다. 사사기 3장에 보면 하나님께서 전쟁을 알지 못하는 후세대들이 모세가 가르쳤던 명령들을 순종하는지 전쟁을 통해서 시험하시기 위함이라 하셨다.

> 여호와께서 가나안 전쟁을 알지 못한 이스라엘을 시험하려 하시며 이스라엘 자손의 세대 중에 아직 전쟁을 알지 못하는 자에게 그것을 가르쳐 알게 하려 하사 남겨두신 열국은 블레셋 다섯 방백과 가나안 모든 사람과 시돈 사람과 바알 헤르몬산에서부터 하맛 어구까지 레바논산에 거하는 히위 사람이라 남겨두신 이 열국으로 이스라엘을 시험하사 여호와께서 모세로 그들의 열조에게 명하신 명령들을 청종하나 알고자 하셨더라(삿 3:1-4).

가나안 정복 전쟁은 BC 1405년부터 다윗왕이 죽고 솔로몬왕이 즉위한 BC 970년 이전까지 사백삼십여 년간 계속되었다. 솔로몬왕 때는 전쟁에 관한 기록이 없으니 다윗왕 때에 사실상 정복 전쟁이 거의 완성되었다고 본다. 참고로 애굽에서의 해방부터 가나안땅 정복 완성까지 이스라엘의 지도자를 살펴보자.

BC 1446- BC 1405 모세, 사십 년
BC 1405- BC 1390 여호수아, 십육 년

가나안 정복 시대
BC 1405- BC 1400(육 년간 제1차 정복 전쟁 후) 지파별 땅 분배
BC 1390- BC 1050 사사 시대, 삼백사십 년
BC 1050- BC 1010 사울왕, 사십 년
BC 1010- BC 970 다윗왕, 사십 년(가나안 정복은 사실상 다윗왕 때 완성)

여호수아는 죽었으나 정복 전쟁은 계속되었다.

> 여호수아가 죽은 후에 이스라엘 자손이 여호와께 묻자와 가로되 우리 중 누가 먼저 올라가서 가나안 사람과 싸우리이까 여호와께서 가라사대 유다가 올라갈찌니라 보라 내가 이 땅을 그 손에 붙였노라 하시니라 유다가 그 형제 시므온에게 이르되 나의 제비 뽑아 얻은 땅에 나와 함께 올라가서 가나안 사람과 싸우자 그리하면 나도 너의 제비 뽑아 얻은 땅에 함께 가리라 이에 시므온이 그와 함께 가니라 유다가 올라가매 여호와께서 가나안 사람과 브리스 사람을 그들의

> 손에 붙이신지라 그들이 베섹에서 일만 명을 죽이고 또 베섹에서 아도니 베섹을 만나서 그와 싸워 가나안 사람과 브리스 사람을 죽이니 아도니 베섹이 도망하는지라 그를 쫓아가서 잡아 그 수족의 엄지가락을 끊으매 아도니 베섹이 가로되 옛적에 칠십 왕이 그 수족의 엄지가락을 찍히고 내 상 아래서 먹을 것을 줍더니 하나님이 나의 행한 대로 내게 갚으심이로다 하니라 무리가 그를 끌고 예루살렘에 이르렀더니 그가 거기서 죽었더라 유다 자손이 예루살렘을 쳐서 취하여 칼날로 치고 성을 불살랐으며 그 후에 유다 자손이 내려가서 산지와 남방과 평지에 거한 가나안 사람과 싸웠고 유다가 또 가서 헤브론에 거한 가나안 사람을 쳐서 세새와 아히만과 달매를 죽였더라 헤브론의 본 이름은 기럇 아르바이었더라 (삿 1:1-10).

여호수아가 죽은 후에 유다 지파가 머리가 되었으니 이는 유다 지파의 후손으로 이스라엘의 왕이 된 다윗을 통하여 약속의 땅이 정복될 것에 대한 계시이자 유다의 후손으로 오실 예수 그리스도로 말미암아 최후 하나님의 언약이 완성될 것에 대한 계시이다.

여호수아가 죽은 후에 삼백사십 년 동안 사사들이 다스리는 시대가 시작되었는데 사사 시대는 하나님이 친히 이스라엘의 왕으로서 사사들을 세워서 통치하셨던 시대이다. 그러나 이 기간에 백성들은 여호와를 잊어버리고 바알과 아세라 등의 우상을 숭배하며 여호와의 목전에서 온갖 악을 행하였으며 거기에 또한 사람의 왕을 요구하는 죄악을 범하였다.

> 사무엘이 늙으매 그 아들들로 이스라엘 사사를 삼으니 장자의 이름은 요엘이요 차자의 이름은 아비야라 그들이 브엘세바에서 사사가 되니라 그

아들들이 그 아비의 행위를 따르지 아니하고 이를 따라서 뇌물을 취하고 판결을 굽게 하니라 이스라엘 모든 장로가 모여 라마에 있는 사무엘에게 나아가서 그에게 이르되 보소서 당신은 늙고 당신의 아들들은 당신의 행위를 따르지 아니하니 열방과 같이 우리에게 왕을 세워 우리를 다스리게 하소서 한지라 우리에게 왕을 주어 우리를 다스리게 하라 한 그것을 사무엘이 기뻐하지 아니하여 여호와께 기도하매 여호와께서 사무엘에게 이르시되 백성이 네게 한 말을 다 들으라 그들이 너를 버림이 아니요 나를 버려 자기들의 왕이 되지 못하게 함이니라 내가 그들을 애굽에서 인도하여 낸 날부터 오늘날까지 그들이 모든 행사로 나를 버리고 다른 신들을 섬김 같이 네게도 그리하는도다 (삼상 8:1-8).

사무엘이 온 이스라엘에게 이르되 보라 너희가 내게 한 말을 내가 다 듣고 너희 위에 왕을 세웠더니 이제 왕이 너희 앞에 출입하느니라 보라 나는 늙어 머리가 희었고 내 아들들도 너희와 함께 있느니라 내가 어려서부터 오늘날까지 너희 앞에 출입하였거니와 내가 여기 있나니 여호와 앞과 그 기름 부음을 받은 자 앞에서 내게 대하여 증거하라 내가 뉘 소를 취하였느냐 뉘 나귀를 취하였느냐 누구를 속였느냐 누구를 압제하였느냐 내 눈을 흐리게 하는 뇌물을 뉘 손에서 취하였느냐 그리하였으면 내가 그것을 너희에게 갚으리라 그들이 가로되 당신이 우리를 속이지 아니하였고 압제하지 아니하였고 뉘 손에서 아무것도 취한 것이 없나이다 사무엘이 백성에게 이르되 너희가 내 손에서 아무것도 찾아낸 것이 없음을 여호와께서 너희에게 대하여 증거 하시며 그 기름 부음을 받은 자도 오늘날 증거 하느니라 그들이 가로되 그가 증거 하시나이다 사무엘이 백성에게 이르되 모세와 아론을 세우시며 너희 열조를 애굽 땅에서 인도하여 내신이는 여호와시니 그런즉 가만히 섰으라 여호와께서 너희와 너희 열조에게 행하신 모든 의로운 일에 대하여 내가 여호와 앞에서 너희와 담론하리라 야곱이 애굽에 들어간 후 너희 열조가 여호와께 부르짖으매 여호와께서 모세와 아론을 보내사 그 두 사람으로 너희 열조를 애굽에서 인도하여 내어 이곳에 거하게 하셨으나 그들이 그 하나님 여호와를 잊은지라 여호와께서 그들을 하솔 군장 시스라의 손과 블레셋 사람의 손과 모압 왕의 손에 붙이셨더니 그들이 치매 백성이 여호와께 부르짖어 가로되 우리가 여호와를 버리고 바알들과 아스다롯을 섬기므로 범죄하였나이다 그러하오나 이제 우리를 원수들의 손에서 건져내소서 그리하시면 우리가 주를 섬기겠나이다 하매 여호와께서 여룹바알과 베단과 입다와 나 사무엘을 보내사 너희를 너희 사방 원수의 손에서 건져내사 너희로 안전히 거하게 하셨거늘 너희가 암몬 자손의 왕 나하스의 너희를 치러 옴을 보고 너희 하나님 여호와께서는 너희의 왕이 되실찌라도 너희가 내게 이르기를 아니라 우리를 다스릴 왕이 있어야 하겠다 하였도다 이제 너희의 구한 왕, 너희의 택한 왕을 보라 여호와께서 너희 위에 왕을 세우셨느니라 너희가 만일 여호와를 경외하여 그를 섬기며 그 목소리를 듣고 여호와의 명령을 거역하지 아니하며 또 너희와 너희를 다스리는 왕이 너희 하나님 여호와를 좇으면 좋으니라 마는 너희가 만일 여호와의 목소리를 듣지 아니하고 여호와의 명령을 거역하면 여호와의 손이 너희의 열조를 치신것 같이 너희를 치실 것이라. 너희는 이제 가만히 서서 여호와께서 너희 목전에 행하시는 이 큰일을 보라 오늘은 밀 베는 때가 아니냐 내가 여호와께 아뢰리니 여호와께서 우뢰와 비를 보내사 너희가 왕을 구한 일 곧 여호와의 목전에 범한 죄악이 큼을 너희로 밝히 알게 하시리라 이에 사무엘이 여호와께 아뢰매 여호와께서 그 날에 우뢰와 비를 보내시니 모든 백성이 여호와와 사무엘을 크게 두려워하니라 모든 백성이 사무엘에게 이르되 당신의 종들을 위하여 당신의 하나님 여호와께 기도하여 우리로 죽지 않게 하소서 우리가 우리의 모든 죄에 왕을 구하는 악을 더하였나이다 사무엘이 백성에게 이르되 두려워 말라 너희가 과연 이 모든 악을 행하였으나 여호와를 좇는데서 돌이키지 말고 오직 너희 마음을 다하여 여호와를 섬기라 돌이켜 유익하게도 못하며 구원하지도 못하는 헛된 것을 좇지 말라 그들은 헛되니라 여호와께서는 너희로 자기 백성 삼으신 것을 기뻐하신고로 그 크신 이름을 인하여 자기 백성을 버리지 아니하실 것이요 나는 너희를 위하여 기도하기를 쉬는 죄를 여호와 앞에 결단코 범치 아니하고 선하고 의로운 도로 너희를 가르칠 것인즉 너희는 여호와께서 너희를 위하여 행하신 그 큰 일을 생각하여 오직 그를 경외하며 너희의 마음을 다하여 진실히 섬기라 만일 너희가 여전히 악을 행하면 너희와 너희 왕이 다 멸망하리라(삼상 12:1-25).

바울이 일어나 손짓하며 말하되 이스라엘 사람들과 및 하나님을 경외하는 사람들아 들으라 이 이스라엘 백성의 하나님이 우리 조상들을 택하시고 애굽 땅에서 나그네 된 그 백성을 높여 큰 권능으로 인도하여 내사 광야에서 약 사십 년간 저희 소행을 참으시고 가나안 땅 일곱 족속을 멸하사 그 땅을 기업으로 주시고 (약 사백 오십 년간) 그 후에 선지자 사무엘 때까지 사사를 주셨더니 그 후에 저희가 왕을 구하거늘 하나님이 베냐민 지파 사람 기스의 아들 사울을 사십

> 년간 주셨다가 폐하시고 다윗을 왕으로 세우시고 증거하여 가라사 대 내가 이새의 아들 다윗을 만나니 내 마음에 합한 사람이라 내 뜻을 다 이루게 하리라 하시더니 하나님이 약속하신대로 이 사람의 씨에서 이스라엘을 위하여 구주를 세우셨으니 곧 예수라(행 13:16-23).

하나님께서 실로에 성막을 세우도록 하시고 그분의 백성과 함께하셨지만 안타깝게도 백성들은 벌써 하나님을 잊어 가고 있었다. 하나님은 변함이 없으신데 사람은 왜 그리 쉽게 변하는지 사람의 의로서는 하나님과의 지속적인 관계가 이루어질 수 없다는 증거이다. 그때마다 하나님은 전쟁이란 수단을 통하여 이스라엘을 징벌하셨으니 이스라엘의 역사는 배신과 전쟁과 죽음과 고난의 역사로 얼룩져 있다.

엘리 제사장의 아들 홉니와 비느하스 때에 백성과 제사장의 타락이 절정에 이르렀으니 하나님은 불레셋 백성들을 일으켜서 이스라엘을 징치하셨는데 불레셋과의 전쟁에서 이스라엘이 크게 패하고 언약궤를 빼앗기는 수모를 겪었으며 엘리 제사장과 그의 두 아들 제사장이 하나님의 진노로 죽었다. 이로 인하여 실로의 성막 시대는 종식되었다(BC 1075년 아벡 전투에서 불레셋에게 언약궤를 빼앗기고 실로의 성막 시대가 325년 만에 끝이났다 예레미야 7장 12절에는 "실로를 내가 처음으로 내 이름을 둔 처소"라고 말하고 있다).

언약궤가 성막을 떠난 것은 백성들의 범죄로 인하여 하나님과의 관계가 그대로는 더 이상 지속할 수 없음을 보여 주는 것이다. 하나님도 그 백성들의 죄악으로 인하여 이방인(불레셋)에게 언약궤를 빼앗기는 수모를 당하셨으니, 이 사건은 예수님께서 그의 백성과 이방인 총독 빌라도에게 수모를 당하시고 십자가에 못 박혀 죽으신 사건과 일치한다.

그 후 하나님께서는 전쟁에서 승리하고 언약궤를 빼앗아 승리에 도취해 있던 블레셋 백성들에게 큰 재앙을 내리셨으니 언약궤가 가는 지역마다 그 지역 주민들이 하나님의 재앙으로 인하여 병들어 죽기도 하고 큰 고통을 당하게 하셨다. 이로 인하여 블레셋 사람들이 하나님을 크게 두려워하니 그곳 제사장들과 복술자들이 모여 결의하고 속죄의 마음으로 정성의 예물과 함께 언약궤를 돌려보내게 되었다.

> 블레셋 사람이 하나님의 궤를 빼앗아가지고 에벤에셀에서부터 아스돗에 이르니라 블레셋 사람이 하나님의 궤를 가지고 다곤의 당에 들어가서 다곤의 곁에 두었더니 아스돗 사람이 이튿날 일찌기 일어나 본즉 다곤이 여호와의 궤 앞에서 엎드러져 그 얼굴이 땅에 닿았는지라 그들이 다곤을 일으켜 다시 그 자리에 세웠더니 그 이튿날 아침에 그들이 일찌기 일어나 본즉 다곤이 여호와의 궤 앞에서 엎드러져 얼굴이 땅에 닿았고 그 머리와 두 손목은 끊어져 문지방에 있고 다곤의 몸둥이만 남았더라 그러므로 다곤의 제사장들이나 다곤의 당에 들어가는 자는 오늘까지 아스돗에 있는 다곤의 문지방을 밟지 아니하더라 여호와의 손이 아스돗 사람에게 엄중히 더하사 독종의 재앙으로 아스돗과 그 지경을 쳐서 망하게 하니 아스돗 사람들이 이를 보고 가로되 이스라엘 신의 궤를 우리와 함께 있게 못할찌라 그 손이 우리와 우리 신 다곤을 친다 하고 이에 보내어 블레셋 사람의 모든 방백을 모으고 가로되 우리가 이스라엘 신의 궤를 어찌할꼬 그들이 대답하되 이스라엘 신의 궤를 가드로 옮겨가라 하므로 이스라엘 신의 궤를 옮겨 갔더니 그것을 옮겨간 후에 여호와의 손이 심히 큰 환난을 그 성에 더하사 성읍 사람의 작은 자와 큰 자를 다 쳐서 독종

이 나게 하신지라 이에 그들이 하나님의 궤를 에그론으로 보내니라 하나님의 궤가 에그론에 이른즉 에그론 사람이 부르짖어 가로되 그들이 이스라엘 신의 궤를 우리에게로 가져다가 우리와 우리 백성을 죽이려 한다 하고 이에 보내어 블레셋 모든 방백을 모으고 가로되 이스라엘 신의 궤를 보내어 본처로 돌아가게 하고 우리와 우리 백성 죽임을 면케 하자 하니 이는 온 성이 사망의 환난을 당함이라 거기서 하나님의 손이 엄중하시므로 죽지 아니한 사람들은 독종으로 치심을 받아 성읍의 부르짖음이 하늘에 사무쳤더라(삼상 5:1-12).

여호와의 궤가 블레셋 사람의 지방에 있은지 일곱 달이라 블레셋 사람이 제사장들과 복술자들을 불러서 이르되 우리가 여호와의 궤를 어떻게 할꼬 그것을 어떻게 본처로 보낼 것을 우리에게 가르치라 그들이 가로되 이스라엘 신의 궤를 보내려거든 거저 보내지 말고 그에게 속건제를 드려야 할찌니라 그리하면 병도 낫고 그 손을 너희에게서 옮기지 아니하는 연고도 알리라 그들이 가로되 무엇으로 그에게 드릴 속건제를 삼을꼬 가로되 블레셋 사람의 방백의 수효대로 금독종 다섯과 금쥐 다섯이라야 하리니 너희와 너희 방백에게 내린 재앙이 일반임이니라 그러므로 너희는 너희 독종의 형상과 땅을 해롭게 하는 쥐의 형상을 만들어 이스라엘 신께 영화를 돌리라 그가 혹 그 손을 너희와 너희 신들과 너희 땅에서 경하게 하실까 하노라 애굽인과 바로가 그 마음을 강퍅케 한것 같이 어찌하여 너희가 너희 마음을 강퍅케 하겠느냐 그가 그들 중에서 기이하게 행한 후에 그들이 백성을 가게 하므로 백성이 떠나지 아니하였느냐 그러므로 새 수레를 만들고 멍에 메어 보지 아니한 젖 나는 소 둘을 끌어다가 수레를 소에 메우고 그 송아지들은 떼어 집으로 돌려보내고 여호와의 궤를 가져다가 수레에 싣고 속건제 드릴 금 보물은 상자에 담아 궤 곁에 두고 그것을 보내어 가게하고 보아서 궤가 그 본 지경길로 올라가서 벧세메스로 가면 이 큰 재앙은 그가 우리에게 내린 것이요 그렇지, 아니하면 우리를 친 것이 그 손이 아니요 우연히 만난 것인 줄 알리라 그 사람들이 그같이 하여 젖나는 소 둘을 끌어다가 수레를 메우고 송아지들은 집에 가두고 여호와의 궤와 및 금쥐와 그들의 독종의 형상을 담은 상자를 수레 위에 실으니 암소가 벧세메스 길로 바로 행하여 대로로 가며 갈 때에 울고 좌우로 치우치지 아니하였고 블레셋 방백들은 벧세메스 경계까지 따라 가니라 벧세메스 사람들이 골짜기에서 밀을 베다가 눈을 들어 궤를 보고 그것의 보임을 기뻐하더니 수레가 벧세메스 사람 여호수아의 밭 큰 돌 있는 곳에 이르러 선지라 무리가 수레의 나무를 패고 그 소를 번제로 여호와께 드리고 레위인은 여호와의 궤와 그 궤와 함께 있는 금 보물 담긴 상자를 내려다가 큰 돌 위에 두매 그날에 벧세메스 사람들이 여호와께 번제와 다른 제를 드리니라 블레셋 다섯 방백이 이것을 보고 그 날에 에그론으로 돌아갔더라 블레셋 사람이 여호와께 속건제로 드린 금 독종은 이러하니 아스돗을 위하여 하나요 가사를 위하여 하나요 아스글론을 위하여 하나요 가드를 위하여 하나요 에그론을 위하여 하나이며 드린바 금쥐는 여호와의 궤를 놓은 큰 돌에 이르기까지의 모든 견고한 성읍과 시골 동리 곧 다섯 방백에게 속한 사람의 모든 성읍의 수효대로였더라 그 돌은 벧세메스 사람 여호수아의 밭에 오늘까지 있더라 벧세메스 사람들이 여호와의 궤를 들여다 본고로 그들을 치사 (오만) 칠십인을 죽이신지라 여호와께서 백성을 쳐서 크게 살륙하셨으므로 백성이 애곡하였더라 벧세메스 사람들이 가로되 이 거룩하신 하나님 여호와 앞에 누가 능히 서리요 그를 우리에게서 뉘게로 가시게 할꼬 하고 사자들을 기랏여

아림 거민에게 보내어 가로되 블레셋 사람이 여호와의 궤를 도로 가져왔
으니 너희는 내려와서 그것을 너희에게로 옮겨가라(삼상 6:1-21).

2) 성막에서 떠나 아비나답의 집에 머무른 여호와의 궤

블레셋 사람들이 하나님의 언약궤를 이스라엘 백성에게 돌려보냈으나 언약궤가 본래 있던 실로의 성막으로 돌아가지 않았으니 이스라엘 백성과 하나님 사이의 밝았던 시대가 지나고 또다시 암흑 시대가 도래한 것이다(돌아온 언약궤는 기럇여아림의 아미나답의 집에 안치되어 아비나답의 아들 엘리아살을 거룩하게 구별하여 여호와의 궤를 지키게 하였다).

하나님이 들으시고 분내어 이스라엘을 크게 미워하사 실로의 성막
곧 인간에 세우신 장막을 떠나시고 그 능력된 자를 포로에 붙이시며
자기 영광을 대적의 손에 붙이시고 그 백성을 또 칼에 붙이사 그의
기업에게 분내셨으니(시 8:59-62).

여호와의 궤가 기럇여아림에 들어간 날부터 이십여 년이 지났을 때부터 이스라엘 온 족속이 여호와를 사모하게 되었다고 말씀하고 있다. 그러나 하나님은 다윗을 통하여 언약을 이루시기 위하여 오랫동안 침묵하고 계시다가 다윗이 왕이 된 후 다윗의 마음에 여호와의 궤를 사모하는 마음을 주셨고 다윗은 마침내 아비나답의 집에서 다윗성으로 옮기게 하시니 아비나답의 집에 머물렀던 기간이 대략 칠십사, 오 년(?)으로 추산된다.

3) 다윗이 여호와의 궤를 다윗성으로 옮기다

사무엘이 이스라엘의 사사로 있을 때 사울이 왕으로 세움을 받았고 (BC 1050년, 사십 세) 사울의 사십 년 왕위가 끝나고(BC 1010년, 팔십 세) 다윗이 왕이 되어 십여 년이 지난 BC 1000년에 여호와의 궤를 예루살렘으로 옮기게 되었다.

> 다윗이 이스라엘에서 뺀 무리 삼만을 다시 모으고 일어나서 그 함께 있는 모든 사람으로 더불어 바알레유다로 가서 거기서 하나님의 궤를 메어 오려하니 그 궤는 그룹들 사이에 좌정하신 만군의 여호와의 이름으로 이름하는 것이라 저희가 하나님의 궤를 새 수레에 싣고 산에 있는 아비나답의 집에서 나오는데 아비나답의 아들 웃사와 아효가 그 새 수레를 모니라 저희가 산에 있는 아비나답의 집에서 하나님의 궤를 싣고 나올 때에 아효는 궤 앞에서 행하고 다윗과 이스라엘 온 족속이 잣나무로 만든 여러가지 악기와 수금과 비파와 소고와 양금과 제금으로 여호와 앞에서 주악하더라 저희가 나곤의 타작 마당에 이르러서는 소들이 뛰므로 웃사가 손을 들어 하나님의 궤를 붙들었더니 여호와 하나님이 웃사의 잘못함을 인하여 진노하사 저를 그곳에서 치시니 저가 거기 하나님의 궤 곁에서 죽으니라 여호와께서 웃사를 충돌하시므로 다윗이 분하여 그곳을 베레스웃사라 칭하니 그 이름이 오늘까지 이르니라 다윗이 그 날에 여호와를 두려워하여 가로되 여호와의 궤가 어찌 내게로 오리요 하고 여호와의 궤를 옮겨 다윗성 자기에게로 메어 가기를 즐겨하지 아니하고 치우쳐 가드 사람 오벧에돔의 집으로 메어 간지라(삼하 6:1-10).

여호와의 궤를 모셔 오려는 다윗의 계획이 큰 충격과 더불어 좌절되었으니 이는 언약궤를 옮기는 과정에서 웃사가 수레 위에서 흔들리는 언약궤를 붙잡았다가 즉사하였기 때문이다.

4) 여호와의 궤를 옮기다가 일어난 충격적 사건

하나님의 일은 반드시 하나님의 법을 따라야 한다. 그런데 언약궤를 옮길 때 하나님이 주신 법대로 하지 아니하고 지난날 불레셋 사람들이 수레에 실어서 보낸 이방인의 방법을 따랐다. 사탄은 이렇게 기회만 있으면 우상의 가증스러운 것을 교회 안으로 끌어와서 교회가 하나님의 법을 떠나도록 미혹한다.

불레셋 사람들은 하나님의 법도 없었고 언약궤를 메어서 옮길 제사장도 없었기에 자기들의 생각대로 최선을 다해서 보내었는데 그들에게는 아무 문제가 없었다. 그러나 이스라엘 백성에게는 하나님의 법이 있고 언약궤를 멜 제사장이 있었으니 하나님의 법대로 하여야 하지만 벌써 하나님의 법을 잊고 있었다.

하나님의 법은 아무리 오랜 시간이 지나도 변치 않는다. 그러므로 하나님의 일은 반드시 하나님의 법대로 하여야 한다. 하나님을 섬기는 일에 이방인의 것이나 인본주의가 혼합되면 그것이 아무리 정성이 들어 있고 성대하게 진행된다고 할지라도 하나님은 절대로 받지 않으신다.

> 다윗이 그날에 여호와를 두려워하여 가로되 여호와의 궤가 어찌 내게로 오리요 하고 여호와의 궤를 옮겨 다윗성 자기에게로 메어 가기를 즐겨하지 아니하고 치우쳐 가드 사람 오벧에돔의 집으로 메어 간

지라 여호와의 궤가 가드 사람 오벧에돔의 집에 석달을 있었는데 여호와께서 오벧에돔과 그 온 집에 복을 주시니라 혹이 다윗왕에게 고하여 가로되 여호와께서 하나님의 궤를 인하여 오벧에돔의 집과 그 모든 소유에 복을 주셨다 한지라 다윗이 가서 하나님의 궤를 기쁨으로 메고 오벧에돔의 집에서 다윗성으로 올라갈쌔 여호와의 궤를 멘 사람들이 여섯 걸음을 행하매 다윗이 소와 살진 것으로 제사를 드리고 여호와 앞에서 힘을 다하여 춤을 추는데 때에 베 에봇을 입었더라 다윗과 온 이스라엘 족속이 즐거이 부르며 나팔을 불고 여호와의 궤를 메어 오니라 여호와의 궤가 다윗성으로 들어올 때에 사울의 딸 미갈이 창으로 내다보다가 다윗왕이 여호와 앞에서 뛰놀며 춤추는 것을 보고 심중에 저를 업신여기니라 여호와의 궤를 메고 들어가서 다윗이 위하여 친 장막 가운데 그 예비한 자리에 두매 다윗이 번제와 화목제를 여호와 앞에 드리니라(삼하 6:9-17).

다윗이 다윗성에서 자기를 위하여 궁궐을 세우고 또 하나님의 궤를 위하여 처소를 예비하고 위하여 장막을 치고 가로되 레위 사람 외에는 하나님의 궤를 멜 수 없나니 이는 여호와께서 저희를 택하사 하나님의 궤를 메고 영원히 저를 섬기게 하셨음이니라 하고 이스라엘 온 무리를 예루살렘으로 모으고 여호와의 궤를 그 예비한 곳으로 메어 올리고자 하여 아론 자손과 레위 사람을 모으니 그핫 자손 중에 족장 우리엘과 그 형제 일백 이십인이요 므라리 자손 중에 족장 아사야와 그 형제 이백 이십인이요 게르솜 자손 중에 족장 요엘과 그 형제 일백 삼십인이요 엘리사반 자손 중에 족장 스마야와 그 형제 이백인이요 헤브론 자손 중에 족장 엘리엘과 그 형제 팔십인이요 웃시엘 자

> 손 중에 족장 암미나답과 그 형제 일백 십 이인이라 다윗이 제사장 사독과 아비아달을 부르고 또 레위 사람 우리엘과 아사야와 요엘과 스마야와 엘리엘과 암미나답을 불러 저희에게 이르되 너희는 레위 사람의 족장이니 너희와 너희 형제는 몸을 성결케 하고 내가 예비한 곳으로 이스라엘 하나님 여호와의 궤를 메어 올리라 전에는 너희가 메지 아니하였으므로 우리 하나님 여호와께서 우리를 충돌하셨나니 이는 우리가 규례대로 저에게 구하지 아니하였음이니라. 이에 제사장들과 레위 사람들이 이스라엘 하나님 여호와의 궤를 메고 올라가려 하여 몸을 성결케 하고 모세가 여호와의 말씀을 따라 명한 대로 레위 자손이 채로 하나님의 궤를 꿰어 어깨에 메니라(대상 15:1-15).

　가랏여아림 아비나답의 집은 여호와의 궤를 칠십오 년 동안 모시고도 마지막에 하나님의 징계로 웃사가 죽었고 오벧에돔은 삼 개월을 모셨는데 큰 복을 받았다.
　신앙의 연조를 자랑하지 말라. 오히려 오랫동안 봉사하였던 경력으로 인하여 하나님에 대한 태도가 경솔하여지지 않을까 두려워하라.
　처음에는 잘하던 사람이 시간이 지나면서 대부분 변하게 되어 버림받는 경우가 허다하니 평생 섬기며 봉사하고도 나중에 버림받고 망하는 사람이 많다. 에베소 교회도 처음 사랑을 잃어버렸다고 주님으로부터 책망을 받았고, 이스라엘 백성들의 신앙도 시간이 지난 후에는 이방의 우상도 함께 섬기는 혼합주의 신앙으로 변하게 되어 하나님의 징벌로 인하여 죽고 망하고 버림받는 역사가 반복되었다.
　신앙은 시간이 지나면서 좋아지는 것이 아니라 점점 세상의 미혹을 받아 인본주의, 세속주의로 변질이 되니 항상 초심을 잃지 말고 겸손하게 봉사하여야 한다.

> 형제들아 사람이 만일 무슨 범죄한 일이 드러나거든 신령한 너희는 온유한 심령으로 그러한 자를 바로잡고 네 자신을 돌아보아 너도 시험을 받을까 두려워하라 너희가 짐을 서로 지라 그리하여 그리스도의 법을 성취하라 만일 누가 아무것도 되지 못하고 된 줄로 생각하면 스스로 속임이니라 각각 자기의 일을 살피라 그리하면 자랑할 것이 자기에게만 있고 남에게는 있지 아니하리니 각각 자기의 짐을 질 것임이니라(갈 6:1-5).

다윗은 곧바로 일차 작전이 실패한 원인을 깨닫게 되어 이차는 하나님의 법대로 하여 여호와의 궤를 무사히 모셔 올 수 있었다. 언약궤가 실로의 성막을 떠나(BC 1075년) 칠 개월 후에 아비나답의 집에 이르러 칠십오 년간 있었고, 그 후 오벧에돔의 집에 삼 개월 머무른 후 BC 1000년에 다윗성에 안치되어 솔로몬이 성전을 건축하고 언약궤를 성전에 안치하였으니(BC 959년) 실로를 떠나 이 장막과 저 장막으로 옮겨 다닌 기간이 무려 백십육 년이었다.

※ 성막은 하나님께서 최초로 그의 백성들에게 보여주신 임마누엘 예수 그리스도의 모형이었다. 그러나 백성들은 예수님(말씀) 안에 살면서도 끊임없이 변질되고 변질되었다.

14. 성막 시대를 지나 성전 시대로
(오실 예수 그리스도의 빛이 더 가까이 밝아 오다)

언약궤는 다윗의 소원대로 다윗성에 모셔 왔으나 여전히 장막 속에 모셨으므로 다윗의 마음에 성전을 건축하여 언약궤를 모시고 싶은 마음이 솟구쳐 오르니 곧바로 성전 건축을 위해 준비를 하게 되었다.

그러나 하나님께서는 그동안 전쟁을 많이 하였고 여전히 전쟁 중이었던 다윗의 손으로 성전을 건축하는 것을 허락지 않으시고 전쟁을 마친 후 평화의 시대에 솔로몬을 통하여 성전을 건축하게 하셨다. 성전은 곧 평화의 왕으로 세상에 오실 예수 그리스도의 모형이었기 때문이다.

> 다윗이 그 궁실에 거할 때에 선지자 나단에게 이르되 나는 백향목 궁에 거하거늘 여호와의 언약궤는 휘장 밑에 있도다 나단이 다윗에게 고하되 하나님이 왕과 함께 계시니 무릇 마음에 있는 바를 행하소서 그 밤에 하나님의 말씀이 나단에게 임하여 가라사대 가서 내 종 다윗에게 말하기를 여호와의 말씀이 너는 나의 거할 집을 건축하지 말라 내가 이스라엘을 올라오게 한 날부터 오늘날까지 집에 거하지 아니하고 오직 이 장막과 저 장막에 있으며 이 성막과 저 성막에 있었나니 무릇 이스라엘 무리로 더불어 행하는 곳에서 내가 내 백성을 먹이라고 명한 이스라엘 어느 사사에게 내가 말하기를 너희가 어찌하여 나를 위하여 백향목 집을 건축하지 아니하였느냐고 말하였느냐 하고 연하여 내 종 다윗에게 이처럼 말하라 만군의 여호와께서 이처럼 말씀하시기를 내가 너를 목장 곧 양을 따르는 데서 취하여 내 백성 이스라엘의 주권자를 삼고 네가 어디를 가든지 내가 너와 함께 있어

네 모든 대적을 네 앞에서 멸하였은즉 세상에서 존귀한 자의 이름 같은 이름을 네게 만들어 주리라 내가 또 내 백성 이스라엘을 위하여 한 곳을 정하여 저희를 심고 저희로 자기 곳에 거하여 다시는 옮기지 않게 하며 악한 유로 전과 같이 저희를 해하지 못하게 하여 전에 내가 사사를 명하여 내 백성 이스라엘을 다스리던 때와 같지 않게 하고 또 네 모든 대적으로 네게 복종하게 하리라 또 네게 이르노니 여호와가 너를 위하여 집을 세울찌라 네 수한이 차서 네가 열조에게로 돌아가면 내가 네 뒤에 네 씨 곧 네 아들 중 하나를 세우고 그 나라를 견고하게 하리니 저는 나를 위하여 집을 건축할 것이요 나는 그 위를 영원히 견고하게 하리라(대상 17:1-12).

이스라엘 자손이 애굽 땅에서 나온지 사백 팔십년이요 솔로몬이 이스라엘 왕이 된지 사년 시브월 곧 이월에 솔로몬이 여호와를 위하여 전 건축하기를 시작하였더라 솔로몬왕이 여호와를 위하여 건축한 전은 장이 육십 규빗이요 광이 이십 규빗이요 고가 삼십 규빗이며 전의 성소 앞 낭실의 장은 전의 광과 같이 이십 규빗이요 그 광은 전 앞에서부터 십 규빗이며 전을 위하여 붙박이 교창을 내고, 또 전의 벽 곧 성소와 지성소의 벽에 연접하여 돌아가며 다락들을 건축하되 다락마다 돌아가며 골방들을 만들었으니 하층 다락의 광은 다섯 규빗이요 중층 다락의 광은 여섯 규빗이요 제 삼층 다락의 광은 일곱 규빗이라 전의 벽 바같으로 돌아가며 턱을 내어 골방 들보로 전의 벽에 박히지 않게 하였으며, 이 전은 건축할 때에 돌을 뜨는 곳에서 치석하고 가져다가 건축하였으므로 건축하는 동안에 전 속에서는 방망이나 도끼나 모든 철 연장 소리가 들리지 아니하였으며, 중층 골방의 문은 전 오른편에 있는데 나사모양 사닥다리로 말미암아 하층에서 중층에 오르고 중층에서 제 삼층에 오르게 하였더라 전의 건축이 마치니라 그 전은 백향목 서까래와 널판으로 덮었고, 또 온 전으로 돌아가며 고가 다섯 규빗 되는 다락방을 건축하되 백향목 들보로 전에 연접하게 하였더라 여호와의 말씀이 솔로몬에게 임하여 가라사대 네가 이제 이 전을 건축하니 네가 만일 내 법도를 따르며 내 율례를 행하며 나의 모든 계명을 지켜 그대로 행하면 내가 네 아비 다윗에게 한 말을 네게 확실히 이룰 것이요 내가 또한 이스라엘 자손 가운데 거하며 내 백성 이스라엘을 버리지 아니하리라 하셨더라 솔로몬이 전 건축하기를 마치고 백향목 널판으로 전의 안벽 곧 전 마루에서 천장까지의 벽에 입히고 또 잣나무 널판으로 전 마루를 놓고 또 전 뒤편에서부터 이십 규빗 되는 곳에 마루에서 천장까지 백향목 널판으로 가로막아 전의 내소 곧 지성소를 만들었으며 내소 앞에 있는 외소 곧 성소의 장이 사십 규빗이며 전 안에 입힌 백향목에는 박과 핀 꽃을 아로새겼고 모두 백향목이라 돌이 보이지 아니하며 여호와의 언약궤를 두기 위하여 전 안에 내소를 예비하였는데 그 내소의 속이 장이 이십 규빗이요 광이 이십 규빗이요 고가 이십 규빗이라 정금으로 입혔고 백향목 단에도 입혔더라 솔로몬이 정금으로 외소 안에 입히고 내소 앞에 금사슬로 건너지르고 내소를 금으로 입히고 온 전을 금으로 입히기를 마치고 내소에 속한 단의 전부를 금으로 입혔더라 내소 안에 감람목으로 두 그룹을 만들었는데 그 고가 각각 십 규빗이라 한 그룹의 이 날개는 다섯 규빗이요 저 날개도 다섯 규빗이니 이 날개 끝으로부터 저 날개 끝까지 십 규빗이며 다른 그룹도 십 규빗이니 그 두 그룹은 한 척수, 한 모양이요 이 그룹의 고가 십 규빗이요 저 그룹도 일반이라 솔로몬이 내소 가운데 그룹을 두었으니 그룹들의 날개가 펴였는데 이 그룹의 날개는 이 벽에 닿았고 저 그룹의 날개는 저 벽에 닿았으며 두 날개는 전의 중앙에서 서로 닿았더라. 저가 금으로 그룹에 입혔더라 내외소 사면 벽에는 모두 그룹들과 종려와 핀 꽃 형상을 아로새겼고 내외 전 마루에는 금으로 입혔으며 내소에 들어가는 곳에는 감람목으로 문을 만들었는데 그 문 인방과 문설주는 벽의 오분지 일이요 감람목으로 만든 그 두 문짝에 그룹과 종려와 핀 꽃을 아로새기고 금으로 입히되 곧 그룹들과 종려에 금으로 입혔더라 또 외소의 문을 위하여 감람목으로 문설주를 만들었으니 곧 벽의 사분지 일이며 그 두 문짝은 잣나무라 이 문짝도 두 짝으로 접게 되었고 저 문짝도 두 짝으로 접게 되었으며 그 문짝에 그룹들과 종려와 핀 꽃을 아로새기고 금으로 입히되 그 새긴데 맞게 하였고 또 다듬은 돌 세켜와 백향목 두꺼운 판자 한 켜로 둘러 안뜰을 만들었더라 제 사년 시브월에 여호와의 전 기초를 쌓았고 제 십일년 불월 곧 팔월에 그 설계와 식양대로 전이 다 필역되었으니 솔로몬이 전을 건축한 동안이 칠년이었더라(왕상 6:1-38).
(솔로몬왕 즉위 사 년〈BC 966년에 착공하여 BC 959년〉에 완공하였다)

솔로몬이 BC 959년에 성전 건축을 완공하고 장막에 있던 언약궤를 성전의 지성소에 안치하게 되었다.

※ 하나님의 마음에 합하였던 다윗에게도 성전 건축은 허락하지 않으셨다. 그때 다윗은 겸손히 하나님의 뜻을 받아들였다. 나에게 하나님을 위하여 큰일을 하고자 하는 마음이 불타오르고 또한 할 수 있는 여력이 있다 할지라도 그 마음이 반드시 하나님이 주신 마음이 아닐 수 있으니 겸손하게 기도하면서 하나님의 뜻을 찾아야 한다.

15. 솔로몬왕의 성대한 성전 봉헌식

이에 솔로몬이 여호와의 언약궤를 다윗성 곧 시온에서 메어 올리고자 하여 이스라엘 장로와 모든 지파의 두목 곧 이스라엘 자손의 족장들을 예루살렘 자기에게로 소집하니 이스라엘 모든 사람이 다 에다님월 곧 칠월 절기에 솔로몬왕에게 모이고 이스라엘 장로들이 다 이르매 제사장들이 궤를 메니라 여호와의 궤와 회막과 성막 안의 모든 거룩한 기구들을 메고 올라가되 제사장과 레위 사람이 그것들을 메고 올라가매 솔로몬왕과 그 앞에 모인 이스라엘 회중이 저와 함께 궤 앞에 있어 양과 소로 제사를 드렸으니 그 수가 많아 기록할 수도 없고 셀 수도 없었더라 제사장들이 여호와의 언약궤를 그 처소로 메어 들였으니 곧 내전 지성소 그룹들의 날개 아래라 그룹들이 궤 처소 위에서 날개를 펴서 궤와 그 채를 덮었는데 채가 긴고로 채 끝이 내전 앞 성소에서 보이나 밖에서는 보이지 아니하며 그 채는 오늘까지 그곳에 있으며 궤 안에는 두 돌판 외에 아무것도 없으니 이것은 이스라엘 자손이 애굽 땅에서 나온 후 여호와께서 저희와 언약을 세우실 때에 모세가 호렙에서 그 안에 넣은 것이더라 제사장이 성소에서 나올 때에 구름이 여호와의 전에 가득하매 제사장이 그 구름으로 인하여 능히 서서 섬기지 못하였으니 이는 여호와의 영광이 여호와의 전에 가득함이었더라 그 때에 솔로몬이 가로되 여호와께서 캄캄한데 계시겠다 말씀하셨사오나 내가 참으로 주를 위하여 계실 전을 건축하였사오니 주께서 영원히 거하실 처소로소이다 하고 얼굴을 돌이켜 이스라엘 온 회중을 위하여 축복하니 때에 이스라엘의 온 회중이 섰더라 왕이 가로되 이스라엘 하나님 여호와를 송축할찌로다 여호와께서 그 입으로 나의 부친 다윗에게 말씀하신 것을 이제 그 손으로 이루셨도다 이르시기를 내가 내 백성 이스라엘을 애굽에서 인도하여 낸 날부터 내 이름을 둘만한 집을 건축하기 위하여 이스라엘 모든 지파 가운데서 아무 성읍도 택하지 아니하고 다만 다윗을 택하여 내 백성 이스라엘을 다스리게 하였노라 하신지라 내 부친 다윗이 이스라엘 하나님 여호와의 이름을 위하여 전을 건축할 마음이 있었더니 여호와께서 내 부친 다윗에게 이르시되 네가 내 이름을 위하여 전을 건축할 마음이 있으니 이 마음이 네게 있는 것이 좋도다 그러나 너는 그 전을 건축하지 못할 것이요 네 몸에서 낳을 네 아들 그가 내 이름을 위하여 전을 건축하리라 하시더니 이제 여호와께서 말씀하신대로 이루시도다 내가 여호와의 허하신대로 내 부친 다윗을 대신하여 일어나서 이스라엘 위에 앉고 이스라엘 하나님 여호와의 이름을 위하여 전을 건축하고 내가 또 그곳에 우리 열조를 애굽 땅에서 인도하여 내실 때에 저희와 세우신 바 여호와의 언 약 넣은 궤를 위하여 한 처소를 설치하였노라 솔로몬이 여호와의 단 앞에서 이스라엘의 온 회중을 마주서서 하늘을 향하여 손을 펴고 가로되 이스라엘 하나님 여호와여 상천 하지에 주와 같은 신이 없나이다 주께서는 온 마음으로 주의 앞에서 행하는 종들에게 언약을 지키시고 은혜를 베푸시나이다 주께서 주의 종 내 아비 다윗에게 허하신 말씀을 지키사 주의 입으로 말씀하신 것을 손으로 이루심이 오늘날과 같으니이다 이스라엘 하나님 여호와여 주께서 주의 종 내 아비 다윗에게 말씀하시기를 네 자손이 자기 길을 삼가서 네가 내 앞에서 행한것 같이 내 앞에서 행하기만 하면 네게로 좇아나서 이스라엘 위에 앉을 사람이 내 앞에서 끊어지지 아니하리라 하셨사오니 이제 다윗을 위하여 그 허하신 말씀을 지키시옵소서 그런즉 이스라엘 하나님이여 원컨대 주는 주의 종 내 아비 다윗에게 하신 말씀이 확실하게 하옵소서 하나님이 참으로 땅에 거하시리이까 하늘과 하늘들의 하늘이라도 주를 용납지 못하겠거든 하물며 내가 건축한 이 전이오리이까 그러나 나의 하나님 여호와여 종의 기도와 간구를 돌아보시며 종이 오늘날 주의 앞에서 부르짖음과 비는 기도를 들으시옵소서 주께서 전에 말씀하시기를 내 이름이 거기 있으리라 하신 곳 이 전을 향하여 주의 눈이 주야로 보옵시며 종이 이곳을 향하여 비는 기도를 들으시옵소서 종과 주의 백성 이스라엘이 이곳을 향하여 기도할 때에 주는 그 간구함을 들으시되 주의 계신 곳 하늘에서 들으시고 들으시사 사하여 주옵소서 만일 어떤 사람이 그 이웃에게 범죄 함으로 맹세시킴을 받고 저가 와서 이 전에 있는 주의 단 앞에서 맹세하거든 주는 하늘에서 들으시고 행하시되 주의 종들을 국문하사 악한 자의 죄를 정하여 그 행위대로 그 머리에 돌리시고 의로운 자를 의롭다 하사 그 의로운대로 갚으시옵소서 만일 주의 백성 이스라엘이 주께 범죄 하여 적국 앞에 패하게 되므로 주께로 돌아와서 주의 이름을 인정하고 이 전에서 주께 빌며 간구하거든 주는 하늘에서 들으시고 주의 백성 이스라엘의 죄를 사하시고 그 열조에게 주신 땅으로 돌아오게 하옵소서 만일 저희가 주께 범죄함을 인하여 하늘이 닫히고 비가 없어서 주의 벌을 받을 때에 이곳을 향하여 빌며 주의 이름을 인정하고 그 죄에서 떠나거든 주는 하늘에서 들으사 주의 종들과 주의 백성 이스라엘의 죄를 사하시고 그 마땅히 행할 선한 길을 가르쳐 주옵시며 주의 백성에게 기업으로 주신 주의 땅에 비를 내리시옵소서 만일 이 땅에 기근이나 온역이 있거나 곡식이 시들거나 깜부기가 나거나 메뚜기나 황충이 나거나 적국이 와서 성읍을 에워싸거나 무슨 재앙이나 무슨 질병이 있든지 무론하고 한 사람이나 혹 주의 온 백성 이스라엘이 다 각각 자기의 마음에 재앙을 깨닫고 이 전을 향하여 손을 펴고 무슨 기도나 무슨 간구를 하거든 주는 계신 곳 하늘에서 들으시고 사유하시며 각 사람의 마음을 아시오니 그 모든 행위대로 행하사 갚으시옵소서 주만 홀로 인생의 마음을 다 아심이니이다 그리하시면 저희가 주께서 우리 열조에게 주신 땅에서 사는 동안에 항상 주를 경외하리이다 또 주의 백성 이스라엘에 속하지 아니한 자 곧 주의 이름을 위하여 먼 지방에서 온 이방인이라도 저희가 주의 광대한 이름과 주의 능한 손과 주의 펴신 팔의 소문을 듣고 와서 이 전을 향하여 기도하거든 주는 계신 곳 하늘에서 들으시고 무릇 이방인이 주께 부르짖는대로 이루사 땅의 만민으로 주의 이름을 알고 주의 백성 이스라엘처럼 경외하게 하옵시며 또 내가 건축한 이 전을 주의 이름으로 일컫는 줄을 알게 하옵소서 주의 백성이 그 적국으로 더불어 싸우고자 하여 주의 보내신 길로 나갈 때에 저희가 주의 빼신 성과 내가 주의 이름을 위하여 건축한 전 있는 편을 향하여 여호와께 기도하거든 주는 하늘에서 저희의 기도와 간구를 들으시고 그 일을 돌아보옵소서 범죄치 아니하는 사람이 없사오니 저희가 주께 범죄함으로 주께서 저희에게 진노하사 저희를 적국에게 붙이시매 적국이 저희를 사로잡아 원근을 물론하고 적국의 땅으로 끌어간 후에 저희가 사로잡혀 간 땅에서 스스로 깨닫고 그 사로잡은 자의 땅에서 돌이켜 주께 간구하기를 우리가 범죄 하여 패역을 행하며 악을 지었나이다 하며 자기를 사로잡아 간 적국의 땅에서 온 마음과 온 뜻으로 주께 돌아와서 주께서 그 열조에게 주신 땅 곧 주의 빼신 성과 내가 주의 이름을 위하여 건축한 전 있는 편을 향하여 주께 기도하거든 주는 계신 곳 하늘에서 저희 기도와 간구를 들으시고 저희의 일을 돌아보옵시며 주께 범죄한 백성을 용서하시며 주께 범한 그 모든 허물을 사하시고 저희를 사로잡아 간 자의 앞에서 저희로 불쌍히 여김을 얻게 하사 그 사람들로 저희를 불쌍히 여기게 하옵소서 저희는 주께서 철 풀무 같은 애굽에서 인도하여 내신 주의 백성, 주의 산업이 됨이니이다 원컨대 주는 눈을 들어 종의 간구함과 주의 백성 이스라엘의 간구함을 보시고 무릇 주께 부르짖는대로 들으시옵소서 주 여호와여 주께서 우리 조상을 애굽에서 인도하여 내실 때에 주의 종 모세로 말씀하심 같이 주께서 세상 만민 가운데서 저희를 구별하여 주의 산업을 삼으셨나이다 솔로몬이 무릎을 꿇고 손을 펴서 하늘을 향하여 이 기도와 간구로 여호와께 아뢰기를 마치고 여호와의 단 앞에서 일어나 서서 큰 소리로 이스라엘의 온 회중을 위하여 축복하며 가로되 여호와를 찬송할찌로다 저가 무릇 허하신대로 그 백성 이스라엘에게 태평을 주셨으니 그 종 모세를 빙자하여 무릇 허하신 그 선한 말씀이 하나도 이루지 않음이 없도다 우리 하나님 여호와께서 우리 열조와 함께 계시던 것 같이 우리와 함께 계시옵고 우리를 떠나지 마옵시며 버리지 마옵시고 우리의 마음을 자기에게로 향하여 그 모든 길로 행하게 하옵시며 우리 열조에게 명하신 계명과 법도와 율례를 지키게 하시기를 원하오며 여호와의 앞에서 나의 간구한 이 말씀을 주야로 우리 하나님 여호와께 가까이 있게 하옵시고 또 주의 종의 일과 주의 백성 이스라엘의 일을 날마다 당하는 대로 돌아보사 이에 세상 만민에게 여호와께서만 하나님이시고 그 외에는 없는 줄을 알게 하시기를 원하노라 그런즉 너희 마음을 우리 하나님 여호와와 화합하여 완전케 하여 오늘날과 같이 그 법도를 행하며 그 계명을 지킬찌어다 이에 왕과 왕과 함께한 이스라엘이 다 여호와 앞에 희생을 드리니라 솔로몬이 화목제의 희생을 드렸으니 곧 여호와께 드린 소가 이만 이천이요 양이 십 이만이라 이와 같이 왕과 모든 이스라엘 자손이 여호와의 전의 낙성식을 행하였는데, 그 날에 왕이 여호와의 전 앞뜰 가운데를 거룩히 구별하고 거기서 번제와 소제와 감사제의 기름을 드렸으니 이는 여호와의 앞 놋단이 작으므로 번제물과 소제물과 화목제의 기

> 름을 다 용납할 수 없음이라 그때에 솔로몬이 칠일 칠일 합 십 사일을 우리 하나님 여호와 앞에서 절기로 지켰는데 하맛 어귀에서부터 애굽 하수까지의 온 이스라엘의 큰 회중이 모여 저와 함께 하였더니 제 팔일에 솔로몬이 백성을 돌려 보내매 백성이 왕을 위하여 축복하고 자기 장막으로 돌아가는데 여호와께서 그 종 다윗과 그 백성 이스라엘에게 베푸신 모든 은혜를 인하여 기뻐하며 마음에 즐거워하였더라(왕상 8:1-66).

1) 솔로몬의 기도에 대한 하나님의 응답

> 솔로몬이 여호와의 전과 왕궁 건축하기를 마치며 자기의 무릇 이루기를 원하던 일이 마친 때에 여호와께서 전에 기브온에서 나타나심 같이 다시 솔로몬에게 나타나사 저에게 이르시되 네가 내 앞에서 기도하며 간구함을 내가 들었은즉, 내가 너의 건축한 이 전을 거룩하게 구별하여 나의 이름을 영영히 그곳에 두며 나의 눈과 나의 마음이 항상 거기 있으리니 네가 만일 네 아비 다윗의 행함 같이 마음을 온전히 하고 바르게 하여 내 앞에서 행하며 내가 네게 명한대로 온갖 것을 순종하여 나의 법도와 율례를 지키면 내가 네 아비 다윗에게 허하여 이르기를 이스라엘 위에 오를 사람이 네게서 끊어지지 아니하리라 한 대로 너의 이스라엘의 왕위를 영원히 견고하게 하려니와 만일 너희나 너희 자손이 아주 돌이켜 나를 좇지 아니하며 내가 너희 앞에 둔 나의 계명과 법도를 지키지 아니하고 가서 다른 신을 섬겨 그것을 숭배하면 내가 이스라엘을 나의 준 땅에서 끊어 버릴 것이요 내 이름을 위하여 내가 거룩하게 구별한 이 전이라도 내 앞에서 던져 버리리니 이스라엘은 모든 민족 가운데 속담거리와 이야기거리가 될 것이며 이 전

> 이 높을찌라도 무릇 그리로 지나가는 자가 놀라며 비웃어 가로되 여호와께서 무슨 까닭으로 이 땅과 이 전에 이 같이 행하셨는고 하면 대답하기를 저희가 자기 열조를 애굽 땅에서 인도하여 내신 자기 하나님 여호와를 버리고 다른 신에게 부종하여 그를 숭배하여 섬기므로 여호와께서 이 모든 재앙을 저희에게 내리심이라 하리라 하셨더라
> (왕상 9:1-9).

※ 솔로몬은 최초로 하나님의 성전을 건축하여 봉헌하였지만, 그의 노년에 이방 후궁들이 가지고 들어온 우상의 신전도 건립하여 백성들이 우상도 겸하여 섬기는 혼합주의 신앙에 빠지게 하여 패망의 길을 가게 하였다. 솔로몬처럼 큰일을 해 놓고서도 말년에는 사탄의 미혹을 받아 망령된 짓거리를 하는 사람들이 많다.

16. 백성들의 무지와 우상숭배로 인하여 버림받은 성전
(예수 그리스도의 죽으심의 계시)

하나님께 성전을 건축하여 봉헌하고 백성을 위하여 간절히 기도한 후에 하나님으로부터 응답까지 받았던 솔로몬이 하나님이 엄히 금하신 많은 이방 여인을 취하여 후궁으로 삼았다. 그 후궁들이 가지고 들어온 이방의 우상을 위하여 신전을 지어 백성들이 우상 숭배에 빠지게 하였으니 하나님에 대한 믿음을 지키기가 이렇게 어려운 것이다.

솔로몬의 시대는 전쟁도 없었고 아주 부유하였으며 평화를 누리고 살았던 시대이다. 그런데 이러한 환경이 신앙을 지키기에 더욱 어려우

니 이 시기에 세상의 온갖 가증스러운 문화와 사상 그리고 잡다한 우상을 받아들여 혼합주의 신앙이 싹트게 되어 결국 교회가 병들고 무너지는 것이다.

다윗이 전쟁을 통하여 힘들게 세운 나라가 솔로몬의 통치 사십 년 동안 병들어 버림받게 되었으니 세우기는 수백 년이 걸려도 무너지는 것은 순간이다. 하나님께서 아무리 많은 복을 주셔도 그 복을 지속할 수 없는 이유가 복을 누리는 동안 하나님을 떠나 부패한 삶을 살기 때문이다.

하나님은 솔로몬의 범죄 이후 남북의 분열과 전쟁, 기근 등으로 징벌하시며 삼백 년이 넘는 긴 시간 선지자들을 보내어 하나님께 돌아오라고 말씀하시며 기다리셨지만, 백성들이 끝내 돌아오지 못하였으니 결국 경고대로 멸망하고 말았다.

> 솔로몬왕이 바로의 딸 외에 이방의 많은 여인을 사랑하였으니 곧 모압과 암몬과 에돔과 시돈과 헷 여인이라 여호와께서 일찌기 이 여러 국민에게 대하여 이스라엘 자손에게 말씀하시기를 너희는 저희와 서로 통하지 말며 저희도 너희와 서로 통하게 말라 저희가 정녕코 너희의 마음을 돌이켜 저희의 신들을 좇게 하리라 하셨으나 솔로몬이 저희를 연애하였더라 왕은 후비가 칠백인이요 빈장이 삼백인이라 왕비들이 왕의 마음을 돌이켰더라 솔로몬의 나이 늙을 때에 왕비들이 그 마음을 돌이켜 다른 신들을 좇게 하였으므로 왕의 마음이 그 부친 다윗의 마음과 같지 아니하여 그 하나님 여호와 앞에 온전치 못하였으니 이는 시돈 사람의 여신 아스다롯을 좇고 암몬 사람의 가증한 밀곰을 좇음이라 솔로몬이 여호와의 눈앞에서 악을 행하여 그 부친 다윗이 여호와를 온전히 좇음같이 좇지 아니하고 모압의 가증

한 그모스를 위하여 예루살렘 앞 산에 산당을 지었고 또 암몬 자손의 가증한 몰록을 위하여 그와 같이 하였으며 저가 또 이족 후비들을 위하여 다 그와 같이 한지라 저희가 자기의 신들에게 분향하며 제사하였더라 솔로몬이 마음을 돌이켜 이스라엘 하나님 여호와를 떠나므로 여호와께서 저에게 진노하시니라 여호와께서 일찌기 두 번이나 저에게 나타나시고 이 일에 대하여 명하사 다른 신을 좇지 말라 하셨으나 저가 여호와의 명령을 지키지 않았으므로 여호와께서 솔로몬에게 말씀하시되 네게 이러한 일이 있었고 또 네가 나의 언약과 내가 네게 명한 법도를 지키지 아니하였으니 내가 결단코 이 나라를 네게서 빼앗아 네 신복에게 주리라. 그러나 네 아비 다윗을 위하여 네 세대에는 이 일을 행치 아니하고 네 아들의 손에서 빼앗으려니와 오직 내가 이 나라를 다 빼앗지 아니하고 나의 종 다윗과 나의 뺀 예루살렘을 위하여 한 지파를 네 아들에게 주리라 하셨더라 여호와께서 에돔 사람 하닷을 일으켜 솔로몬의 대적이 되게 하시니 저는 왕의 자손으로서 에돔에 거하였더라 전에 다윗이 에돔에 있을 때 군대장관 요압이 가서 죽임을 당한 자들을 장사하고 에돔의 남자를 다 쳐서 죽였는데 요압은 에돔의 남자를 다 없이 하기까지 이스라엘 무리와 함께 여섯달을 그곳에 유하였었더라 그때 하닷은 작은 아이라 그 아비의 신복 중 두어 에돔 사람과 함께 도망하여 애굽으로 가려 하여 미디안에서 발행하여 바란에 이르고 거기서 사람을 데리고 애굽으로 가서 애굽 왕 바로에 나아가매 바로가 저에게 집을 주고 먹을 양식을 정하며 또 토지를 주었더라 하닷이 바로의 눈앞에 크게 은총을 얻었으므로 바로가 자기의 처제 곧 왕비 다브네스의 아우로 저의 아내를 삼으매 다브네스의 아우가 그로 말미암아 아들 그누밧을 낳았더니 다브네스가 그 아이를 바로의 궁중에서 젖을 떼게 하매 그누밧이 바로의 궁에서 바로의 아들 가운데 있었더라 하닷이 애굽에 있어서 다윗이 그 열조와 함께 잔 것과 군대장관 요압의 죽은 것을 듣고 바로에게 고하되 나를 보내어 내 고국으로 가게 하옵소서 바로가 저에게 이르되 네가 나와 함께 있어 무슨 부족함이 있기에 네 고국으로 가기를 구하느뇨 대답하되 없나이다 그러나 아무쪼록 나를 보내옵소서 하였더라. 하나님이 또 엘리아다의 아들 르손을 일으켜 솔로몬의 대적이 되게 하시니 저는 그 주인 소바 왕 하닷에셀에게서 도망한 자라 다윗이 소바 사람을 죽일 때에 르손이 사람들을 모으고 그 떼의 괴수가 되며 다메섹으로 가서 웅거하고 거기서 왕이 되었더라 솔로몬의 일평생에 하닷의 끼친 환난 외에 르손이 수리아 왕이 되어 이스라엘을 대적하고 미워하였더라 솔로몬의 신복 느밧의 아들 여로보암이 또한 손을 들어 왕을 대적하였으니 저는 에브라임 족속인 스레다 사람이요 그 어미의 이름은 스루아니 과부더라 저가 손을 들어 왕을 대적하는 까닭은 이러하니라 솔로몬이 밀로를 건축하고 그 부친 다윗의 성의 무너진 것을 수축하였는데 이 사람 여로보암은 큰 용사라 솔로몬이 이 소년의 부지런함을 보고 세워 요셉 족속의 역사를 감독하게 하였더니 그 즈음에 여로보암이 예루살렘에서 나갈 때에 실로 사람 선지자 아히야가 길에서 저를 만나니 아히야가 새 의복을 입었고 그 두 사람만 들에 있었더라 아히야가 그 입은 새 옷을 잡아 열 두 조각에 찢고 여로보암에게 이르되 너는 열 조각을 취하라 이스라엘 하나님 여호와의 말씀이 내가 이 나라를 솔로몬의 손에서 찢어 빼앗아 열 지파를 네게 주고 오직 내 종 다윗을 위하고 이스라엘 모든 지파 중에서 뺀 성 예루살렘을 위하여 한 지파를 솔로몬에게 주리니 이는 저희가 나를 버리고 시돈 사람의 여신 아스다롯과 모압의 신 그모스와 암몬 자손의 신 밀곰을 숭배하며 그 아비 다윗의 행함 같지 아니하여 내 길로 행치 아니하며 나 보기에 정직한 일과 나의 법도와 나의 율례를 행치 아니함이니라 그러나 내가 뺀 내 종 다윗이 내 명령과 내 법도를 지켰으므로 내가 저를 위하여 솔로몬의 생전에는 온 나라를 그 손에서 빼앗지 아니하고 주관하게 하려니와 내가 그 아들의 손에서 나라를 빼앗아 그 열 지파를 네게 줄 것이요 그 아들에게는 내가 한 지파를 주어서 내가 내 이름을 두고자 하여 택한 성 예루살렘에서 내 종 다윗에게 한 등불이 항상 내 앞에 있게 하리라 내가 너를 취하리니 너는 무릇 네 마음에 원하는대로 다스려 이스라엘 위에 왕이 되되 네가 만일 내가 명한 모든 일에 순종하고 내 길로 행하며 내 눈에 합당한 일을 하며 내 종 다윗의 행함 같이 내 율례와 명령을 지키면 내가 너와 함께 있어 내가 다윗을 위하여 세운것 같이 너를 위하여 견고한 집을 세우고 이스라엘을 네게 주리라 내가 이로 인하여 다윗의 자손을 괴롭게 할터이나 영원히 하지는 아니하리라 하셨느니라 한지라 이러므로 솔로몬이 여로보암을 죽이려 하매 여로보암이 일어나 애굽으로 도망하여 애굽 왕 시삭에게 이르러 솔로몬의 죽기까지 애굽에 있으니라 솔로몬의 남은 사적과 무릇 저의 행한 일과 그 지혜는 솔로몬의 행장에 기록되지 아니하였느냐 솔로몬이 예루살렘에서 온 이스라엘을 다스린 날 수가 사십년이라 솔로몬이 그 열조와 함께 자매 그 부친 다윗의 성에 장사 되고 그 아들 르호보암이 대신하여 왕이 되니라(왕상 11:1-43).

하나님께서는 이스라엘 백성들이 약속의 땅에 들어오기 전부터 여러 차례 반복적으로 우상에 대하여 경고하셨지만 오랜 시간이 지나고 세대가 바뀌니 백성들은 또다시 하나님을 멀리하고 패망의 길을 갔다. 그것은 모두 하나님에 대한 무지와 인간의 탐욕과 사탄의 미혹 때문이었다. 이스라엘이 남, 북으로 분열된 이후에는 더욱 부패하게 되어 북이스라엘은 완전히 우상의 나라로 전락하였고, 남유다도 하나님과 우상을 겸하여 섬기는 혼합주의에 빠지게 되어 패망이 더욱 가속화되었다.

> 여로보암이 에브라임 산지에 세겜을 건축하고 거기서 살며 또 거기서 나가서 부느엘을 건축하고 그 마음에 스스로 이르기를 나라가 이제 다윗의 집으로 돌아가리로다 만일 이 백성이 예루살렘에 있는 여호와의 전에 제사를 드리고자 하여 올라가면 이 백성의 마음이 유다 왕 된 그 주 르호보암에게로 돌아가서 나를 죽이고 유다 왕 르호보암에게로 돌아가리로다 하고 이에 계획하고 두 금송아지를 만들고 무리에게 말하기를 너희가 다시는 예루살렘에 올라갈 것이 없도다 이스라엘아 이는 너희를 애굽 땅에서 인도하여 올린 너희 신이라 하고 하나는 벧엘에 두고 하나는 단에 둔지라 이 일이 죄가 되었으니 이는 백성들이 단까지 가서 그 하나에게 숭배함이더라 저가 또 산당들을 짓고 레위 자손 아닌 보통 백성으로 제사장을 삼고 팔월 곧 그 달 십 오일로 절기를 정하여 유다의 절기와 비슷하게 하고 단에 올라가되 벧엘에서 그와 같이 행하여 그 만든 송아지에게 제사를 드렸으며 그 지은 산당의 제사장은 벧엘에서 세웠더라 저가 자기 마음대로 정한 달 곧 팔월 십오일로 이스라엘 자손을 위하여 절기로 정하고 벧엘에 쌓은 단에 올라가서 분향하였더라(왕상 12:25-33).

이스라엘 이제 내가 너희에게 가르치는 규례와 법도를 듣고 준행하라 그리하면 너희가 살 것이요 너희의 열조의 하나님 여호와께서 너희에게 주시는 땅에 들어가서 그것을 얻게 되리라 내가 너희에게 명하는 말을 너희는 가감하지 말고 내가 너희에게 명하는 너희 하나님 여호와의 명령을 지키라 여호와께서 바알브올의 일을 인하여 행하신 바를 너희가 목도하였거니와 바알브올을 좇은 모든 사람을 너의 하나님 여호와께서 너의 중에서 진멸하셨으되 오직 너희의 하나님 여호와께 붙어 떠나지 않은 너희는 오늘까지 다 생존하였느니라 내가 나의 하나님 여호와의 명하신대로 규례와 법도를 너희에게 가르쳤나니 이는 너희로 들어가서 기업으로 얻을 땅에서 그대로 행하게 하려 함인즉 너희는 지켜 행하라 그리함은 열국 앞에 너희의 지혜요 너희의 지식이라 그들이 이 모든 규례를 듣고 이르기를 이 큰 나라 사람은 과연 지혜와 지식이 있는 백성이로다 하리라 우리 하나님 여호와께서 우리가 그에게 기도할 때마다 우리에게 가까이 하심과 같이 그 신의 가까이 함을 얻은 나라가 어디 있느냐 오늘 내가 너희에게 선포하는 이 율법과 같이 그 규례와 법도가 공의로운 큰 나라가 어디 있느냐 오직 너는 스스로 삼가며 네 마음을 힘써 지키라 두렵건대 네가 그 목도한 일을 잊어버릴까 하노라 두렵건대 네 생존하는 날 동안에 그 일들이 네 마음에서 떠날까 하노라 너는 그 일들을 네 아들들과 네 손자들에게 알게 하라 네가 호렙산에서 네 하나님 여호와 앞에 섰던 날에 여호와께서 내게 이르시기를 나를 위하여 백성을 모으라 내가 그들에게 내 말을 들려서 그들로 세상에 사는 날 동안 나 경외함을 배우게 하며 그 자녀에게 가르치게 하려 하노라 하시매 너희가 가까이 나아와서 산 아래 서니 그 산에 불이 붙어 화염이 충

천하고 유암과 구름과 흑암이 덮였는데 여호와께서 화염 중에서 너희에게 말씀하시되 음성 뿐이므로 너희가 그 말소리만 듣고 형상은 보지 못하였느니라 여호와께서 그 언약을 너희에게 반포하시고 너희로 지키라 명하셨으니 곧 십계명이며 두 돌판에 친히 쓰신 것이라 그 때에 여호와께서 내게 명하사 너희에게 규례와 법도를 교훈하게 하셨나니 이는 너희로 건너가서 얻을 땅에서 행하게 하려 하심이니라 여호와께서 호렙산 화염 중에서 너희에게 말씀하시던 날에 너희가 아무 형상도 보지 못하였은즉 너희는 깊이 삼가라 두렵건대 스스로 부패하여 자기를 위하여 아무 형상대로든지 우상을 새겨 만들되 남자의 형상이라든지, 여자의 형상이라든지, 땅 위에 있는 아무 짐승의 형상이라든지, 하늘에 나는 아무 새의 형상이라든지, 땅 위에 기는 아무 곤충의 형상이라든지, 땅 아래 물속에 있는 아무 어족의 형상이라든지 만들까 하노라 또 두렵건대 네가 하늘을 향하여 눈을 들어 일월 성신 하늘 위의 군중 곧 너희 하나님 여호와께서 천하 만민을 위하여 분정하신 것을 보고 미혹하여 그것에 경배하며 섬길까 하노라 여호와께서 너희를 택하시고 너희를 쇠 풀무 곧 애굽에서 인도하여 내사 자기 기업의 백성을 삼으신 것이 오늘과 같아도 여호와께서 너희로 인하여 내게 진노하사 나로 요단을 건너지 못하며 네 하나님 여호와께서 네게 기업으로 주신 그 아름다운 땅에 들어가지 못하게 하리라고 맹세하셨은 즉 나는 이 땅에서 죽고 요단을 건너지 못하려니와 너희는 건너가서 그 아름다운 땅을 얻으리니 너희는 스스로 삼가서 너희 하나님 여호와께서 너희와 세우신 언약을 잊어버려서 네 하나님 여호와께서 금하신 아무 형상의 우상이든지 조각하지 말라 네 하나님 여호와는 소멸하는 불이시요 질투하는 하나님이시니라 네가 그 땅에서 아들을 낳고 손자를 얻으며 오래 살 때에 만일 스스로 부패하여 무슨 형상의 우상이든지 조각하여 네 하나님 여호와 앞에 악을 행함으로 그의 노를 격발하면 내가 오늘날 천지를 불러 증거를 삼노니 너희가 요단을 건너가서 얻는 땅에서 속히 망할 것이라 너희가 거기서 너희 날이 길지 못하고 전멸될 것이니라 여호와께서 너희를 열국 중에 흩으실 것이요 여호와께서 너희를 쫓아보내실 그 열국 중에 너희의 남은 수가 많지 못할 것이며 너희는 거기서 사람의 손으로 만든바 보지도 못하며 듣지도 못하며 먹지도 못하며 냄새도 맡지 못하는 목석의 신들을 섬기리라 그러나 네가 거기서 네 하나님 여호와를 구하게 되리니 만일 마음을 다하고 성품을 다하여 그를 구하면 만나리라. 이 모든 일이 네게 임하여 환난을 당하다가 끝날에 네가 네 하나님 여호와께로 돌아와서 그 말씀을 청종하리니 네 하나님 여호와는 자비하신 하나님이심이라 그가 너를 버리지 아니하시며 너를 멸하지 아니하시며 네 열조에게 맹세하신 언약을 잊지 아니하시리라. 네가 있기 전 하나님이 사람을 세상에 창조하신 날부터 지금까지 지나간 날을 상고하여 보라 하늘 이 끝에서 저 끝까지 이런 큰 일이 있었느냐 이런 일을 들은 적이 있었느냐 어떤 국민이 불 가운데서 말씀하시는 하나님의 음성을 너처럼 듣고 생존하였었느냐 어떤 신이 와서 시험과 이적과 기사와 전쟁과 강한 손과 편 팔과 크게 두려운 일로 한 민족을 다른 민족에게서 인도하여 낸 일이 있느냐 이는 다 너희 하나님 여호와께서 애굽에서 너희를 위하여 너희의 목전에서 행하신 일이라 이것을 네게 나타내심은 여호와는 하나님이시요 그 외에는 다른 신이 없음을 네게 알게 하려 하심이니라 여호와께서 너를 교훈하시려고 하늘에서부터 그 음성을 너로 듣게 하시며 땅에서는 그 큰 불을 네게 보이시고 너로 불 가운데서 나오는 그 말씀을 듣게 하셨느니라 여호와께서 네 열조를 사랑하신 고로 그 후손 너를 택하시고 큰 권능으로 친히 인도하여 애굽에서 나오게 하시며 너보다 강대한 열국을 네 앞에서 쫓아내고 너를 그들의 땅으로 인도하여 들여서 그것을 네게 기업으로 주려 하심이 오늘날과 같으니라 그런즉 너는 오늘날 상천 하지에 오직 여호와는 하나님이시오, 다른 신이 없는 줄을 알아 명심하고 오늘 내가 네게 명하는 여호와의 규례와 명령을 지키라 너와 네 후손이 복을 받아 네 하나님 여호와께서 네게 주시는 땅에서 한없이 오래 살리라(신 4:1-40).

여호수아가 백성에게 이르되 너희가 여호와를 능히 섬기지 못할 것은 그는 거룩하신 하나님이시오, 질투하는 하나님이시니 너희 허물과 죄를 사하지 아니하실 것임이라 만일 너희가 여호와를 버리고 이방 신들을 섬기면 너희에게 복을 내리신 후에라도 돌이켜 너희에게 화를 내 리시고 너희를 멸하시리라 백성이 여호수아에게 말하되 아니니이다 우리가 정녕 여호와를 섬기겠나이다 여호수아가 백성에게 이르되 너희가 여호와를 택하고 그를 섬기리라 하였으니 스스로 증인이 되었느니라 그들이 가로되 우리가 증인이 되었나이다 여호수아가 가로되 그러면 이제 너희 중에 있는 이방신들을 제하여 버리고 너희 마음을 이스라엘의 하나님 여호와께로 향하라 백성이 여호수아에게 말하되 우리 하나님 여호와를 우리가 섬기고 그 목소리를 우리가 청종하리이다 한지라 그날에 여호수아가 세겜에서 백성으로 더불어 언약을 세우고 그들을 위하여 율례와 법도를 베풀었더라 (수 24:19-25).

보라 내가 오늘날 생명과 복과 사망과 화를 네 앞에 두었나니 곧 내가 오늘날 너를 명하여 네 하나님 여호와를 사랑하고 그 모든 길로 행하며 그 명령과 규례와 법도를 지키라 하는 것이라 그리하면 네가 생존하며 번성할 것이요 또 네 하나님 여호와께서 네가 가서 얻을 땅에서 네게 복을 주실 것임이니라 그러나 네가 만일 마음을 돌이켜 듣지 아니하고 유혹을 받아서 다른 신들에게 절하고 그를 섬기면 내가 오늘날 너희에게 선언하노니 너희가 반드시 망할 것이라 너희가 요단을 건너가서 얻을 땅에서 너희의 날이 장구치 못할 것이니라(신 30:15-18).

유다 왕 웃시야와 요담과 아하스와 히스기야 시대에 아모스의 아들 이사야가 유다와 예루살렘에 대하여 본 이상이라 하늘이여 들으라 땅이여 귀를 기울이라 여호와께서 말씀하시기를 내가 자식을 양육하였거늘 그들이 나를 거역하였도다 소는 그 임자를 알고 나귀는 주인의 구유를 알건마는 이스라엘은 알지 못하고 나의 백성은 깨닫지 못하는도다 하셨도다 슬프다 범죄한 나라요 허물 진 백성이요 행악의 종자요 행위가 부패한 자식이로다 그들이 여호와를 버리며 이스라엘의 거룩한 자를 만홀히 여겨 멀리하고 물러갔도다 너희가 어찌하여 매를 더 맞으려고 더욱 더욱 패역하느냐, 온 머리는 병들었고 온 마음은 피곤하였으며 발바닥에서 머리까지 성한 곳이 없이 상한 것과 터진 것과 새로 맞은 흔적 뿐이어늘 그것을 짜며 싸매며 기름으로 유하게 함을 받지 못하였도다 너희 땅은 황무하였고 너희 성읍들은 불에 탔고 너희 토지는 너희 목전에 이방인에게 삼키웠으며 이방인에게 파괴됨 같이 황무하였고 딸 시온은 포도원의 망대같이, 원두밭의 상직막 같이, 에워싸인 성읍같이 겨우 남았도다 만군의 여호와께서 우리를 위하여 조금 남겨두지 아니하셨더면 우리가 소돔 같고 고모라 같았었으리로다 너희 소돔의 관원들아 여호와의 말씀을 들을찌어다 너희 고모라의 백성아 우리 하나님의 법에 귀를 기울일찌어다 여호와께서 말씀하시되 너희의 무수한 제물이 내게 무엇이 유익하뇨 나는 수양의 번제와 살진 짐승의 기름에 배불렀고 나는 수송아지나 어린양이나 수염소의 피를 기뻐하지 아니하노라 너희가 내 앞에 보이러 오니 그것을 누가 너희에게 요구하였느뇨 내 마당만 밟을 뿐이니라 헛된 제물을 다시 가져오지 말라 분향은 나의 가증히 여기는바요 월삭과 안식일과 대회로 모이는 것도 그러하니 성회와 아울러 악을 행하는 것을 내가 견디지 못하겠노라 내 마음이 너희의 월삭과 정한 절기를 싫어하나니 그것이 내게 무거운 짐이라 내가 지기에 곤비하였느니라 너희가 손을 펼 때에 내가 눈을 가리우고 너희가 많이 기도할찌라도 내가 듣지 아니하리니 이는 너희의 손에 피가 가득함이니라(사 1:1-15).

야곱 집과 이스라엘 집 모든 가족아 나 여호와의 말을 들으라 나 여호와가 이같이 말하노라 너희 열조가 내게서 무슨 불의함을 보았관대 나를 멀리하고 허탄한 것을 따라 헛되이 행하였느냐 그들이 우리를 애굽 땅에서 인도하여 내시고 광야 곧 사막과 구덩이 땅, 간조하고 사망의 음침한 땅, 사람이 다니지 아니하고 거주하지 아니하는 땅을 통과케 하시던 여호와께서 어디 계시냐 말하지 아니하였도다 내가 너희를 인도하여 기름진 땅에 들여 그 과실과 그 아름다운 것을 먹게 하였거늘 너희가 이리로 들어와서는 내 땅을 더럽히고 내 기업을 가증히 만들었으며 제사장들은 여호와께서 어디 계시냐 하지 아니하며 법 잡은 자들은 나를 알지 못하며 관리들도 나를 항거하며 선지자들은 바알의 이름으로 예언하고 무익한 것을 좇았느니라 그러므로 내가 여전히 너희와 다투고 너희 후손과도 다투리라 여호와의 말이니라 너희는 깃딤 섬들에 건너가 보며 게달에도 사람을 보내어 이같은 일의 유무를 자세히 살펴보라 어느 나라가 그 신을 신 아닌 것과 바꾼 일이 있느냐, 그러나 나의 백성은 그 영광을 무익한 것과 바꾸었도다 너 하늘아 이 일을 인하여 놀랄찌어다 심히 떨찌어다 두려워할찌어다 여호와의 말이니라. 내 백성이 두 가지 악을 행하였나니 곧 생수의 근원 되는 나를 버린 것과 스스로 웅덩이를 판 것인데 그것은 물을 저축지 못할 터진 웅덩이니라(렘 2:4-13).

세상에서 말하기를 가령 사람이 그 아내를 버리므로 그가 떠나 타인의 아내가 된다 하자 본부가 그를 다시 받겠느냐 그리하면 그 땅이 크게 더러워지지 않겠느냐 하느니라 나 여호와가 말하노라 네가 많은 무리와 행음하고도 내게로 돌아오려느냐 네 눈을 들어 자산을 보라 너의 행음치 아니한 곳이 어디 있느냐 네가 길가에 앉아 사람을 기다린 것이 광야에 있는 아라바 사람 같아서 음란과 행악으로 이 땅을 더럽혔도다 그러므로 단비가 그쳐졌고 늦은 비가 없어졌느니라 그럴지라도 네가 창녀의 낯을 가졌으므로 수치를 알지 못하느니라 네가 이제부터는 내게 부르짖기를 나의 아버지여 아버지는 나의 소시의 애호자시오니 노를 한없이 계속하시겠으며 끝까지 두시겠나이까 하지 않겠느냐 보라 네가 이같이 말하여도 악을 행하여 네 욕심을 이루었느니라 하시니라 요시야왕 때에 여호와께서 또 내게 이르시되 네가 배역한 이스라엘의 행한 바를 보았느냐 그가 모든 높은 산에 오르며 모든 푸른 나무 아래로 가서 거기서 행음하였도다 그가 이 모든 일을 행한 후에 내가 말하기를 그가 내게로 돌아오리라 하였으나 오히려 내게로 돌아오지 아니하였고 그 패역한 자매 유다는 그것을 보았느니라 내게 배역한 이스라엘이 간음을 행하였으므로 내가 그를 내어 쫓고 이혼서까지 주었으되 그 패역한 자매 유다가 두려워 아니하고 자기도 가서 행음함을 내가 보았노라 그가 돌과 나무로 더불어 행음함을 가볍게 여기고 행음하여 이 땅을 더럽혔거늘 이 모든 일이 있어도 그 패역한 자매 유다가 진심으로 내게 돌아오지 아니하고 거짓으로 할뿐이니라 여호와의 말이니라 여호와께서 내게 이르시되 배역한 이스라엘은 패역한 유다보다 오히려 의로움이 나타났나니 너는 가서 북을 향하여 이 말을 선포하여 이르라 여호와께서 가라사대 배역한 이스라엘아 돌아 오라 나의 노한 얼굴을 너희에게로 향하지 아니하리라 나는 긍휼이 있는 자라 노를 한없이 품지 아니하느니라 여호와의 말이니라 너는 오직 네 죄를 자복하라 이는 네 하나님 여호와를 배반하고 네 길로 달려 모든 푸른 나무 아래서 이방 신에게 절하고 내 목소리를 듣지 아니하였음이니라 여호와의 말이니라 나 여호와가 말하노라 배역한 자식들아 돌아오라 나는 너희 남편임이니라 내가 너희를 성읍에서 하나와 족속 중에서 둘을 택하여 시온으로 데려오겠고 내가 또 내 마음에 합하는 목자를 너희에게 주리니 그들이 지식과 명철로 너희를 양육하리라 나 여호와가 말하노라 너희가 이 땅에서 번성하여 많아질 때에는 사람 사람이 여호와의 언약궤를 다시는 말하지 아니할 것이요 생각지 아니할 것이요 기억지 아니할 것이요 찾지 아니할 것이요 만들지 아니할 것이며 그 때에 예루살렘이 여호와의 보좌라 일컬음이 되며 열방이 그리로 모이리니 곧 여호와의 이름으로 인하여 예루살렘에 모이고 다시는 그들의 악한 마음의 강퍅한 대로 행치 아니 할것이며 그 때에 유다 족속이 이스라엘 족속과 동행하여 북에서부터 나와서 내가 너희 열조에게 기업으로 준 땅에 함께 이르리라 내가 스스로 말하기를 내가 어떻게 하든지 너를 자녀 중에 두며 허다한 나라 중에 아름다운 산업인 이 낙토를 네게 주리라 하였고 내가 다시 말하기를 너희가 나를 나의 아버지라 하고 나를 떠나지 말것이니라 하였노라 그런데 이스라엘 족속아 마치 아내가 그 남편을 속이고 떠남 같이 너희가 정녕히 나를 속였느니라 여호와의 말이니라 소리가 자산 위에서 들리니 곧 이스라엘 자손의 애곡하며 간구하는 것이라 그들이 그 길을 굽게 하며 자기 하나님 여호와를 잊어버렸음이로다 배역한 자식들아 돌아오라 내가 너희의 배역함을 고치리라 보소서 우리가 주께 왔사오니 주는 우리 하나님 여호와이심이니이다 작은 산들과 큰 산 위의 떠드는 무리에게 바라는 것은 참으로 허사라 이스라엘의 구원은 진실로 우리 하나님 여호와께 있나이다 부끄러운 그것이 우리의 어렸을 때로부터 우리 열조의 산업인 양떼와 소떼와 아들들과 딸들을 삼켰사온즉 우리는 수치 중에 눕겠고 우리는 수욕에 덮이울 것이니 이는 우리와 우리 열조가 어렸을 때로부터 오늘까지 우리 하나님 여호와께 범죄하여 우리 하나님 여호와의 목소리를 청종치 아니하였음이니이다(렘 3:1-25).

바벨론 왕 느부갓네살과 그 모든 군대와 그 통치하에 있는 땅의 모든 나라와 모든 백성이 예루살렘과 그 모든 성읍을 칠 때에 말씀이 여호와께로서 예레미야에게 임하니라 가라사대 이스라엘의 하나님 나 여호와가 이같이 말하노라, 너는 가서 유다 왕 시드기야에게 고하여 이르기를 여호와의 말씀에 보라 내가 이 성을 바벨론 왕의 손에 붙이리니 그가 이 성을 불사를 것이라 네가 그 손에서 벗어나지 못하고 반드시 사로잡혀 그 손에 붙임을 입고 네 눈은 바벨론 왕의 눈을 볼 것이며 그 입은 네 입을 마주 대하여 말할 것이요 너는 바벨론으로 가리라. 그러나 유다 왕 시드기야여 나 여호와의 말을 들으라 나 여호와가 네게 대하여 이같이 말하노라, 네가 칼에 죽지 아니하고 평안히 죽을 것이며 사람이 너보다 먼저 있은 네 열조 선왕에게 분향하던 일례로 네게 분향하며 너를 위하여 애통하기를 슬프다 주여 하리니 이는 내가 말하였음이니라 여호와의 말이니라 선지자 예레미야가 이 모든 말씀을 예루살렘에서 유다 왕 시드기야에게 고하니라 때에 바벨론 왕의 군대가 예루살렘과 유다의 남은 모든 성을 쳤으니 곧 라기스와 아세가라 유다의 견고한 성읍 중에 이것들만 남았음이더라 시드기야왕이 예루살렘에 있는 모든 백성과 언약하고 자유를 선언한 후에 여호와께로서 말씀이 예레미야에게 임하니라 그 언약은 곧 사람으로 각기 히브리 남녀 노비를 놓아 자유케 하고 그 동족 유다인으로 종을 삼지 못하게 한 것이라 이 언약에 참가한 방백들과 모든 백성이 각기 노비를 자유케 하고 다시는 종을 삼지 말라 함을 듣고 순복하여 놓았더니 후에 그들의 뜻이 변하여 자유케 하였던 노비를 끌어다가 다시 복종시켜 노비를 삼았더라 그러므로 여호와의 말씀이 여호와께로서 예레미야에게 임하니라 가라사대 이스라엘 하나님 나 여호와가 이같이 말하노라 내가 너희 선조를 애굽 땅 종 되었던 집에서 인도하여 낼 때에 그들과 언약을 세워 이르기를 너희 형제 히브리 사람이 네게 팔렸거든 칠년만에 너희는 각기 놓으라 그가 육년을 너를 섬겼은즉 그를 놓아 자유케 할지니라 하였으나 너희 선조가 나를 듣지 아니하며 귀를 기울이지도 아니하였느니라 그러나 너희는 이제 돌이켜 내 목전에 정당히 행하여 각기 이웃에게 자유를 선언하되 내 이름으로 일컬음을 받는 집에서 내 앞에서 언약을 세웠거늘 너희가 뜻을 변하여 내 이름을 더럽히고 각기 놓아 그들의 마음대로 자유케 하였던 노비를 끌어다가 다시 너희에게 복종시켜서 너희 노비를 삼았도다 그러므로 나 여호와가 이같이 말하노라 너희가 나를 듣지 아니하고 각기 형제와 이웃에게 자유를 선언한 것을 실행치 아니하였은즉 내가 너희에게 자유를 선언하여 너희를 칼과 염병과 기근에 붙이리라 나 여호와의 말이니라 내가 너희를 세계 열방 중에 흩어지게 할 것이며 송아지를 둘에 쪼개고 그 두 사이로 지나서 내 앞에 언약을 세우고 그 말을 실행치 아니하여 내 언약을 범한 너희를 곧 쪼갠 송아지 사이로 지난 유다 방백들과 예루살렘 방백들과 환관들과 제사장들과 이 땅 모든 백성을 내가 너희 원수의 손과 너희 생명을 찾는 자의 손에 붙이리니 너희 시체가 공중의 새들과 땅 짐승의 식물이 될 것이며 또 내가 유다 왕 시드기야와 그 방백들을 그 원수의 손과 그 생명을 찾는 자의 손과 너희에게서 떠나간 바벨론 왕의 군대의 손에 붙이리라. 나 여호와가 말하노라 보라 내가 그들에게 명하여 이 성에 다시 오게 하리니 그들이 이 성을 쳐서 취하여 불사를 것이라 내가 유다 성읍들로 황무하여 거민이 없게 하리라(렘 34:1-22).

애굽 땅에 거하는 모든 유다인 곧 믹돌과 다바네스와 놉과 바드로스 지방에 거하는 자에 대하여 말씀이 예레미야에게 임하니라 가라사대 만군의 여호와 이스라엘의 하나님이 이같이 말하노라 너희가 예루살렘과 유다 모든 성읍에 내린 나의 모든 재앙을 보았느니라 보라 오늘날 그것들이 황무지가 되었고 거하는 사람이 없나니 이는 그들이 자기나 너희나 너희 열조의 알지 못하는 다른 신들에게 나아가 분향하여 섬겨서 나의 노를 격동한 악행을 인함이라. 내가 나의 모든 종 선지자들을 그들에게 보내되 부지런히 보내어 이르기를 너희는 나의 미워하는 이 가증한 일을 행치 말라 하였어도 그들이 듣지 아니하며 귀를 기울이지 아니하고 다른 신들에게 여전히 분향하여 그 악에서 돌이키지 아니하였으므로 나의 분과 나의 노를 쏟아서 유다 성읍들과 예루살렘 거리를 살랐더니 그것들이 오늘과 같이 황폐하고 적막하였느니라. 나 만군의 하나님 이스라엘의 하나님 여호와가 이같이 말하노라 너희가 어찌하여 큰 악을 행하여 자기 영혼을 해하며 유다 중에서 너희의 남자와 여자와 아이와 젖 먹는 자를 멸절하여 하나도 남기지 않게 하려느냐 어찌하여 너희가 너희 손의 소위로 나의 노를 격동하여 너희의 가서 우거하는 애굽 땅에서 다른 신들에게 분향함으로 끊어버림을 당하여 세계 열방 중에서 저주와 모욕거리가 되고자 하느냐 너희가 유다 땅과 예루살렘 거리에서 행한 너희 열조의 악과 유다 왕들의 악과 왕비들의 악과 너희의 악과 너희 아내들의 악을 잊었느냐 그들이 오늘까지 겸비치 아니하며 두려워하지도 아니하고 내가 너희와 너희 열조 앞에 세운 나의 법과 나의 율례를 준행치 아니하느니라 그러므로 나 만군의 여호와 이스라엘의 하나님이 이같이 말하노라 보라 내가 얼굴을 너희에게로 향하여 재앙을 내리고 온 유다를 끊어 버릴 것이며 내가 또 애굽 땅에 우거하기로 고집하고 그리로 들어간 유다의 남은 자들을 취하리니 그들이 다 멸망하여 애굽 땅에서 엎드러질 것이라 그들이 칼과 기근에 망하되 작은 자로부터 큰 자까지 칼과 기근에 죽어서 가증함과 놀램과 저주와 모욕거리가 되리라 내가 예루살렘을 벌한 것 같이 애굽 땅에 거하는 자들을 칼과 기근과 염병으로 벌하리니 애굽 땅에 들어가서 거기 우거하는 유다의 남은 자 중에 피하거나 남아서 그 사모하여 돌아와서 거하려는 유다 땅에 돌아올 자가 없을 것이라 도피하는 자들 외에는 돌아올 자가 없으리라 하셨느니라 때에 자기 아내들이 다른 신들에게 분향하는 줄을 아는 모든 남자와 곁에 섰던 모든 여인 곧 애굽 땅 바드로스에 거하는 모든 백성의 큰 무리가 예레미야에게 대답하여 가로되 네가 여호와의 이름으로 우리에게 하는 말을 우리가 듣지 아니하고 우리 입에서 낸 모든 말을 정녕히 실행하여 우리의 본래 하던 것 곧 우리와 우리 선조와 우리 왕들과 우리 방백들이 유다 성읍들과 예루살렘 거리에서 하던대로 하늘 여신에게 분향하고 그 앞에 전제를 드리리라 대저 그 때에는 우리가 식물이 풍부하며 복을 받고 재앙을 만나지 아니하였더니 우리가 하늘 여신에게 분향하고 그 앞에 전제 드리던 것을 폐한 후부터는 모든 것이 핍절하고 칼과 기근에 멸망을 당하였느니라 하며 여인들은 가로되 우리가 하늘 여신에게 분향하고 그 앞에 전제를 드릴 때에 어찌 우리 남편의 허락이 없이 그에게 경배하는 과자를 만들어 놓고 전제를 드렸느냐 예레미야가 남녀 모든 무리 곧 이 말로 대답하는 모든 백성에게 일러 가로되 너희가 너희 선조와 너희 왕들과 방백들과 유다 땅 백성이 유다 성읍들과 예루살렘 거리들에서 분향한 일을 여호와께서 기억지 아니하셨느냐 생각지 아니하셨느냐 여호와께서 너희 악행과 가증한 소위를 더 참으실 수 없으셨으므로 너희 땅이 오늘과 같이 황무하며 놀램과 저줏거리가 되어 거민이 없게 되었나니 너희가 분향하여 여호와께 범죄하였으며 여호와의 목소리를 청종치 아니하고 여호와의 법과 율례와 증거대로 행치 아니하였으므로 이 재앙이 오늘과 같이 너희에게 미쳤느니라 예레미야가 다시 모든 백성과 모든 여인에게 말하되 애굽 땅에서 사는 모든 유다여 여호와의 말씀을 들으라 만군

> 의 여호와 이스라엘의 하나님이 이같이 말씀하시되 너희와 너희 아내들이 입으로 말하고 손으로 이루려 하여 이르기를 우리가 서원한 대로 반드시 이행하여 하늘 여신에게 분향하고 전제를 드리리라 하였은즉 너희 서원을 성립하며 너희 서원을 이행하라 하시느니라 그러므로 애굽 땅에서 사는 모든 유다여 여호와의 말씀을 들으라 여호와께서 말씀하시되 내가 나의 큰 이름으로 맹세하였은즉 애굽 온 땅에 거하는 유다 사람들의 입에서 다시는 내 이름을 일컬어서 주 여호와의 사심으로 맹세하노라 하는 자가 없게 되리라 보라 내가 경성하여 그들에게 재앙을 내리고 복을 내리지 아니하리니 애굽 땅에 있는 유다 모든 사람이 칼과 기근에 망하여 멸절되리라(렘 44:1-27).

예레미야 선지자는 예루살렘과 성전도 실로처럼 버림받게 될 것을 경고하였으나 백성들은 경고를 받아들이지 않았으니 결국 모두 버림받은 것이다.

> 도움을 구하러 애굽으로 내려가는 자들은 화 있을찐저 그들은 말을 의뢰하며 병거의 많음과 마병의 심히 강함을 의지하고 이스라엘의 거룩하신 자를 앙모치 아니하며 여호와를 구하지 아니하거니와 여호와께서도 지혜로우신즉 재앙을 내리실 것이라 그 말을 변치 아니하시고 일어나사 악행하는 자의 집을 치시며 행악을 돕는 자를 치시리니 애굽은 사람이요 신이 아니며 그 말들은 육체요 영이 아니라 여호와께서 그 손을 드시면 돕는 자도 넘어지며 도움을 받는 자도 엎드러져서 다 함께 멸망하리라 여호와께서 이같이 내게 이르시되 큰 사자나 젊은 사자가 그 식물을 움키고 으르렁거릴 때에 그것을 치려고 여러 목자가 불려 왔다 할찌라도

그것이 그들의 소리로 인하여 놀라지 아니할 것이요 그들의 떠듦을 인하여 굴복지 아니할 것이라 이와 같이 나 만군의 여호와가 강림하여 시온산과 그 영 위에서 싸울 것이며 새가 날개 치며 그 새끼를 보호함 같이 나 만군의 여호와가 예루살렘을 보호할 것이라 그것을 호위하며 건지며 넘어와서 구원하리라 하셨나니 이스라엘 자손들아 너희는 심히 거역하던 자에게로 돌아오라 너희가 자기 손으로 만들어 범죄한 은우상, 금우상을 그 날에는 각 사람이 던져버릴 것이며 앗수르는 칼에 엎더질 것이나 사람의 칼로 말미암음이 아니겠고 칼에 삼키울 것이나 여러 사람의 칼로 말미암음이 아닐 것이며 그는 칼 앞에서 도망할 것이요 그 장정들은 복역하는 자가 될 것이라 그의 반석은 두려움을 인하여 물러가겠고 그의 방백들은 기호를 인하여 놀라리라 이는 여호와의 말씀이라 여호와의 불은 시온에 있고 여호와의 풀무는 예루살렘에 있느니라(사 31:1-9).

이스라엘의 어렸을 때에 내가 사랑하여 내 아들을 애굽에서 불러 내었거늘 선지자들이 저희를 부를수록 저희가 점점 멀리하고 바알들에게 제사하며 아로새긴 우상 앞에서 분향하였느니라. 그러나 내가 에브라임에게 걸음을 가르치고 내 팔로 안을지라도 내가 저희를 고치는 줄을 저희가 알지 못하였도다. 내가 사람의 줄, 곧 사랑의 줄로 저희를 이끌었고 저희에 대하여 그 목에서 멍에를 벗기는 자 같이 되었으며 저희 앞에 먹을 것을 두었었노라. 저희가 애굽 땅으로 다시 가지 못하겠거늘 내게 돌아오기를 싫어하니 앗수르 사람이 그 임금이 될 것이라 칼이 저희의 성읍들을 치며 빗장을 깨뜨려 없이 하리니 이는 저희의 계책을 인함이니라 내 백성이 결심하고 내게서 물러가나니 비록 저희를 불러 위에 계신 자에게로 돌아오라 할지라도 일어나는 자가 하나도 없도다. 에브라임이여 내가 어찌 너를 놓겠느냐 이스라엘이여 내가 어찌 너를 버리겠느냐 내가 어찌 너를 아드마 같이 놓겠느냐 어찌 너를 스보임 같이 두겠느냐 내 마음이 내 속에서 돌아서 나의 긍휼이 온전히 불붙듯 하도다. 내가 나의 맹렬한 진노를 발하지 아니하며 내가 다시는 에브라임을 멸하지 아니하리니 이는 내가 사람이 아니요 하나님임이라 나는 네 가운데 거하는 거룩한 자니 진노함으로 네게 임하지 아니하리라. 저희가 사자처럼 소리를 발하시는 여호와를 좇을 것이라 여호와께서 소리를 발하시면 자손들이 서편에서부터 떨며 오되 저희가 애굽에서부터 새 같이, 앗수르에서부터 비둘기 같이 떨며 오리니 내가 저희로 각 집에 머물게 하리라 나 여호와의 말이니라. 에브라임은 거짓으로, 이스라엘 족속은 궤휼로 나를 에워쌌고 유다는 하나님 곧 신실하시고 거룩하신 자에게 대하여 정함이 없도다(호 11:1-12).

시온에서 나팔을 불며 나의 성산에서 호각을 불어 이 땅 거민으로 다 떨게 할찌니 이는 여호와의 날이 이르게 됨이니라 이제 임박하였으니 곧 어둡고 캄캄한 날이요 빽빽한 구름이 끼인 날이라 새벽 빛이 산 꼭대기에 덮인 것과 같으니 이는 많고 강한 백성이 이르렀음이라 이같은 것이 자고 이래로 없었고 이후 세세에 없으리로다 불이 그들의 앞을 사르며 불꽃이 그들의 뒤를 태우니 그 전의 땅은 에덴동산 같았으나 그 후의 땅은 황무한 들 같으니 그 들을 피한 자가 없도다 그 모양은 말 같고 그 달리는 것은 기병 같으며 그들의 산꼭대기에서 뛰는 소리가 병거 소리와도 같고 불꽃이 초개를 사르는 소리와도 같으며 강한 군사가 항오를 벌이고 싸우는 것 같으니 그 앞에서 만민이 송구하여 하며 무리의 낯빛이 하얘졌도다 그들이 용사 같이 달리며 무사 같이 성을 더위잡고 오르며 각기 자기의 길로 행하되 그 항오를 어기지 아니하며 피차에 부딪히지 아니하고 각기 자기의 길로 행하며 병기를 충돌하고 나아가나 상치 아니하며 성중에 뛰어 들어가며 성 위에 달리며 집에 더위잡고 오르며 도적같이 창으로 들어가니 그 앞에서 땅이 진동하며 하늘이 떨며 일월이 캄캄하며 별들이 빛을 거두도다 여호와께서 그 군대 앞에서 소리를 발하시고 그 진은 심히 크고 그 명령을 행하는 자는 강하니 여호와의 날이 크고 심히 두렵도다 당할 자가 누구이랴 여호와의 말씀에 너희는 이제라도 금식하며 울며 애통하고 마음을 다하여 내게로 돌아오라 하셨나니 너희는 옷을 찢지 말고 마음을 찢고 너희 하나님 여호와께로 돌아올찌어다 그는 은혜로우시며 자비로우시며 노하기를 더디하시며 인애가 크시사 뜻을 돌이켜 재앙을 내리지 아니하시나니 주께서 혹시 마음과 뜻을 돌이키시고 그 뒤에 복을 끼치사 너희 하나님 여호와께 소제와 전제를 드리게 하지 아니하실는지 누가 알겠느냐(욜 2:1-14).

나의 책망을 듣고 돌이키라 보라 내가 나의 신을 너희에게 부어주며 나의 말을 너희에게 보이리라 내가 부를찌라도 너희가 듣기 싫어하였고 내가 손을 펼찌라도 돌아보는 자가 없었고 도리어 나의 모든 교훈을 멸시하며 나의 책망을 받지 아니하였은즉 너희가 재앙을 만날 때에 내가 웃을 것이며 너희에게 두려움이 임할 때에 내가 비웃으리라 너희의 두려움이 광풍 같이 임하겠고 너희의 재앙이 폭풍같이 이르겠고 너희에게 근심과 슬픔이 임하리니 그 때에 너희가 나를 부르리라 그래도 내가 대답지 아니하겠고 부지런히 나를 찾으리라 그래도 나를 만나지 못하리니 대저 너희가 지식을 미워하며 여호와 경외하기를 즐거워하지 아니하며 나의 교훈을 받지 아니하고 나의 모든 책망을 업신여겼음이라 그러므로 자기 행위의 열매를 먹으며 자기 꾀에 배부르리라 어리석은 자의 퇴보는 자기를 죽이며 미련한 자의 안일은 자기를 멸망시키려니와 오직 나를 듣는 자는 안연히 살며 재앙의 두려움이 없이 평안하리라(잠 1:23-33).

시드기야 구년 시월 십일에 바벨론 왕 느부갓네살이 그 모든 군대를 거느리고 예루살렘을 치러 올라와서 진을 치고 사면으로 토성을 쌓으매 성이 시드기야 왕 십 일 년까지 에워싸였더니 그 사월 구 일에 성중에 기근이 심하여 그 땅 백성의 양식이 진하였고 갈대아 사람이 그 성읍을 에워쌌으므로 성벽에 구멍을 뚫은지라 모든 군사가 밤중에 두 성벽 사이 왕의 동산 곁문 길로 도망하여 아라바 길로 가더니 갈대아 군사가 왕을 쫓아가서 여리고 평지에 미치매 왕의 모든 군사가 저를 떠나 흩어진지라 갈대아 군사가 왕을 잡아 립나 바벨론 왕에게로 끌고 가매 저에게 신문하고 시드기야의 아들들을 저의 목전에서 죽이고 시드기야의 두 눈을 빼고 사슬로 결박하여 바벨론으로 끌어갔더라 바벨론 왕 느부갓네살의 십구년 오월 칠일에 바벨론 왕의 신하 시위대 장관 느부사라단이 예루살렘에 이르러 여호와의 전과 왕궁을 사르고 예루살렘의 모든 집을 귀인의 집까지 불살랐으며 시위대 장관을 좇는 갈대아 온 군대가 예루살렘 사면 성벽을 헐었으며 성중에 남아 있는 백성과 바벨론 왕에게 항복한 자와 무리의 남은 자는 시위대 장관 느부사라단이 다 사로잡아가고 빈천한 국민을 그 땅에 남겨두어 포도원을 다스리는 자와 농부가 되게 하였더라 갈대아 사람이 또 여호와의 전의 두 놋기둥과 받침들과 여호와의 전의

> 놋바다를 깨뜨려 그 놋을 바벨론으로 가져가고 또 가마들과 부삽들과 불집게들과 숟가락들과 섬길 때에 쓰는 모든 놋그릇을 다 가져갔으며 시위대 장관이 또 불 옮기는 그릇들과 주발들 곧 금물의 금과 은물의 은을 가져갔으며 또 솔로몬이 여호와의 전을 위하여 만든 두 기둥과 한 바다와 받침들을 취하였는데 이 모든 기구의 놋 중수를 헤아릴 수 없었으니 그 한 기둥은 고가 십 팔 규빗이요 그 꼭대기에 놋머리가 있어 고가 삼 규빗이요 그 머리에 둘린 그물과 석류가 다 놋이라 다른 기둥의 장식과 그물도 이와 같았더라 시위대 장관이 대제사장 스라야와 부제사장 스바냐와 전 문지기 세 사람을 잡고 또 성중에서 사람을 잡았으니 곧 군사를 거느린 내시 하나와 또 성중에서 만난바 왕의 시종 다섯 사람과 국민을 초모하는 장관의 서기관 하나와 성중에서 만난바 국민 육십명이라 시위대 장관 느부사라단이 저희를 잡아 가지고 립나 바벨론 왕에게 나아가매 바벨론 왕이 하맛 땅 립나에서 다 쳐 죽였더라 이와같이 유다가 사로잡혀 본토에서 떠났더라(왕하 25:1-21).

예레미야 선지자가 예언한 칠십 년의 바벨론 포로 시대가 되었으니 세상일은 사람의 생각과 뜻대로 되는 것이 아니라 오직 하나님의 말씀대로 된다는 사실을 잊지 말아야 한다.

> 그 열조의 하나님 여호와께서 그 백성과 그 거하시는 곳을 아끼사 부지런히 그 사자들을 그 백성에게 보내어 이르셨으나 그 백성이 하나님의 사자를 비웃고 말씀을 멸시하며 그 선지자를 욕하여 여호와의 진노로 그 백성에게 미쳐서 만회할 수 없게 하였으므로 하나님이 갈대아 왕의 손에 저희를 다 붙이시매 저가 와서 그 성전에서 칼로 청

> 년을 죽이며 청년 남녀와 노인과 백발노옹을 긍휼히 여기지 아니하였으며 또 하나님의 전의 대소 기명들과 여호와의 전의 보물과 왕과 방백들의 보물을 다 바벨론으로 가져가고 또 하나님의 전을 불사르며 예루살렘 성을 헐며 그 모든 궁실을 불사르며 그 모든 귀한 기명을 훼파하고 무릇 칼에서 벗어난 자를 저가 바벨론으로 사로잡아가매 무리가 거기서 갈대아 왕과 그 자손의 노예가 되어 바사국이 주재할 때까지 이르니라 이에 토지가 황무하여 안식년을 누림 같이 안식하여 칠십 년을 지내었으니 여호와께서 예레미야의 입으로 하신 말씀이 응하였더라(대하 36:15-21).

솔로몬 이후 이스라엘은 하나님의 징계로 인하여 유다와 이스라엘로 분열되어(BC 922년) 북쪽은 하나님을 떠나 우상만 숭배하다가 BC 722년 호세아왕 때에 앗수르에 의하여 멸망하였으니 여로보암 왕조 이후 이백여 년 만이다. 유다는 BC 586년에 바벨론에 의하여 멸망하였으니 르호보암 왕조 이후 삼백삼십육 년이며 성전 봉헌 후 삼백칠십삼 년 만이다(성전 착공 출애굽 480년 차 BC 966년〈솔로몬 즉위 사 년차〉- 성전 완공 BC 959년- 바벨론에 의한 함락 BC 586년 = 373년).

깊이 병든 백성은 결국 치료받지 못하고 하나님의 말씀대로 모두 망하였으니 인류의 종말도 이와 같을 것을 하나님은 경고하고, 경고하고, 또 경고하신다.

※ 아무리 크고 많은 은혜를 받아도 지속되지 못하는 것은 하나님에 대한 백성들의 무지와 탐욕과 사탄의 미혹 때문이며 한 번 미혹된 백성은 아무리 말씀하여도 그 말씀을 받아들이지 않고 돌이키

지 않는다.

17. 이방의 왕에 의하여 재건된 성전
(성전은 무너져도 하나님의 언약은 영원하다)

솔로몬이 건축하였던 성전이 하나님의 버림을 받고 이방인에게 넘겨져서 무너져 사라진 후에 하나님은 이방의 왕을 통하여 무너진 성전이 재건되게 하셨으니 하나님의 섭리에 놀라움을 금할 수 없다. 하나님은 그의 백성들이 하나님을 멀리하였을 때 징계의 채찍으로 다스리기도 하시지만 그와의 언약은 끊어지지 않고 신실하게 이어져 간다는 사실을 알 수 있다. 이는 또한 유대인들은 하나님을 버렸으나 이방인에 의하여 하나님의 교회가 새롭게 세워질 것에 대한 암시이기도 하다.

> 내가 확신하노니 사망이나 생명이나 천사들이나 권세자들이나 현재 일이나 장래 일이나 능력이나 높음이나 깊음이나 다른 아무 피조물이라도 우리를 우리 주 그리스도 예수 안에 있는 하나님의 사랑에서 끊을 수 없으리라(롬 8:38-39).

> 내 언약을 파하지 아니하며 내 입술에서 낸 것도 변치 아니하리로다 내가 나의 거룩함으로 한번 맹세 하였은즉 다윗에게 거짓을 아니할 것이라 그 후손이 장구하고 그 위는 해 같이 내 앞에 항상 있으며 또 궁창의 확실한 증인 달 같이 영원히 견고케 되리라 하셨도다 셀라(시 89:33-37).

> 여호와께서 다윗에게 성실히 맹세하셨으니 변치 아니하실찌라 이르시기를 네 몸의 소생을 네 위에 둘찌라 네 자손이 내 언약과 저희에게 교훈하는 내 증거를 지킬찐대 저희 후손도 영원히 네 위에 앉으리라 하셨도다(시 132:11-12).

> 내가 이제 조서를 내리노라 내 나라 관할 아래 있는 사람들은 다 다니엘의 하나님 앞에서 떨며 두려워할찌니 그는 사시는 하나님이시요 영원히 변치 않으실 자시며 그 나라는 망하지 아니할 것이요 그 권세는 무궁할 것이며(단 6:26).

> 하나님은 약속을 기업으로 받는 자들에게 그 뜻이 변치 아니함을 충분히 나타내시려고 그 일에 맹세로 보증하셨나니 이는 하나님이 거짓말을 하실 수 없는 이 두 가지 변치 못할 사실을 인하여 앞에 있는 소망을 얻으려고 피하여 가는 우리로 큰 안위를 받게 하려 하심이라 우리가 이 소망이 있는 것은 영혼의 닻 같아서 튼튼하고 견고하여 휘장 안에 들어가나니 그리로 앞서가신 예수께서 멜기세덱의 반차를 좇아 영원히 대제사장이 되어 우리를 위하여 들어 가셨느니라(히 6:17-20).

하나님을 거역한 백성들은 반드시 하나님의 징벌로 인하여 큰 고통을 받게 되고 백성들이 그 고통 속에서 자기들의 죄를 깨닫기 시작할 때 이제라도 금식하며 울며 애통하고 하나님 앞에 돌아오라는 하나님 말씀이 들리기 시작하고 마침내 백성들도 하나님을 찾기 시작하였다. 하나님을 떠난 백성들은 아주 혹독한 고난이 아니면 절대로 하나님을 다시 찾지 않기 때문에 하나님께서 이렇게 고난의 채찍으로 다스리시는 것이다.

여호와의 말씀에 너희는 이제라도 금식하며 울며 애통하고 마음을 다하여 내게로 돌아오라 하셨나니 너희는 옷을 찢지 말고 마음을 찢고 너희 하나님 여호와께로 돌아올찌어다 그는 은혜로우시며 자비로우시며 노하기를 더디 하시며 인애가 크시사 뜻을 돌이켜 재앙을 내리지 아니하시나니 주께서 혹시 마음과 뜻을 돌이키시고 그 뒤에 복을 끼치사 너희 하나님 여호와께 소제와 전제를 드리게 하지 아니하실는지 누가 알겠느냐(욜 2:12-14).

여호와께서 그 백성의 상처를 싸매시며 그들의 맞은 자리를 고치시는 날에는 달빛은 햇빛 같겠고 햇빛은 칠배가 되어 일곱 날의 빛과 같으리라(사 30:26).

하나님은 아프게 하시다가 싸매시며 상하게 하시다가 그 손으로 고치시나니 여섯 가지 환난에서 너를 구원하시며 일곱 가지 환난이라도 그 재앙이 네게 미치지 않게 하시며 기근 때에 죽음에서, 전쟁 때에 칼 권세에서 너를 구속하실 터인즉 네가 혀의 채찍을 피하여 숨을 수가 있고 멸망이 올 때에도 두려워 아니할 것이라(욥 5:18-21).

만군의 여호와가 이르노라 너희 열조의 날로부터 너희가 나의 규례를 떠나 지키지 아니하였도다 그런즉 내게로 돌아오라 그리하면 나도 너희에게로 돌아가리라 하였더니 너희가 이르기를 우리가 어떻게 하여야 돌아가리이까 하도다(말 3:7).

이스라엘 자손이 그 본성에 거하였더니 칠월에 이르러 일제히 예루살렘에 모인지라 요사닥의 아들 예수아와 그 형제 제사장들과 스알디엘의 아들 스룹바벨과 그 형제들이 다 일어나 이스라엘 하나님의 단을 만들고 하나님의 사람 모세의 율법에 기록한 대로 번제를 그 위에 드리려 할 쌔 무리가 열국 백성을 두려워하여 단을 그 터에 세우고 그 위에 조석으로 여호와께 번제를 드리며 기록된 규례대로 초막절을 지켜 번제를 매일 정수대로 날마다 드리고 그 후에는 항상 드리는 번제와 초하루와 여호와의 모든 거룩한 절기의 번제와 사람이 여호와께 즐거이 드리는 예물을 드리되 칠월 초하루부터 비로소 여호와께 번제를 드렸으나 그 때에 여호와의 전 지대는 오히려 놓지 못한지라 이에 석수와 목수에게 돈을 주고 또 시돈 사람과 두로 사람에게 먹을 것과 마실 것과 기름을 주고 바사 왕 고레스의 조서대로 백향목을 레바논에서 욥바 해변까지 수운하게 하였더라 예루살렘 하나님의 전에 이른지 이년 이월에 스알디엘의 아들 스룹바벨과 요사닥의 아들 예수아와 다른 형제 제사장들과 레위 사람들과 무릇 사로잡혔다가 예루살렘에 돌아온 자들이 역사를 시작하고 이십 세 이상의 레위 사람들을 세워 여호와의 전 역사를 감독하게 하매 이에 예수아와 그 아들들과 그 형제들과 갓미엘과 그 아들들과 유다 자손과 헤나닷 자손과 그 형제 레위 사람들이 일제히 일어나 하나님의 전 공장을 감독하니라 건축자가 여호와의 전 지대를 놓을 때에 제사장들은 예복을 입고 나팔을 들고 아삽 자손 레위 사람들은 제금을 들고 서서 이스라엘 왕 다윗의 규례대로 여호와를 찬송하되 서로 찬송가를 화답하며 여호와께 감사하여 가로되 주는 지선하시므로 그 인자하심이 이스라엘에게 영원하시도다 하니 모든 백성이 여호와의 전 지대가 놓임을 보고 여호와를 찬송하며 큰 소리로 즐거이 부르며 제사장들과 레위 사람들과 족장들 중에 여러 노인은 첫 성전을 보았던고로 이제 이 전 지대 놓임을 보고 대성통곡하며 여러 사람은 기뻐하여 즐거이 부르니 백성의 크게 외치는 소리가 멀리 들리므로 즐거이 부르는 소리와 통곡하는 소리를 백성들이 분변치 못하였느니라 (스 3:1-13).

1) 성전 건축을 훼방하는 무리

유다와 베냐민의 대적이 사로잡혔던 자의 자손이 이스라엘 하나님 여호와를 위하여 전을 건축한다 함을 듣고 스룹바벨과 족장들에게 나아와 이르되 우리로 너희와 함께 건축하게 하라 우리도 너희같이 너희 하나님을 구하노라 앗수르 왕 에살핫돈이 우리를 이리로 오게 한 날부터 우리가 하나님께 제사를 드리노라 스룹바벨과 예수아와 기타 이스라엘 족장들이 이르되 우리 하나님의 전을 건축하는데 너희는 우리와 상관이 없느니라 바사 왕 고레스가 우리에게 명하신 대로 우리가 이스라엘 하나님 여호와를 위하여 홀로 건축하리라 하였더니 이로부터 그 땅 백성이 유다 백성의 손을 약하게 하여 그 건축을 방해하되 바사 왕 고레스의 시대부터 바사 왕 다리오가 즉위할 때까지 의사들에게 뇌물을 주어 그 경영을 저희(가로막다, 방해하다)하였으며 또 아하수에로가 즉위할 때에 저희가 글을 올려 유다와 예루살렘 거민을 고소하니라 아닥사스다 때에 비슬람과 미드르닷과 다브엘과 그 동료들이 바사 왕 아닥사스다에게 글을 올렸으니 그 글은 아람 문자와 아람 방언으로 써서 진술하였더라 방백 르훔과 서기관 심새가 아닥사스다왕에게 올려 예루살렘 백성을 고소한 그 글에 방백 르훔과 서기관 심새와 그 동료 디나 사람과 아바삿 사람과 다블래 사람과 아바새 사람과 아렉 사람과 바벨론 사람과 수산 사람과 데해 사람과 엘람 사람과 기타 백성 곧 존귀한 오스납발이 사마리아 성과 강 서편 다른 땅에 옮겨 둔 자들과 함께 고한다 하였더라 아닥사스다왕에게 올린 그 글의 초본은 이러하니 강 서편에 있는 신복들은 왕에게 고하나이다 왕에게서 올라온 유다 사람들이 우리의 곳 예루살렘에 이르러 이 패역하고 악한 성읍을 건축하는데 이미 그 지대를 수축하고 성곽을 건축하오니 이제 왕은 아시옵소서 만일 이 성읍을 건축하며 그 성곽을 마치면 저 무리가 다시는 조공과 잡세와 부세를 바치지 아니하리니 필경 왕들에게 손해가 되리이다 우리가 이제 궁의 소금을 먹는 고로 왕의 수치 당함을 참아 보지못하여 보내어 왕에게 고하오니 왕은 열조의 사기를 살피시면 그 사기에서 이 성읍은 패역한 성읍이라 예로부터 그 중에서 항상 반역하는 일을 행하여 열왕과 각 도에 손해가 된 것을 보시고 아실찌라 이 성읍이 훼파됨도 이 까닭이니이다 이제 감히 왕에게 고하오니 이 성읍이 중건되어 성곽을 필역하면 이로 말미암아 왕의 강 서편 영지가 없어지리이다 하였더라 왕이 방백 르훔과 서기관 심새와 사마리아에 거한 저희 동료와 강 서편 다른 땅 백성에게 조서를 내리니 일렀으되 너희는 평안할지어다 너희의 올린 글을 내 앞에서 낭독시키고 명하여 살펴보니 과연 이 성읍이 예로부터 열왕을 거역하며 그중에서 항상 패역하고 모반하는 일을 행하였으며 옛적에는 예루살렘을 주재하는 큰 군왕이 있어서 강 서편 모든 땅도 주재하매 조공과 잡세와 부세를 저에게 다 바쳤도다 이제 너희는 명을 전하여 그 사람들로 역사를 그치게 하여 그 성을 건축지 못하게 하고 내가 다시 조서 내리기를 기다리라 너희는 삼가서 이 일에 게으르지 말라 어찌하여 화를 더하여 왕들에게 손해가 되게 하

> 라 하였더라 아닥사스다왕의 조서 초본이 르훔과 서기관 심새와 그 동료 앞에서 낭독되매 저희가 예루살렘으로 급히 가서 유다 사람들을 보고 권력으로 억제하여 그 역사를 그치게 하니 이에 예루살렘에서 하나님의 전 역사가 그쳐서 바사 왕 다리오 제 이년까지 이르니라(스 4:1-24).

그러나 사람들의 훼방으로 인하여 시간은 좀 지체될지라도 하나님의 시간에는 조금도 차질이 없었으니 놀라울 뿐이다.

> 선지자들 곧 선지자 학개와 잇도의 손자 스가랴가 이스라엘 하나님의 이름을 받들어 유다와 예루살렘에 거하는 유다 사람들에게 예언하였더니 이에 스알디엘의 아들 스룹바벨과 요사닥의 아들 예수아가 일어나 예루살렘 하나님의 전 건축하기를 시작하매 하나님의 선지자들이 함께 하여 돕더니 그 때에 강 서편 총독 닷드내와 스달보스내와 그 동료가 다 나아와 저희에게 이르되 누가 너희를 명하여 이 전을 건축하고 이 성곽을 마치게 하였느냐 하기로 우리가 이 건축하는 자의 이름을 고하였으나 하나님이 유다 장로들을 돌아보셨으므로 저희가 능히 역사를 폐하게 못하고 이 일을 다리오에게 고하고 그 답조가 오기를 기다렸더라 강 서편 총독 닷드내와 스달보스내와 그 동료 강 서편 아바삭 사람이 다리오왕에게 올린 글의 초본이 이러하니라 그 글에 일렀으되 다리오왕은 만안하옵소서 왕께 아시게 하나이다 우리가 유다도에 가서 지극히 크신 하나님의 전에 나아가 보온즉 전을 큰 돌로 세우며 벽에 나무를 얹고 부지런히 하므로 역사가 그 손에서 형통하옵기로 우리가 그 장로들에게 물어 보기를 누가 너희를 명하여 이 전을 건축하고 이 성곽을 마치게 하였느냐 하고 우리가 또 그 두목의 이름을 적어 왕에게 고하고자 하여 그 이름을 물은

즉 저희가 우리에게 대답하여 이르기를 우리는 천지의 하나님의 종이라 오랜 옛적에 건축되었던 전을 우리가 다시 건축하노라 이는 본래 이스라엘의 큰 왕이 완전히 건축한 것이더니 우리 열조가 하늘에 계신 하나님을 격노케 하였으므로 하나님이 저희를 갈대아 사람 바벨론왕 느부갓네살의 손에 붙이시매 저가 이 전을 헐며 이 백성을 사로잡아 바벨론으로 옮겼더니 바벨론 왕 고레스 원년에 고레스왕이 조서를 내려 하나님의 이 전을 건축하게 하고 또 느부갓네살의 예루살렘 하나님의 전 속에서 금, 은 기명을 옮겨다가 바벨론 신당에 두었던 것을 고레스왕이 그 신당에서 취하여 그 세운 총독 세스바살이라 이름한 자에게 내어주고 일러 가로되 너는 이 기명들을 가지고 가서 예루살렘 전에 두고 하나님의 전을 그 본처에 건축하라 하매 이에 이 세스바살이 이르러 예루살렘 하나님의 전 지대를 놓았고 그 때로부터 지금까지 건축하여 오나 오히려 필역하지 못하였다 하였사오니 이제 왕이 선히 여기시거든 바벨론에서 왕의 국고에 조사하사 과연 고레스왕이 조서를 내려 하나님의 이 전을 예루살렘에 건축하라 하셨는지 보시고 왕은 이 일에 대하여 왕의 기쁘신 뜻을 우리에게 보이소서 하였더라(스 5:1-17).

내게 말하던 천사가 다시 와서 나를 깨우니 마치 자는 사람이 깨우임 같더라 그가 내게 묻되 네가 무엇을 보느냐 내가 대답하되 내가 보니 순금 등대가 있는데 그 꼭대기에 주발 같은 것이 있고 또 그 등대에 일곱 등잔이 있으며 그 등대 꼭대기 등잔에는 일곱 관이 있고 그 등대 곁에 두 감람나무가 있는데 하나는 그 주발 우편에 있고 하나는 그 좌편에 있나이다 하고 내게 말하는 천사에게 물어 가로되 내 주여 이것들이 무엇이니이까 내게 말하는 천사가 대답하여 가로되 네가 이것들이 무엇인지 알지

> 못하느냐 내가 대답하되 내 주여 내가 알지 못하나이다. 그가 내게 일러 가로되 여호와께서 스룹바벨에게 하신 말씀이 이러하니라 만군의 여호와께서 말씀하시되 이는 힘으로 되지 아니하며 능으로 되지 아니하고 오직 나의 신으로 되느니라. 큰 산아 네가 무엇이냐 네가 스룹바벨 앞에서 평지가 되리라 그가 머릿돌을 내어 놓을 때에 무리가 외치기를 은총, 은총이 그에게 있을찌어다 하리라 하셨고 여호와의 말씀이 또 내게 임하여 가라사대 스룹바벨의 손이 이 전의 지대를 놓았은즉 그 손이 또한 그것을 마치리라 하셨나니 만군의 여호와께서 나를 너희에게 보내신 줄을 네가 알리라 하셨느니라 작은 일의 날이라고 멸시하는 자가 누구냐 이 일곱은 온 세상에 두루 행하는 여호와의 눈이라 다림줄이 스룹바벨의 손에 있음을 보고 기뻐하리라 내가 그에게 물어 가로되 등대 좌우의 두 감람나무는 무슨 뜻이니이까 하고 다시 그에게 물어 가로되 금 기름을 흘려내는 두 금관 옆에 있는 이 감람나무 두 가지는 무슨 뜻이니이까 그가 내게 대답하여 가로되 네가 이것이 무엇인지 알지 못하느냐 대답하되 내 주여 알지 못하나이다 가로되 이는 기름 발리운 자 둘이니 온 세상의 주 앞에 모셔 섰는 자니라 하더라(슥 4:1-14).

BC 535년에 스룹바벨에 의하여 시작된 성전재건 공사가 대적자들로 인하여 중단되었다가 십육 년 만인 다리오왕 이 년(BC 520년)에 재개되어 사 년 후인 BC 516년에 완공되어 봉헌하였다. 착공한 지 이십 년 만이요 성전이 파괴된 후 정확하게 칠십 년 만이었다.

> 나 여호와가 이같이 말하노라 바벨론에서 칠십 년이 차면 내가 너희를 권고하고 나의 선한 말을 너희에게 실행하여 너희를 이곳으로 돌

아오게 하리라(렘 29:10).

성전 공사가 훼방자들로 인하여 십육 년 동안 지연되었으나 하나님이 정하신 칠십 년의 시간에 정확하게 맞춰 완공되어 유다 백성들이 포로 생활을 마치고 돌아와 하나님 앞에 제사할 수 있었으니 원수들의 방해 공작으로 지연된 시간도 하나님의 시간표에 포함된 시간이었음을 알 수 있다.

※ 하나님의 일은 사람이 하는 것이 아니라 오직 하나님에 의하여 성취되는 것이다.

18. 헤롯에 의한 대대적인 성전 확장 공사

무너졌던 성전이 재건된 후 사백구십육 년이 지나고 BC 20년에 헤롯왕은 대대적으로 성전을 새롭게 건축하기 시작하여 예수님께서 활동하시던 시대에도 공사가 진행 중이었다(사십육 년째 공사 중, 요 2:20). 이는 오시는 예수님을 보지 못하게 하고 사람에 의하여 지어진 화려한 성전에 사람들을 잡아 두려는 사탄의 음모라 할 수 있다.

실제로 유대교는 예수님을 버리고 성전 중심의 거짓 신앙에 갇혀서 벗어나지 못하였으니 예수님께서 성전을 바라보시며 돌 위에 돌 하나도 남지 아니하고 무너질 것이라는 예고를 하셨다.

예수께서 성전에서 나와서 가실 때에 제자들이 성전 건물들을 가리켜 보이려고 나아오니 대답하여 가라사대 너희가 이 모든 것을 보지

> 못하느냐 내가 진실로 너희에게 이르노니 돌 하나도 돌 위에 남지 않고 다 무너뜨리우리라(마 24:1-2).

성전과 성전의 주인이신 예수님께서 함께 버림을 받았으나 이로 인하여 죄인을 구원하시려는 하나님의 언약이 성취되었다. 하나님은 성전과 예수님까지 버리셔서 그의 백성을 살리셨으니 이것이 성전 속에 감추어진 하나님의 놀라운 구속의 비밀이다.

헤롯은 BC 20년부터 AD 63년까지 성전을 재건 확장하였으나 예수님 말씀대로 AD 70년 로마에 함락되어 완전히 사라졌다. 현재는 성벽 일부가 남아 있고 성전의 터 위에는 이슬람 사원이 세워졌으니 그곳에 다시는 성전이 세워질 수 없게 되었고 하나님께 제사하던 성전이 사람들에 의하여 점차 변질되어서 최후에는 전혀 다른 이교가 그 자리를 대신에 하게 되니, 하나님 백성 속에 거짓이 침투하면 결국 이처럼 되는 것이다.

유대인들은 지금도 조금 남아 있는 이 성벽 앞에 찾아와 기도를 드린다. 그들이 이 성벽을 <통곡의 벽>이라 하게 된 두 가지 설이 있다.

첫째, 로마군이 예루살렘을 공격했을 때 많은 유대인이 죽었는데 이런 비극을 지켜본 성벽이 밤이 되면 통한의 눈물을 흘렸다.

둘째, 유대인들이 이 성전이 파괴된 것을 보고 성벽 앞에 찾아와 통곡의 눈물을 흘렸다.

지금도 유대인들은 이 성벽 앞에서 기도하며 기도문을 적어서 돌 틈에 끼워 두고 가는 모습을 볼 수 있는데 그들은 언젠가 그곳에 제3의 성전이 건축되리라 기대하며 기도하고 있다.

그러나 우리의 성전은 하늘에 있음을 깨닫고 하늘의 성전을 사모하며 살아야 하는 것이 하나님 백성들의 올바른 신앙이다.

> 또 이 일 후에 내가 보니 하늘에 증거 장막의 성전이 열리며 일곱 재앙을 가진 일곱 천사가 성전으로부터 나와 맑고 빛난 세마포 옷을 입고 가슴에 금띠를 띠고 네 생물 중에 하나가 세세에 계신 하나님의 진노를 가득히 담은 금대접 일곱을 그 일곱 천사에게 주니 하나님의 영광과 능력을 인하여 성전에 연기가 차게 되매 일곱 천사의 일곱 재앙이 마치기까지는 성전에 능히 들어갈 자가 없더라(계 15:5-8).

> 성안에 성전을 내가 보지 못하였으니 이는 주 하나님 곧 전능하신 이와 및 어린양이 그 성전이심이라 그 성은 해나 달의 비췸이 쓸데 없으니 이는 하나님의 영광이 비취고 어린양이 그 등이 되심이라(계 21:22-23).

말라기 선지자 이후 하나님은 선지자를 다시는 보내지 않으셨으니 이제 선지자의 시대가 끝나고 마지막으로 오실 약속의 주를 대망케 하는 시간이었다. 이 시기의 이스라엘 백성들은 로마 황제의 박해 속에서 아주 힘들고 어려운 삶을 살아야 하였으니 지난날 다윗왕의 강력하고 평화로웠던 시대를 그리워하며 다윗의 후손으로 오실 메시아에 대한 약속을 기억하고 애타게 기다리는 시간이었다.

> 주 여호와께서 가라사대 보라 날이 이를찌라 내가 기근을 땅에 보내리니 양식이 없어 주림이 아니며 물이 없어 갈함이 아니요 여호와의 말씀을 듣지 못한 기갈이라 사람이 이 바다에서 저 바다까지, 북에서 동까지 비

틀거리며 여호와의 말씀을 구하려고 달려 왕래하되 얻지 못하리니 그날에 아름다운 처녀와 젊은 남자가 다 갈하여 피곤하리라(암 8:11-13).

그러나 패역한 백성들은 기다리던 메시아가 오셨어도 알아보지 못하였고 예수님께서 삼 년 동안이나 여러 가지 이적과 말씀을 통하여 당신을 증거하셨지만, 아무것도 깨닫지 못하고 예수님을 십자가에 못 박아 죽이는 극악한 죄를 범하고 말았다. 어둠에 사로잡혀 있는 백성은 아무리 놀라운 기사와 이적을 보아도 주님을 알아보지 못하니 그들의 신앙이 모두 하나님의 말씀에서 이탈한 거짓 신앙이었기 때문이다.

실로의 성막 시대가 삼백이십오 년 만에 종식되었고 솔로몬의 성전 시대는 삼백칠십삼 년 만에 끝났으며 스룹바벨이 시작하고 헤롯왕이 완공한 마지막 성전이 오백팔십육 년 만에 사라짐으로 성막과 성전 시대가 완전히 종식되고 드디어 영원한 참 성전이 되신 예수 그리스도의 시대가 온 것이다.

※ 솔로몬 성전과 스룹바벨 성전은 하나님에 뜻에 의하여 건축되었지만, 헤롯 성전은 헤롯의 정치적 야망으로 세워졌는데 하나님 백성의 신앙이 변질되면 성전이나 교회가 하나님의 목적과는 아무 상관이 없는 일부 지도층을 위한 통치 수단으로 전락 된다.

제2장

신약에서 보는 언약의 성취

1. 예수 그리스도에 대한 선지자들의 예언 성취
(드디어 성막과 성전의 실체이신 주인이 오시다)

> 하나님이 또 아브라함에게 이르시되 네 아내 사래는 이름을 사래라 하지 말고 그 이름을 사라라 하라 내가 그에게 복을 주어 그로 네게 아들을 낳아주게 하며 내가 그에게 복을 주어 그로 열국의 어미가 되게 하리니 민족의 열왕이 그에게서 나리라 아브라함이 엎드리어 웃으며 심중에 이르되 백세 된 사람이 어찌 자식을 낳을까 사라는 구십세니 어찌 생산하리요 하고 아브라함이 이에 하나님께 고하되 이스마엘이나 하나님 앞에 살기를 원하나이다 하나님이 가라사대 아니라 네 아내 사라가 정녕 네게 아들을 낳으리니 너는 그 이름을 이삭이라 하라 내가 그와 내 언약을 세우리니 그의 후손에게 영원한 언약이 되리라(창 17:15-19).

> 그러므로 주께서 친히 징조로 너희에게 주실 것이라 보라 처녀가 잉태하여 아들을 낳을 것이요 그 이름을 임마누엘이라 하리라(사 7:14).

만군의 여호와가 이르노라 보라 내가 내 사자를 보내리니 그가 내 앞에서 길을 예비할 것이요 또 너희의 구하는바 주가 홀연히 그 전에 임하리니 곧 너희의 사모하는바 언약의 사자가 임할 것이라(말 3:1).

시온의 딸아 크게 기뻐할찌어다 예루살렘의 딸아 즐거이 부를찌어다 보라 네 왕이 네게 임하나니 그는 공의로우며 구원을 베풀며 겸손하여서 나귀를 타나니 나귀의 작은 것 곧 나귀새끼니라(슥 9:9).

아브라함과 다윗의 자손 예수 그리스도의 세계라 아브라함이 이삭을 낳고 이삭은 야곱을 낳고 야곱은 유다와 그의 형제를 낳고 유다는 다말에게서 베레스와 세라를 낳고 베레스는 헤스론을 낳고 헤스론은 람을 낳고 람은 아미나답을 낳고 아미나답은 나손을 낳고 나손은 살몬을 낳고 살몬은 라합에게서 보아스를 낳고 보아스는 룻에게서 오벳을 낳고 오벳은 이새를 낳고 이새는 다윗왕을 낳으니라 다윗은 우리야의 아내에게서 솔로몬을 낳고 솔로몬은 르호보암을 낳고 르호보암은 아비야를 낳고 아비야는 아사를 낳고 아사는 여호사밧을 낳고 여호사밧은 요람을 낳고 요람은 웃시야를 낳고 웃시야는 요담을 낳고 요담은 아하스를 낳고 아하스는 히스기야를 낳고 히스기야는 므낫세를 낳고 므낫세는 아몬을 낳고 아몬은 요시야를 낳고 바벨론으로 이거할 때에 요시야는 여고냐와 그의 형제를 낳으니라 바벨론으로 이거한 후에 여고냐는 스알디엘을 낳고 스알디엘은 스룹바벨을 낳고 스룹바벨은 아비훗을 낳고 아비훗은 엘리아김을 낳고 엘리아김은 아소르를 낳고 아소르는 사독을 낳고 사독은 아킴을 낳고 아킴은 엘리웃을 낳고 엘리웃은 엘르아살을 낳고 엘르아살은 맛단을 낳고 맛단은 야곱을 낳고 야곱은 마리아의 남편 요셉을 낳았으니 마리아에게서 그리스도라 칭하는 예수가 나시니라(마 1:1-16).

헤롯왕 때에 예수께서 유대 베들레헴에서 나시매 동방으로부터 박사들이 예루살렘에 이르러 말하되 유대인의 왕으로 나신 이가 어디 계시뇨 우리가 동방에서 그의 별을 보고 그에게 경배하러 왔노라 하니 헤롯왕과 온 예루살렘이 듣고 소동한지라 왕이 모든 대제사장과 백성의 서기관들을 모아 그리스도가 어디서 나겠느뇨 물으니 가로되 유대 베들레헴이오니 이는 선지자로 이렇게 기록된바 또 유대 땅 베들레헴아 너는 유대 고을 중에 가장 작지 아니하도다 네게서 한 다스리는 자가 나와서 내 백성 이스라엘의 목자가 되리라 하였음이니이다(마 2:1-6).

※ 말씀이 육신이 되어 우리 가운데 거하시매 우리가 그 영광을 보니 아버지의 독생자의 영광이요 은혜와 진리가 충만하더라.

2. 천사의 증거

여섯째 달에 천사 가브리엘이 하나님의 보내심을 받들어 갈릴리 나사렛이란 동네에 가서 다윗의 자손 요셉이라 하는 사람과 정혼한 처녀에게 이르니 그 처녀의 이름은 마리아라. 그에게 들어가 가로되 은혜를 받은 자여 평안할찌어다 주께서 너와 함께하시도다 하니 처녀가 그 말을 듣고 놀라 이런 인사가 어찌함인고 생각하매 천사가 일러 가로되 마리아여 무서워 말라 네가 하나님께 은혜를 얻었느니라 보라 네가 수태하여 아들을 낳으리니 그 이름을 예수라 하라 저가 큰 자가 되고 지극히 높으신 이의 아들이라 일컬을 것이요 주 하나님께서 그 조상 다윗의 위를 저에게 주시리니 영원히 야곱의 집에 왕노릇 하실 것이며 그 나라가 무궁하리라. 마리아가 천사에게 말하되 나는 사내를 알지 못하니 어찌 이 일이 있으리이까 천사가 대답하여 가로되 성령이 네게 임하시고 지극히 높으신 이의 능력이 너를 덮으시리니 이러므로 나실바 거룩한 자는 하나님의 아들이라 일컬으리라 보라 네 친족 엘리사벳도 늙어서 아들을 배었느니라 본래 수태하지 못한다 하던 이가 이미 여섯 달이 되었나니 대저 하나님의 모든 말씀은 능치 못하심이 없느니라 마리아가 가로되 주의 계집 종이오니 말씀대로 내게 이루어지이다 하매 천사가 떠나가니라(눅 1:26-38).

예수 그리스도의 나심은 이러하니라 그 모친 마리아가 요셉과 정혼하고 동거하기 전에 성령으로 잉태된 것이 나타났더니 그 남편 요셉은 의로운 사람이라 저를 드러내지 아니하고 가만히 끊고자 하여 이 일을 생각 할 때에 주의사자가 현몽하여 가로되 다윗의 자손 요셉아 네 아내 마리아 데려오기를 무서워 말라 저에게 잉태된 자는 성령으로 된 것이라 아들을 낳으리니 이름을 예수라 하라 이는 그가 자기 백성을 저희 죄에서 구원할 자이심이라 하니라. 이 모든 일의 된 것은 주께서 선지자로 하신 말씀을 이루려 하심이니 가라사대 보라 처녀가 잉태하여 아들을 낳을 것이요 그 이름은 임마누엘이라 하리라 하셨으니 이를 번역한즉 하나님이 우리와 함께 계시다 함이라 요셉이 잠을 깨어 일어나서 주의 사자의 분부대로 행하여 그 아내를 데려 왔으나 아들을 낳기까지 동침치 아니하더니 낳으매 이름을 예수라 하니라(마 1:18-25).

> 이때에 가이사 아구스도가 영을 내려 천하로 다 호적하라 하였으니 이 호적은 구레뇨가 수리아 총독 되었을 때에 첫번 한것이라 모든 사람이 호적하러 각각 고향으로 돌아가매 요셉도 다윗의 집 족속인고로 갈릴리 나사렛 동네에서 유대를 향하여 베들레헴이라 하는 다윗의 동네로 그 정혼한 마리아와 함께 호적하러 올라가니 마리아가 이미 잉태되었더라 거기 있을 그 때에 해산할 날이 차서 맏아들을 낳아 강보로 싸서 구유에 뉘었으니 이는 사관에 있을 곳이 없음이러라 그 지경에 목자들이 밖에서 밤에 자기 양떼를 지키더니 주의 사자가 곁에 서고 주의 영광이 저희를 두루 비춰매 크게 무서워하는지라. 천사가 이르되 무서워 말라 보라 내가 온 백성에게 미칠 큰 기쁨의 좋은 소식을 너희에게 전하노라 오늘날 다윗의 동네에 너희를 위하여 구주가 나셨으니 곧 그리스도 주시니라 너희가 가서 강보에 싸여 구유에 누인 아기를 보리니 이것이 너희에게 표적이니라 하더니 홀연히 허다한 천군이 그 천사와 함께 있어 하나님을 찬송하여 가로되 지극히 높은 곳에서는 하나님께 영광이요 땅에서는 기뻐하심을 입은 사람들 중에 평화로다 하니라(눅 2:1-14).

※ 아브라함과 맺으신 언약이 오랜 시간 후에 모세와 선지자들을 통하여 점점 구체적으로 전하여지기 시작하였고 마침내 예수 그리스도의 성육신으로 성취되었다. 우리는 그림자의 시대가 아니라 언약의 주인공이 오셔서 모든 언약을 이루시고 사도들에 의하여 증거된 팩트의 시대에 살고 있는 것이다.

3. 세례 요한의 증거

유대인들이 예루살렘에서 제사장들과 레위인들을 요한에게 보내어 네가 누구냐 물을 때에 요한의 증거가 이러하니라 요한이 드러내어 말하고 숨기지 아니하니 드러내어 하는 말이 나는 그리스도가 아니라 한 대 또 묻되 그러면 무엇, 네가 엘리야냐 가로되 나는 아니라 또 묻되 네가 그 선지자냐 대답하되 아니라 또 말하되 누구냐 우리를 보낸 이들에게 대답하게 하라 너는 네게 대하여 무엇이라 하느냐. 가로되 나는 선지자 이사야의 말과 같이 주의 길을 곧게 하라고 광야에서 외치는 자의 소리로라 하니라. 저희는 바리새인들에게서 보낸 자라 또 물어 가로되 네가 만일 그리스도도 아니요 엘리야도 아니요 그 선지자도 아닐찐대 어찌하여 세례를 주느냐 요한이 대답하되 나는 물로 세례를 주거니와 너희 가운데 너희가 알지 못하는 한 사람이 섰으니 곧 내 뒤에 오시는 그이라 나는 그의 신들메 풀기도 감당치 못하겠노라 하더라. 이 일은 요한의 세례 주던 곳 요단강 건너편 베다니에서 된 일이니라. 이튿날 요한이 예수께서 자기에게 나아오심을 보고 가로되 보라 세상 죄를 지고 가는 하나님의 어린양이로다 내가 전에 말하기를 내 뒤에 오는 사람이 있는데 나보다 앞선 것은 그가 나보다 먼저 계심이라 한 것이 이 사람을 가리킴이라 나도 그를 알지 못하였으나 내가 와서 물로 세례를 주는 것은 그를 이스라엘에게 나타내려 함이라 하니라. 요한이 또 증거하여 가로되 내가 보매 성령이 비둘기 같이 하늘로서 내려와서 그의 위에 머물렀더라. 나도 그를 알지 못하였으나 나를 보내어 물로 세례를 주라 하신 그이가 나에게 말씀하시되 성령이 내려서 누구 위에든지 머무는 것을 보거든 그가 곧 성령으로 세례를 주는 이인 줄 알라 하셨기에 내가 보고 그가 하나님의 아들이심을 증거하였노라 하니라 또 이튿날 요한이 자기 제자 중 두 사람과 함께 섰다가 예수의 다니심을 보고 말하되 보라 하나님의 어린양이로다. 두 제자가 그의 말을 듣고 예수를 좇거늘 예수께서 돌이켜 그 좇는 것을 보시고 물어 가라사대 무엇을 구하느냐 가로되 랍비여 어디 계시오니이까 하니 (랍비는 번역하면 선생이라) 예수께서 가라사대 와 보라 그러므로 저희가 가서 계신 데를 보고 그날 함께 거하니 때가 제 십시 쯤 되었더라 요한의 말을 듣고 예수를 좇는 두 사람 중의 하나는 시몬 베드로의 형제 안드레라 그가 먼저 자기의 형제 시몬을 찾아 말하되 우리가 메시아를 만났다 하고 (메시아는 번역하면 그리스도라) 데리고 예수께로 오니 예수께서 보시고 가라사대 네가 요한의 아들 시몬이니 장차 게바라 하리라 하시니라 (게바는 번역하면 베드로라) 이튿날 예수께서 갈릴리로 나가려 하시다가 빌립을 만나 이르시되 나를 좇으라 하시니 빌립은 안드레와 베드로와 한 동네 벳새다 사람이라 빌립이 나다나엘을 찾아 이르되 모세가 율법에 기록하였고 여러 선지자가 기록한 그이를 우리가 만났으니 요셉의 아들 나사렛 예수니라 나다나엘이 가로되 나사렛에서 무슨 선한 것이 날 수 있느냐 빌립이 가로되 와 보라 하니라 예수께서 나다나엘이 자기에게 오는 것을 보시고 그를 가리켜 가라사대 보라 이는 참 이스라엘 사람이라 그 속에 간사한 것이 없도다 나다나엘이 가로되 어떻게 나를 아시나이까 예수께서 대답하여 가라사대 빌립이 너를 부르기 전에 네가 무화과나무 아래 있을 때에 보았노라 나다나엘이 대답하되 랍비여 당신은 하나님의 아들이시요 당신은 이스라엘의 임금이로소이다 예수께서 대답하여 가라사대 내가 너를

> 무화과나무 아래서 보았다 하므로 믿느냐 이보다 더 큰 일을 보리라 또 가라사대 진실로 진실로 너희에게 이르노니 하늘이 열리고 하나님의 사자들이 인자 위에 오르락 내리락 하는 것을 보리라 하시니라 (요 1:19-51).

세례 요한은 사가랴 제사장의 아들로 예수님보다 육 개월 먼저 태어나 우리의 구원자로 오신 메시아 예수님을 세상에 선포하였다. 그가 전한 복음의 분량은 아주 적으나 구원자 예수님을 세상에 알리기에 충분하였고 아주 강력하였다. 그의 외침에 많은 사람이 찾아와 죄를 자복하고 세례를 받을 정도로 파급력이 있었으며 당시 헤롯왕의 죄를 책망할 정도로 거침이 없었다. 예수님께서 요한을 가리켜 여자가 낳은 사람 중에 세례 요한보다 큰 자가 없다고 하실 만큼 요한의 생애는 위대하였다.

> 디베료 가이사가 위에 있은지 열 다섯 해 곧 본디오 빌라도가 유대의 총독으로, 헤롯이 갈릴리의 분봉 왕으로, 그 동생 빌립이 이두래와 드라고닛 지방의 분봉 왕으로, 루사니아가 아빌레네의 분봉 왕으로, 안나스와 가야바가 대제사장으로 있을 때에 하나님의 말씀이 빈 들에서 사가랴의 아들 요한에게 임한지라 요한이 요단강 부근 각처에 와서 죄 사함을 얻게 하는 회개의 세례를 전파하니 선지자 이사야의 책에 쓴바 광야에 외치는 자의 소리가 있어 가로되 너희는 주의 길을 예비하라 그의 첩경을 평탄케 하라 모든 골짜기가 메워지고 모든 산과 작은 산이 낮아지고 굽은 것이 곧아지고 험한 길이 평탄하여질 것이요 모든 육체가 하나님의 구원하심을 보리라 함과 같으니라 요한이 세례 받으러 나오는 무리에게 이르되 독사의 자식들아 누가 너

> 희를 가르쳐 장차 올 진노를 피하라 하더냐 그러므로 회개에 합당한 열매를 맺고 속으로 아브라함이 우리 조상이라 말하지 말라 내가 너희에게 이르노니 하나님이 능히 이 돌들로도 아브라함의 자손이 되게 하시리라 이미 도끼가 나무 뿌리에 놓였으니 좋은 열매 맺지 아니하는 나무마다 찍혀 불에 던지우리라(눅 3:1-9).

> 저희가 떠나매 예수께서 무리에게 요한에 대하여 말씀하시되 너희가 무엇을 보려고 광야에 나갔더냐 바람에 흔들리는 갈대냐 그러면 너희가 무엇을 보려고 나갔더냐 부드러운 옷 입은 사람이냐 부드러운 옷을 입은 자들은 왕궁에 있느니라 그러면 너희가 어찌하여 나갔더냐 선지자를 보려더냐 옳다 내가 너희에게 이르노니 선지자보다도 나은 자니라 기록된바 보라 내가 내 사자를 네 앞에 보내노니 저가 네 길을 네 앞에 예비하리라 하신 것이 이 사람에 대한 말씀이니라 내가 진실로 너희에게 말하노니 여자가 낳은 자 중에 세례 요한보다 큰이가 일어남이 없도다 그러나 천국에서는 극히 작은 자라도 저보다 크니라(마 11:7-11).

> 전에 헤롯이 그 동생 빌립의 아내 헤로디아의 일로 요한을 잡아 결박하여 옥에 가두었으니 이는 요한이 헤롯에게 말하되 당신이 그 여자를 취한 것이 옳지 않다 하였음이라 헤롯이 요한을 죽이려 하되 민중이 저를 선지자로 여기므로 민중을 두려워하더니 마침 헤롯의 생일을 당하여 헤로디아의 딸이 연석 가운데서 춤을 추어 헤롯을 기쁘게 하니 헤롯이 맹세로 그에게 무엇이든지 달라는대로 주겠다 허락하거늘 그가 제 어미의 시킴을 듣고 가로되 세례 요한의 머리를

> 소반에 담아 여기서 내게 주소서 하니 왕이 근심하나 자기의 맹세한 것과 그 함께 앉은 사람들을 인하여 주라 명하고 사람을 보내어 요한을 옥에서 목 베어 그 머리를 소반에 담아다가 그 여아에게 주니 그가 제 어미에게 가져가니라 요한의 제자들이 와서 시체를 가져다가 장사하고 가서 예수께 고하니라 (마 14:3-12).

※ 말씀이 육신이 되어 우리 가운데 거하시매 우리가 그 영광을 보니 아버지의 독생자의 영광이요 은혜와 진리가 충만하더라. 요한이 그에 대하여 증거하여 외쳐 가로되 내가 전에 말하기를 내 뒤에 오시는 이가 나보다 앞선 것은 나보다 먼저 계심이니라 한 것이 이 사람을 가리킴이라 하니라.

4. 예수님의 증거

> 모세가 광야에서 뱀을 든 것 같이 인자도 들려야 하리니 이는 저를 믿는 자마다 영생을 얻게 하려 하심이니라 하나님이 세상을 이처럼 사랑하사 독생자를 주셨으니 이는 저를 믿는 자마다 멸망치 않고 영생을 얻게 하려 하심이니라 하나님이 그 아들을 세상에 보내신 것은 세상을 심판하려 하심이 아니요 저로 말미암아 세상이 구원을 받게 하려 하심이라 저를 믿는 자는 심판을 받지 아니하는 것이요 믿지 아니하는 자는 하나님의 독생자의 이름을 믿지 아니하므로 벌써 심판을 받은 것이니라 (요 3;14-18).

나는 빛으로 세상에 왔나니 무릇 나를 믿는 자로 어두움에 거하지 않게 하려 함이로라 사람이 내 말을 듣고 지키지 아니할찌라도 내가 저를 심판하지 아니하노라 내가 온 것은 세상을 심판하려 함이 아니요 세상을 구원하려 함이로라(요 12:46-47).

예수께서 열두 제자에게 명하시기를 마치시고 이에 저희 여러 동네에서 가르치시며 전도하시려고 거기를 떠나 가시니라 요한이 옥에서 그리스도의 하신 일을 듣고 제자들을 보내어 예수께 여짜오되 오실 그이가 당신 이오니이까 우리가 다른 이를 기다리오리이까 예수께서 대답하여 가라사대 너희가 가서 듣고 보는 것을 요한에게 고하되 소경이 보며 앉은뱅이가 걸으며 문둥이가 깨끗함을 받으며 귀머거리가 들으며 죽은 자가 살아나며 가난한 자에게 복음이 전파된다 하라 누구든지 나를 인하여 실족하지 아니하는 자는 복이 있도다 하시니라(마 11:1-6).

여자가 가로되 주여 내가 보니 선지자로소이다 우리 조상들은 이 산에서 예배하였는데 당신들의 말은 예배할 곳이 예루살렘에 있다 하더이다 예수께서 가라사대 여자여 내 말을 믿으라 이 산에서도 말고 예루살렘에서도 말고 너희가 아버지께 예배할 때가 이르리라 너희는 알지 못하는 것을 예배하고 우리는 아는 것을 예배하노니 이는 구원이 유대인에게서 남이니라 아버지께 참으로 예배하는 자들은 신령과 진정으로 예배할 때가 오나니 곧 이때라 아버지께서는 이렇게 자기에게 예배하는 자들을 찾으시느니라 하나님은 영이시니 예배하는 자가 신령과 진정으로 예배할찌니라 여자가 가로되 메시아 곧 그리스도라 하는 이가 오실 줄을 내가 아노니 그가 오시면 모든 것을 우리에게 고하시리이다 예수께서 이르시되 네게 말하는 내가 그로라 하시니라(요 4:19-26).

예수께서 이르시되 내가 진실로 진실로 너희에게 이르노니 하늘에서 내린 떡은 모세가 준것이 아니라 오직 내 아버지가 하늘에서 내린 참 떡을 너희에게 주시나니 하나님의 떡은 하늘에서 내려 세상에게 생명을 주는 것이니라 저희가 가로되 주여 이 떡을 항상 우리에게 주소서. 예수께서 가라사대 내가 곧 생명의 떡이니 내게 오는 자는 결코 주리지 아니할 터이요 나를 믿는 자는 영원히 목마르지 아니하리라. 그러나 내가 너희더러 이르기를 너희는 나를 보고도 믿지 아니하는도다 하였느니라 아버지께서 내게 주시는 자는 다 내게로 올 것이요 내게 오는 자는 내가 결코 내어 쫓지 아니하리라 내가 하늘로서 내려온 것은 내 뜻을 행하려 함이 아니요 나를 보내신 이의 뜻을 행하려 함이니라 나를 보내신 이의 뜻은 내게 주신 자 중에 내가 하나도 잃어버리지 아니하고 마지막 날에 다시 살리는 이것이니라. 아버지의 뜻은 아들을 보고 믿는 자마다 영생을 얻는 이것이니 마지막 날에 내가 이를 다시 살리리라 하시니라(요 6:32-40).

내가 곧 생명의 떡이로라 너희 조상들은 광야에서 만나를 먹었어도 죽었거니와 이는 하늘로서 내려오는 떡이니 사람으로 하여금 먹고 죽지 아니하게 하는 것이니라 나는 하늘로서 내려온 산 떡이니 사람이 이 떡을 먹으면 영생하리라 나의 줄 떡은 곧 세상의 생명을 위한 내 살이로라 하시니라. 이러므로 유대인들이 서로 다투어 가로되 이 사람이 어찌 능히 제 살을 우리에게 주어 먹게 하겠느냐 예수께서 이르시되 내가 진실로 진실로 너희에게 이르노니 인자의 살을 먹지 아니하고 인자의 피를 마시지 아니하면 너희 속에 생명이 없느니라 내 살을 먹고 내 피를 마시는 자는 영생을 가졌고 마지막 날에 내가 그를 다시 살리리니. 내 살은 참된 양식이요 내 피는 참된 음료로다 내 살을 먹고 내 피를 마시는 자는 내 안에 거하고 나도 그 안에 거하나니 살아계신 아버지께서 나를 보내시매 내가 아버지로 인하여 사는 것 같이 나를 먹는 그 사람도 나로 인하여 살리라 이것은 하늘로서 내려온 떡이니 조상들이 먹고도 죽은 그것과 같지 아니하여 이 떡을 먹는 자는 영원히 살리라. 이 말씀은 예수께서 가버나움 회당에서 가르치실 때에 하셨느니라(요 6:48-59).

내가 문이니 누구든지 나로 말미암아 들어가면 구원을 얻고 또는 들어가며 나오며 꼴을 얻으리라 도적이 오는 것은 도적질하고 죽이고 멸망시키려는 것뿐이요 내가 온 것은 양으로 생명을 얻게 하고 더 풍성히 얻게 하려는 것이라 나는 선한 목자라 선한 목자는 양들을 위하여 목숨을 버리거니와 삯군은 목자도 아니요 양도 제 양이 아니라 이리가 오는 것을 보면 양을 버리고 달아나나니 이리가 양을 늑탈하고 또 헤치느니라 달아나는 것은 저가 삯군인 까닭에 양을 돌아보지 아니함이나 나는 선한 목자라 내가 내 양을 알고 양도 나를 아는 것이 아버지께서 나를 아시고 내가 아버지를 아는 것 같으니 나는 양을 위하여 목숨을 버리노라(요 10:9-15).

내가 가는 곳에 그 길을 너희가 알리라 도마가 가로되 주여 어디로 가시는지 우리가 알지 못하거늘 그 길을 어찌 알겠삽나이까 예수께서 가라사대 내가 곧 길이요 진리요 생명이니 나로 말미암지 않고는 아버지께로 올 자가 없느니라 너희가 나를 알았더면 내 아버지도 알았으리로다 이제부터는 너희가 그를 알았고 또 보았느니라 빌립이 가로되 주여 아버지를 우리에게 보여 주옵소서 그리하면 족하겠나이다 예수께서 가라사대 빌립아 내가 이렇게 오래 너희와 함께 있으되 네가 나를 알지 못하느냐 나를 본 자는 아버지를 보았거늘 어찌하여 아버지를 보이라 하느냐(요 14:4-9).

인자의 온 것은 섬김을 받으려 함이 아니라 도리어 섬기려 하고 자기 목숨을 많은 사람의 대속물로 주려 함이니라(막 10:45).

예수께서 열 두 제자를 데리시고 이르시되 보라 우리가 예루살렘으로 올라가노니 선지자들로 기록된 모든 것이 인자에게 응하리라 인자가 이방인들에게 넘기워 희롱을 받고 능욕을 받고 침 뱉음을 받겠으며 저희는 채찍질하고 죽일 것이니 저는 삼 일만에 살아나리라 하시되 제자들이 이것을 하나도 깨닫지 못하였으니 그 말씀이 감추였으므로 저희가 그 이르신 바를 알지 못하였더라(눅 18:31-34).

예수께서 여리고로 들어 지나가시더라 삭개오라 이름하는 자가 있으니 세리장이요 또한 부자라 저가 예수께서 어떠한 사람인가 하여 보고자 하되 키가 작고 사람이 많아 할수 없어 앞으로 달려가 보기 위하여 뽕나무에 올라가니 이는 예수께서 그리로 지나가시게 됨이러라 예수께서 그곳에 이르사 우러러 보시고 이르시되 삭개오야 속히 내려오라 내가 오늘 네 집에 유하여야 하겠다 하시니 급히 내려와 즐거워하며 영접하거늘 뭇

> 사람이 보고 수군거려 가로되 저가 죄인의 집에 유하러 들어갔도다 하더라 삭개오가 서서 주께 여짜오되 주여 보시옵소서 내 소유의 절반을 가난한 자들에게 주겠사오며 만일 뉘 것을 토색한 일이 있으면 사배나 갚겠나이다 예수께서 이르시되 오늘 구원이 이 집에 이르렀으니 이 사람도 아브라함의 자손임이로다 인자의 온 것은 잃어버린 자를 찾아 구원하려 함이니라(눅 19:1-10).

예수님께서 사마리아 여인에게는 **"내가 그로라"**라고 당신의 신분을 밝히셨지만, 유대인 지도자들에게는 당신의 신분을 밝히지 않으셨다. 그래서 유대인 중에는 예수님께서 메시아로 오신 구주이심을 아는 사람들이 없었으니 심지어는 제자 중에도 예수님께서 행하시는 이적을 보면서 **"저가 누구이기에"** 이러한 놀라운 일을 하시는가 하며 의문을 품기도 하였다.

> 바다에 큰 놀이 일어나 물결이 배에 덮이게 되었으되 예수는 주무시는지라 그 제자들이 나아와 깨우며 가로되 주여 구원하소서 우리가 죽겠나이다 예수께서 이르시되 어찌하여 무서워하느냐 믿음이 적은 자들아 하시고 곧 일어나사 바람과 바다를 꾸짖으신 대 아주 잔잔하게 되거늘 그 사람들이 기이히 여겨 가로되 이 어떠한 사람이기에 바람과 바다도 순종하는고 하더라(마 8:24-27).

> 너는 내 머리에 감람유도 붓지 아니하였으되 저는 향유를 내 발에 부었느니라 이러므로 내가 네게 말하노니 저의 많은 죄가 사하여졌도다 이는 저의 사랑함이 많음이라 사함을 받은 일이 적은 자는 적게 사랑하느니라 이에 여자에게 이르시되 네 죄 사함을 얻었느니라 하

> 시니 함께 앉은 자들이 속으로 말하되 이가 누구이기에 죄도 사하는가 하더라 예수께서 여자에게 이르시되 네 믿음이 너를 구원하였으니 평안히 가라 하시니라(눅 7:46-50).

예수님께서 소경의 눈을 뜨게 하신 이적을 보고서도 사람들은 예수님을 믿지 아니하고 논쟁만 일삼았다.

> 예수께서 길 가실 때에 날 때부터 소경된 사람을 보신지라 제자들이 물어 가로되 랍비여 이 사람이 소경으로 난 것이 뉘 죄로 인함이오니이까 자기오니이까 그 부모오니이까 예수께서 대답하시되 이 사람이나 그 부모가 죄를 범한 것이 아니라 그에게서 하나님의 하시는 일을 나타내고자 하심이니라 때가 아직 낮이매 나를 보내신 이의 일을 우리가 하여야 하리라 밤이 오리니 그때는 아무도 일할 수 없느니라 내가 세상에 있는 동안에는 세상의 빛이로라 이 말씀을 하시고 땅에 침을 뱉아 진흙을 이겨 그의 눈에 바르시고 이르시되 실로암 못에 가서 씻으라 하시니 (실로암은 번역하면 보냄을 받았다는 뜻이라) 이에 가서 씻고 밝은 눈으로 왔더라 이웃 사람들과 및 전에 저가 걸인인 것을 보았던 사람들이 가로되 이는 앉아서 구걸하던 자가 아니냐 혹은 그 사람이라 하며 혹은 아니라 그와 비슷하다 하거늘 제 말은 내가 그로라 하니 저희가 묻되 그러면 네 눈이 어떻게 떠졌느냐 대답하되 예수라 하는 그 사람이 진흙을 이겨 내 눈에 바르고 나더러 실로암에 가서 씻으라 하기에 가서 씻었더니 보게 되었노라 저희가 가로되 그가 어디 있느냐 가로되 알지 못하노라 하니라 저희가 전에 소경 되었던 사람을 데리고 바리새인들에게 갔더라 예수께서

> 진흙을 이겨 눈을 뜨게 하신 날은 안식일이라 그러므로 바리새인들도 그 어떻게 보게 된 것을 물으니 가로되 그 사람이 진흙을 내 눈에 바르매 내가 씻고 보나이다 하니 바리새인 중에 혹은 말하되 이 사람이 안식일을 지키지 아니하니 하나님께로서 온 자가 아니라 하며 혹은 말하되 죄인으로서 어떻게 이러한 표적을 행하겠느냐 하여 피차 쟁론이 되었더니 이에 소경 되었던 자에게 다시 묻되 그 사람이 네 눈을 뜨게 하였으니 너는 그를 어떠한 사람이라 하느냐 대답하되 선지자니이다 한 대 유대인들이 저가 소경으로 있다가 보게 된 것을 믿지 아니하고 그 부모를 불러 묻되 이는 너희 말에 소경으로 났다 하는 너희 아들이냐 그러면 지금은 어떻게 되어 보느냐 그 부모가 대답하여 가로되 이가 우리 아들인 것과 소경으로 난 것을 아나이다 그러나 지금 어떻게 되어 보는지 또는 누가 그 눈을 뜨게 하였는지 우리는 알지 못하나이다 저에게 물어 보시오 저가 장성하였으니 자기 일을 말하리이다(요 9:1-21).

예수님의 말씀 한마디 한마디와 그가 행하신 표적들로 인하여 사람들에게 구원자로 오신 자신을 증거하셨으나 사람들이 그를 알아보지 못하였으니 스스로 눈을 가리고 귀를 막아 버렸기 때문이었다.

> 너희 귀머거리들아 들으라 너희 소경들아 밝히 보라 소경이 누구냐 내 종이 아니냐 누가 나의 보내는 나의 사자 같이 귀머거리겠느냐 누가 나와 친한 자 같이 소경이겠느냐 누가 여호와의 종같이 소경이겠느냐 네가 많은 것을 볼찌라도 유의치 아니하며 귀는 밝을찌라도 듣지 아니하는도다(사 42:18-20).

> 그러므로 내가 저희에게 비유로 말하기는 저희가 보아도 보지 못하며 들어도 듣지 못하며 깨닫지 못함이니라 이사야의 예언이 저희에게 이루었으니 일렀으되 너희가 듣기는 들어도 깨닫지 못할 것이요 보기는 보아도 알지 못하리라(마 13:13-14).

> 이 세대를 무엇으로 비유할꼬 비유컨대 아이들이 장터에 앉아 제 동무를 불러 가로되 우리가 너희를 향하여 피리를 불어도 너희가 춤추지 않고 우리가 애곡하여도 너희가 가슴을 치지 아니하였다 함과 같도다 (마 11:16-17).

※ 내가 진실로 진실로 너희에게 이르노니 내 말을 듣고 또 나 보내신 이를 믿는 자는 영생을 얻었고 심판에 이르지 아니하나니 사망에서 생명으로 옮겼느니라.

5. 예수님의 많은 표적이 증거

> 사흘 되던 날에 갈릴리 가나에 혼인이 있어 예수의 어머니도 거기 계시고 예수와 그 제자들도 혼인에 청함을 받았더니 포도주가 모자란지라 예수의 어머니가 예수에게 이르되 저희에게 포도주가 없다 하니 예수께서 가라사대 여자여 나와 무슨 상관이 있나이까 내 때가 아직 이르지 못하였나이다 그 어머니가 하인들에게 이르되 너희에게 무슨 말씀을 하시든지 그대로 하라 하니라 거기 유대인의 결례를 따라 두 세 통 드는 돌항아리 여섯이 놓였는지라 예수께서 저

희에게 이르시되 항아리에 물을 채우라 하신즉 아구까지 채우니 이제는 떠서 연회장에게 갖다 주라 하시매 갖다 주었더니 연회장은 물로 된 포도주를 맛보고 어디서 났는지 알지 못하되 물 떠온 하인들은 알더라 연회장이 신랑을 불러 말하되 사람마다 먼저 좋은 포도주를 내고 취한 후에 낮은 것을 내거늘 그대는 지금까지 좋은 포도주를 두었도다 하니라. 예수께서 이 처음 표적을 갈릴리 가나에서 행하여 그 영광을 나타내시매 제자들이 그를 믿으니라. 그 후에 예수께서 그 어머니와 형제들과 제자들과 함께 가버나움으로 내려가 거기 여러 날 계시지 아니하시니라 유대인의 유월절이 가까운지라 예수께서 예루살렘으로 올라가셨더니 성전 안에서 소와 양과 비둘기 파는 사람들과 돈 바꾸는 사람들의 앉은 것을 보시고 노끈으로 채찍을 만드사 양이나 소를 다 성전에서 내어 쫓으시고 돈 바꾸는 사람들의 돈을 쏟으시며 상을 엎으시고 비둘기 파는 사람들에게 이르시되 이것을 여기서 가져가라 내 아버지의 집으로 장사하는 집을 만들지 말라 하시니 제자들이 성경 말씀에 주의 전을 사모하는 열심이 나를 삼키리라 한 것을 기억하더라 이에 유대인들이 대답하여 예수께 말하기를 네가 이런 일을 행하니 무슨 표적을 우리에게 보이겠느뇨 예수께서 대답하여 가라사대 너희가 이 성전을 헐라 내가 사흘 동안에 일으키리라 유대인들이 가로되 이 성전은 사십 륙년 동안에 지었거늘 네가 삼 일 동안에 일으키겠느뇨 하더라 그러나 예수는 성전 된 자기 육체를 가리켜 말씀하신 것이라. 죽은 자 가운데서 살아나신 후에야 제자들이 이 말씀하신 것을 기억하고 성경과 및 예수의 하신 말씀을 믿었더라. 유월절에 예수께서 예루살렘에 계시니 많은 사람이 그 행하시는 표적을 보고 그 이름을 믿었으나 예수는 그 몸을 저희에게 의탁지 아니하셨으니 이는 친히 모든 사람을 아심이요 또 친히 사람의 속에 있는 것을 아시므로 사람에 대하여 아무의 증거도 받으실 필요가 없음이니라 (요 2:1-25).

그 후에 유대인의 명절이 있어 예수께서 예루살렘에 올라가시니라 예루살렘에 있는 양문 곁에 히브리 말로 베데스다라 하는 못이 있는데 거기 행각 다섯이 있고 그 안에 많은 병자, 소경, 절뚝발이, 혈기 마른 자들이 누워 [물의 동함을 기다리니 이는 천사가 가끔 못에 내려와 물을 동하게 하는데 동한 후에 먼저 들어가는 자는 어떤 병에 걸렸든지 낫게 됨이러라] 거기 삼십 팔년 된 병자가 있더라 예수께서 그 누운 것을 보시고 병이 벌써 오랜 줄 아시고 이르시되 네가 낫고자 하느냐 병자가 대답하되 주여, 물이 동할때에 나를 못에 넣어 줄 사람이 없어 내가 가는 동안에 다른 사람이 먼저 내려가나이다. 예수께서 가라사대 일어나 네 자리를 들고 걸어가라 하시니 그 사람이 곧 나아서 자리를 들고 걸어 가니라 이 날은 안식일이니 유대인들이 병 나은 사람에게 이르되 안식일인데 네가 자리를 들고 가는 것이 옳지 아니하니라 대답하되 나를 낫게 한 그가 자리를 들고 걸어가라 하더라 한 대 저희가 묻되 너더러 자리를 들고 걸어가라 한 사람이 누구냐 하되 고침을 받은 사람이 그가 누구신지 알지 못하니 이는 거기 사람이 많으므로 예수께서 이미 피하셨음이라 그 후에 예수께서 성전에서 그 사람을 만나 이르시되 보라 네가 나았으니 더 심한 것이 생기지 않게 다시는 죄를 범치 말라 하시니 그 사람이 유대인들에게 가서 자기를 고친 이는 예수라 하니라 그러므로 안식일에 이러한 일을 행하신다 하여 유대인들이 예수를 핍박하게 된지라 예수께서 저희에게 이르시되 내 아버지께서 이제까지 일하시니 나도 일한다 하시매 유대인들이 이를 인하여 더욱 예수를 죽이고자 하니 이는 안식일만 범할 뿐 아니라 하나님을 자기의 친 아버지라 하여 자기를 하나님과 동등으로 삼으심이러라 그러므로 예수께서 저희에게 이르시되 내가 진실로 진실로 너희에게 이르노니 아들이 아버지의 하시는 일을 보지 않고는 아무 것도 스스로 할 수 없나니 아버지께서 행하시는 그것을 아들도 그와 같이 행하느니라 아버지께서 아들을 사랑하사 자기의 행하시는 것을 다 아들에게 보이시고 또 그보다 더 큰 일을 보이사 너희로 기이히 여기게 하시리라 아버지께서 죽은 자들을 일으켜 살리심 같이 아들도 자기의 원하는 자들을 살리느니라 아버지께서 아무도 심판하지 아니하시고 심판을 다 아들에게 맡기셨으니 이는 모든 사람으로 아버지를 공경하는 것 같이 아들을 공경하게 하려 하심이라 아들을 공경치 아니하는 자는 그를 보내신 아버지를 공경치 아니하느니라. 내가 진실로 진실로 너희에게 이르노니 내 말을 듣고 또 나 보내신 이를 믿는 자는 영생을 얻었고 심판에 이르지 아니하나니 사망에서 생명으로 옮겼느니라 진실로 진실로 너희에게 이르노니 죽은 자들이 하나님의 아들의 음성을 들을 때가 오나니 곧 이 때라 듣는 자는 살아나리라 아버지께서 자기 속에 생명이 있음 같이 아들에게도 생명을 주어 그 속에 있게 하셨고 또 인자됨을 인하여 심판하는 권세를 주셨느니라 이를 기이히 여기지 말라 무덤 속에 있는 자가 다 그의 음성을 들을 때가 오나니 선한 일을 행한 자는 생명의 부활로, 악한 일을 행한 자는 심판의 부활로 나오리라. 내가 아무 것도 스스로 할 수 없노라 듣는대로 심판하노니 나는 나의 원대로 하려하지 않고 나를 보내신 이의 원대로 하려는고로 내 심판은 의로우니라. 내가 만일 나를 위하여 증거하면 내 증거는 참되지 아니하되 나를 위하여 증거하시는 이가 따로 있으니 나를 위하여 증거하시는 그 증거가 참인줄 아노라 너희가 요한에게 사람을 보내매 요한이 진리에 대하여 증거하였느니라 그러나 나는 사람에게서 증거를 취하지 아니하노라 다만 이 말을 하는 것은 너희로 구원을 얻게 하려 함이니라 요한은 켜서 비취는 등불이라 너희가 일시 그 빛에 즐거이 있기를 원하였거니와 내게는 요한의 증거보다 더 큰 증거가 있으니 아버지께서 내게 주사 이루게 하시는 역사 곧 나의 하는 그 역사가 아버지께서 나를 보내신 것을 나를 위하여 증거하는 것이요 또한 나를 보내신 아버지께서 친히 나를 위하여 증거하셨느니라. 너희는 아무 때에도 그 음성을 듣지 못하였고 그 형용을 보지 못하였으며 그 말씀이 너희 속에 거하지 아니하니 이는 그의 보내신 자를 믿지 아니함이니라 너희가 성경에서 영생을 얻는 줄 생각하고 성경을 상고하거니와 이 성경이 곧 내게 대하여 증거하는 것이로다 그러나 너희가 영생을 얻기 위하여 내게 오기를 원하지 아니하는도다 나는 사람에게 영광을 취하지 아니하노라 다만 하나님을 사랑하는 것이 너희 속에 없음을 알았노라 나는 내 아버지의 이름으로 왔으매 너희가 영접지 아니하나 만일 다른 사람이 자기 이름으로 오면 영접하리라 너희가 서로 영광을 취하고 유일하신 하나님께로부터 오는 영광은 구하지 아니하니 어찌 나를 믿을 수 있느냐 내가 너희를 아버지께 고소할까 생각지 말라 너희를 고소하는 이가 있으니 곧 너희의 바라는 자 모세니라 모세를 믿었더면 또 나를 믿었으리니 이는 그가 내게 대하여 기록하였음이라 그러나 그의 글도 믿지 아니하거든 어찌 내 말을 믿겠느냐 하시니라(요 5:1-47).

그 후에 예수께서 갈릴리 바다 곧 디베랴 바다 건너편으로 가시매 큰 무리가 따르니 이는 병인들에게 행하시는 표적을 봄이러라. 예수께서 산에 오르사 제자들과 함께 거기 앉으시니 마침 유대인의 명절인 유월절이 가까운지라 예수께서 눈을 들어 큰 무리가 자기에게로 오는 것을 보시고 빌립에게 이르시되 우리가 어디서 떡을 사서 이 사람들로 먹게 하겠느냐 하시니 이렇게 말씀하심은 친히 어떻게 하실 것을 아시고 빌립을 시험코자 하심이라 빌립이 대답하되 각 사람으로 조금씩 받게 할찌라도 이백 데나리온의 떡이 부족하리이다 제자 중 하나 곧 시몬 베드로의 형제 안드레가 예수께 여짜오되 여기 한 아이가 있어 보리떡 다섯 개와 물고기 두 마리를 가졌나이다 그러나 그것이 이 많은 사람에게 얼마나 되겠삽나이까 예수께서 가라사대 이 사람들로 앉게 하라 하신대, 그곳에 잔디가 많은지라 사람들이 앉으니 수효가 오천쯤 되더라 예수께서 떡을 가져 축사하신 후에 앉은 자들에게 나눠 주시고 고기도 그렇게 저희의 원대로 주시다 저희가 배부른 후에 예수께서 제자들에게 이르시되 남은 조각을 거두고 버리는 것이 없게 하라 하시므로 이에 거두니 보리떡 다섯 개로 먹고 남은 조각이 열 두 바구니에 찼더라. 그 사람들이 예수의 행하신 이 표적을 보고 말하되 이는 참으로 세상에 오실 그 선지자라 하더라 (요 6:1-14).

예수께서 권능을 가장 많이 베푸신 고을들이 회개치 아니하므로 그 때에 책망하시되 화가 있을찐저 고라신아 화가 있을찐저 벳새다야 너희에게서 행한 모든 권능을 두로와 시돈에서 행하였더면 저희가 벌써 베옷을 입고 재에 앉아 회개하였으리라 내가 너희에게 이르노니 심판날에 두로와 시돈이 너희보다 견디기 쉬우리라 가버나움아 네가 하늘에까지 높아

> 지겠느냐 음부에까지 낮아지리라 네게서 행한 모든 권능을 소돔에서 행하였더면 그 성이 오늘날까지 있었으리라 내가 너희에게 이르노니 심판 날에 소돔 땅이 너보다 견디기 쉬우리라 하시니라(마 11:20-24).

※ 그 사람들이 예수의 행하신 이 표적을 보고 말하되 이는 참으로 세상에 오실 그 선지자라 하더라(요 6:14).

6. 예수님의 죽으심과 부활이 증거(가장 놀랍고 확실한 증거)

예수님의 탄생에 관한 예고만 아니라, 죽으심과 부활하심에 대하여서도 선지자들이 예고하였고 예수님께서도 친히 말씀하시었으나 사람들은 믿지 않을 것이라는 말씀까지 하셨다.

> 우리의 전한 것을 누가 믿었느뇨 여호와의 팔이 뉘게 나타났느뇨 그는 주 앞에서 자라나기를 연한 순 같고 마른 땅에서 나온 줄기 같아서 고운 모양도 없고 풍채도 없은즉 우리의 보기에 흠모할만한 아름다운 것이 없도다 그는 멸시를 받아서 사람에게 싫어 버린바 되었으며 간고를 많이 겪었으며 질고를 아는 자라 마치 사람들에게 얼굴을 가리우고 보지 않음을 받는 자 같아서 멸시를 당하였고 우리도 그를 귀히 여기지 아니하였도다 그는 실로 우리의 질고를 지고 우리의 슬픔을 당하였거늘 우리는 생각하기를 그는 징벌을 받아서 하나님에게 맞으며 고난을 당한다 하였노라 그가 찔림은 우리의 허물을 인함이요 그가 상함은 우리의 죄악을 인함이라 그가 징계를 받음으로

우리가 평화를 누리고 그가 채찍에 맞음으로 우리가 나음을 입었도 다 우리는 다 양 같아서 그릇 행하여 각기 제 길로 갔거늘 여호와께 서는 우리 무리의 죄악을 그에게 담당시키셨도다 그가 곤욕을 당하 여 괴로울 때에도 그 입을 열지 아니하였음이여 마치 도수장으로 끌 려가는 어린양과 털 깎는 자 앞에 잠잠한 양 같이 그 입을 열지 아니 하였도다 그가 곤욕과 심문을 당하고 끌려갔으니 그 세대 중에 누가 생각하기를 그가 산 자의 땅에서 끊어짐은 마땅히 형벌 받을 내 백 성의 허물을 인함이라 하였으리요 그는 강포를 행치 아니하였고 그 입에 궤사가 없었으나 그 무덤이 악인과 함께 되었으며 그 묘실이 부자와 함께 되었도다 여호와께서 그로 상함을 받게 하시기를 원하 사 질고를 당케 하셨은즉 그 영혼을 속건제물로 드리기에 이르면 그 가 그 씨를 보게 되며 그 날은 길 것이요 또 그의 손으로 여호와의 뜻 을 성취하리로다 가라사대 그가 자기 영혼의 수고한 것을 보고 만족 히 여길 것이라 나의 의로운 종이 자기 지식으로 많은 사람을 의롭게 하며 또 그들의 죄악을 친히 담당하리라 이러므로 내가 그로 존귀한 자와 함께 분깃을 얻게 하며 강한 자와 함께 탈취한 것을 나누게 하 리니 이는 그가 자기 영혼을 버려 사망에 이르게 하며 범죄자 중 하 나로 헤아림을 입었음이라 그러나 실상은 그가 많은 사람의 죄를 지 며 범죄자를 위하여 기도하였느니라 하시니라(사 53:1-12).

내가 그들에게 이르되 너희가 좋게 여기거든 내 고가를 내게 주고 그렇 지 아니하거든 말라 그들이 곧 은 삼십을 달아서 내 고가를 삼은지라 (슥 11:12).

제2장 신약에서 보는 언약의 성취 157

> 이는 내 영혼을 음부에 버리지 아니하시며 주의 거룩한 자로 썩지 않게 하실 것임이니이다(시 16:10).
>
> 나를 보는 자는 다 비웃으며 입술을 비쭉이고 머리를 흔들며 말하되 저가 여호와께 의탁하니 구원하실걸, 저를 기뻐하시니 건지실걸 하나이다 (시 22:7-8).

> 나는 물같이 쏟아졌으며 내 모든 뼈는 어그러졌으며 내 마음은 촛밀 같아서 내 속에서 녹았으며 내 힘이 말라 질그릇 조각 같고 내 혀가 잇틀에 붙었나이다 주께서 또 나를 사망의 진토에 두셨나이다 개들이 나를 에워쌌으며 악한 무리가 나를 둘러 내 수족을 찔렀나이다 내가 내 모든 뼈를 셀 수 있나이다 저희가 나를 주목하여 보고 내 겉옷을 나누며 속옷을 제비 뽑나이다 여호와여 멀리하지 마옵소서 나의 힘이시여 속히 나를 도우소서(시 22:14-19).

> 주 여호와께서 나의 귀를 열으셨으므로 내가 거역지도 아니하며 뒤로 물러가지도 아니하며 나를 때리는 자들에게 내 등을 맡기며 나의 수염을 뽑는 자들에게 나의 뺨을 맡기며 수욕과 침 뱉음을 피하려고 내 얼굴을 가리우지 아니하였느니라 주 여호와께서 나를 도우시므로 내가 부끄러워 아니하고 내 얼굴을 부싯돌 같이 굳게 하였은즉 내가 수치를 당치 아니할 줄 아노라(사 50:5-7).

> 저희가 쓸개를 나의 식물로 주며 갈할 때에 초로 마시웠사오니(시 69:21).

예수와 제자들이 가이사랴 빌립보 여러 마을로 나가실쌔 노중에서
제자들에게 물어 가라사대 사람들이 나를 누구라고 하느냐 여짜와
가로되 세례 요한이라 하고 더러는 엘리야, 더러는 선지자 중의 하
나라 하나이다 또 물으시되 너희는 나를 누구라 하느냐 베드로가 대
답하여 가로되 주는 그리스도시니이다 하매 이에 자기의 일을 아무
에게도 말하지 말라 경계하시고 인자가 많은 고난을 받고 장로들과
대제사장들과 서기관들에게 버린바 되어 죽임을 당하고 사흘만에
살아나야 할 것을 비로소 저희에게 가르치시되(막 8:27-31).

그때에 서기관과 바리새인 중 몇 사람이 말하되 선생님이여 우리에
게 표적 보여주시기를 원하나이다 예수께서 대답하여 가라사대 악
하고 음란한 세대가 표적을 구하나 선지자 요나의 표적 밖에는 보일
표적이 없느니라 요나가 밤낮 사흘을 큰 물고기 뱃 속에 있었던 것
같이 인자도 밤낮 사흘을 땅속에 있으리라(마 12:38-40).

이때로부터 예수 그리스도께서 자기가 예루살렘에 올라가 장로들과
대제사장들과 서기관들에게 많은 고난을 받고 죽임을 당하고 제 삼
일에 살아나야 할것을 제자들에게 비로소 가르치시니 베드로가 예
수를 붙들고 간하여 가로되 주여 그리 마옵소서 이 일이 결코 주에게
미치지 아니하리이다 예수께서 돌이키시며 베드로에게 이르시되 사
탄아 내 뒤로 물러 가라 너는 나를 넘어지게 하는 자로다 네가 하나
님의 일을 생각지 아니하고 도리어 사람의 일을 생각하는도다 하시
고 이에 예수께서 제자들에게 이르시되 아무든지 나를 따라 오려거
든 자기를 부인하고 자기 십자가를 지고 나를 좇을 것이니라 누구든

지 제 목숨을 구원코자 하면 잃을 것이요 누구든지 나를 위하여 제 목숨을 잃으면 찾으리라(마 16:21-25).

갈릴리에 모일 때에 예수께서 제자들에게 이르시되 인자가 장차 사람들의 손에 넘기워 죽임을 당하고 제 삼 일에 살아나리라 하시니 제자들이 심히 근심하더라(마 17:22-23).

예수께서 예루살렘으로 올라가려 하실 때에 열 두 제자를 따로 데리시고 길에서 이르시되 보라 우리가 예루살렘으로 올라가노니 인자가 대제사장들과 서기관들에게 넘기우매 저희가 죽이기로 결안하고 이방인들에게 넘겨주어 그를 능욕하며 채찍질하며 십자가에 못 박게 하리니 제 삼 일에 살아나리라(마 20:17-19).

예수께서 이 말씀을 다 마치시고 제자들에게 이르시되 너희의 아는 바와 같이 이틀을 지나면 유월절이라 인자가 십자가에 못 박히기 위하여 팔리우리라 하시더라 그 때에 대제사장들과 백성의 장로들이 가야바라 하는 대제사장의 아문에 모여 예수를 궤계로 잡아 죽이려고 의논하되 말하기를 민요가 날까 하노니 명절에는 말자 하더라(마 26:1-5).

또 떡을 가져 사례하시고 떼어 저희에게 주시며 가라사대 이것은 너희를 위하여 주는 내 몸이라 너희가 이를 행하여 나를 기념하라 하시고 저녁 먹은 후에 잔도 이와 같이 하여 가라사대 이 잔은 내 피로 세우는 새 언약이니 곧 너희를 위하여 붓는 것이라 그러나 보라 나를 파는 자의 손이 나와 함께 상위에 있도다 인자는 이미 작정된 대로 가거니와 그를 파는 그 사람에게는 화가 있으리로다 하시니(눅 22:19-22).

저희가 예수를 십자가에 못 박은 후에 그 옷을 제비 뽑아 나누고 거기 앉아 지키더라 그 머리 위에 이는 유대인의 왕 예수라 쓴 죄패를 붙였더라 이때에 예수와 함께 강도 둘이 십자가에 못 박히니 하나는 우편에, 하나는 좌편에 있더라 지나가는 자들은 자기 머리를 흔들며 예수를 모욕하여 가로되 성전을 헐고 사흘에 짓는 자여 네가 만일 하나님의 아들이어든 자기를 구원하고 십자가에서 내려오라 하며 그와 같이 대제사장들도 서기관들과 장로들과 함께 희롱하여 가로되 저가 남은 구원하였으되 자기는 구원할 수 없도다 저가 이스라엘의 왕이로다 지금 십자가에서 내려올찌어다 그러면 우리가 믿겠노라 저가 하나님을 신뢰하니 하나님이 저를 기뻐하시면 이제 구원하실찌라 제 말이 나는 하나님의 아들이라 하였도다 하며 함께 십자가에 못 박힌 강도들도 이와 같이 욕하더라 제 육시로부터 온 땅에 어두움이 임하여 제 구시까지 계속하더니 제 구시 즈음에 예수께서 크게 소리질러 가라사대 엘리 엘리 라마 사박다니 하시니 이는 곧 나의 하나님, 나의 하나님, 어찌하여 나를 버리셨나이까 하는 뜻이라 거기 섰던 자 중 어떤이들이 듣고 가로되 이 사람이 엘리야를 부른다 하고 그 중에 한 사람이 곧 달려가서 해융을 가지고 신 포도주를 머금게 하여 갈대에 꿰어 마시우거늘 그 남은 사람들이 가로되 가만 두어라 엘리야가 와서 저를 구원하나 보자 하더라 예수께서 다시 크게 소리지르시고 영혼이 떠나시다 이에 성소 휘장이 위로부터 아래까지 찢어져 둘이 되고 땅이 진동하며 바위가 터지고 무덤들이 열리며 자던 성도의 몸이 많이 일어나되 예수의 부활 후에 저희가 무덤에서 나와서 거룩한 성에 들어가 많은 사람에게 보이니라 백부장과 및 함께 예수를 지키던 자들이 지진과 그 되는 일들을 보고 심히 두려워하여 가로되 이는 진실로 하나님의 아들이었도다 하더라 (마 27:35-54).

안식일이 다하여가고 안식 후 첫날이 되려는 미명에 막달라 마리아와 다른 마리아가 무덤을 보려고 왔더니 큰 지진이 나며 주의 천사가 하늘로서 내려와 돌을 굴려 내고 그 위에 앉았는데 그 형상이 번개 같고 그 옷은 눈 같이 희거늘 수직하던 자들이 저를 무서워하여 떨며 죽은 사람과 같이 되었더라 천사가 여자들에게 일러 가로되 너희는 무서워 말라 십자가에 못 박히신 예수를 너희가 찾는 줄을 내가 아노라 그가 여기 계시지 않고 그의 말씀하시던대로 살아나셨느니라 와서 그의 누우셨던 곳을 보라 또 빨리 가서 그의 제자들에게 이르되 그가 죽은 자 가운데서 살아나셨고 너희보다 먼저 갈릴리로 가시나니 거기서 너희가 뵈오리라 하라 보라 내가 너희에게 일렀느니라 하거늘 그 여자들이 무서움과 큰 기쁨으로 무덤을 빨리 떠나 제자들에게 알게 하려고 달음질할쎄 예수께서 저희를 만나 가라사대 평안하뇨 하시거늘 여자들이 나아가 그 발을 붙잡고 경배하니 이에 예수께서 가라사대 무서워 말라 가서 내 형제들에게 갈릴리로 가라 하라 거기서 나를 보리라 하시니라(마 28:1-10).

이날 곧 안식 후 첫날 저녁 때에 제자들이 유대인들을 두려워하여 모인 곳에 문들을 닫았더니 예수께서 오사 가운데 서서 가라사대 너희에게 평강이 있을찌어다 이 말씀을 하시고 손과 옆구리를 보이시니 제자들이 주를 보고 기뻐하더라 예수께서 또 가라사대 너희에게 평강이 있을찌어다 아버지께서 나를 보내신 것 같이 나도 너희를 보내노라 이 말씀을 하시고 저희를 향하사 숨을 내쉬며 가라사대 성령을 받으라 너희가 뉘 죄든지 사하면 사하여질 것이요 뉘 죄든지 그대로 두면 그대로 있으리라 하시니라 열 두 제자 중에 하나인 디두모라 하는 도마는 예수 오셨을 때에 함께 있지 아니한지라 다른 제자들이 그에게 이르되 우리가 주를 보았노라 하니 도마가 가로되 내가 그 손의 못자국을 보며 내 손가락을 그 못자국에 넣으며 내 손을 그 옆구리에 넣어 보지 않고는 믿지 아니하겠노라 하니라 여드레를 지나서 제자들이 다시 집안에 있을 때에 도마도 함께 있고 문들이 닫혔는데 예수께서 오사 가운데 서서 가라사대 너희에게 평강이 있을찌어다 하시고 도마에게 이르시되 네 손가락을 이리 내밀어 내 손을 보고 네 손을 내밀어 내 옆구리에 넣어보라 그리하고 믿음 없는 자가 되지 말고 믿는 자가 되라 도마가 대답하여 가로되 나의 주시며 나의 하나님이시니이다(요 20:19-28).

그 후에 예수께서 디베랴 바다에서 또 제자들에게 자기를 나타내셨으니 나타내신 일이 이러하니라 시몬 베드로와 디두모라 하는 도마와 갈릴리 가나 사람 나다나엘과 세베대의 아들들과 또 다른 제자 둘이 함께 있더니 시몬 베드로가 나는 물고기 잡으러 가노라 하매 저희가 우리도 함께 가겠다 하고 나가서 배에 올랐으나 이 밤에 아무 것도 잡지 못하였더니 날이 새어갈 때에 예수께서 바닷가에 서셨으나 제자들이 예수신줄 알지 못하는지라 예수께서 이르시되 얘들아 너희에게 고기가 있느냐 대답하되 없나이다 가라사대 그물을 배 오른편에 던지라 그리하면 얻으리라 하신대 이에 던졌더니 고기가 많아 그물을 들 수 없더라 예수의 사랑하시는 그 제자가 베드로에게 이르되 주시라 하니 시몬 베드로가 벗고 있다가 주라 하는 말을 듣고 겉옷을 두른 후에 바다로 뛰어 내리더라 다른 제자들은 육지에서 상거가 불과 한 오십 간쯤 되므로 작은 배를 타고 고기든 그물을 끌고 와서 육지에 올라보니 숯불이 있는데 그 위에 생선이 놓였고 떡도 있더라 예수께서 가라사대 지금 잡은 생선을 좀 가져오라 하신대 시몬 베드로가 올라가서 그물을 육지에 끌어 올리니 가득히 찬 큰 고기가 일백 쉰 세 마리라 이같이 많으나 그물이 찢어지지 아니하였더라 예수께서 가라사대 와서 조반을 먹으라 하시니 제자들이 주신줄 아는 고로 당신이 누구냐 감히 묻는 자가 없더라 예수께서 가셔서 떡을 가져다가 저희에게 주시고 생선도 그와 같이 하시니라 이것은 예수께서 죽은자 가운데서 살아 나신 후에 세 번째로 제자들에게 나타나신 것이라(요 21:1-14).

또 이르시되 내가 너희와 함께 있을 때에 너희에게 말한바 곧 모세의 율법과 선지자의 글과 시편에 나를 가리켜 기록된 모든 것이 이루어져야 하리라 한 말이 이것이라 하시고 이에 저희 마음을 열어 성경을 깨닫게 하시고 또 이르시되 이같이 그리스도가 고난을 받고 제 삼 일에 죽은 자 가운데서 살아날 것과 또 그의 이름으로 죄 사함을 얻게 하는 회개가 예루살렘으로부터 시작하여 모든 족속에게 전파될 것이 기록되었으니 너희는 이 모든 일의 증인이라 볼찌어다 내가 내 아버지의 약속하신 것을 너희에게 보내리니 너희는 위로부터 능력을 입히울 때까지 이 성에 유하라 하시니라(눅 24:44-49).

예수님께서 마지막으로 세상에 보여 주실 표적은 십자가 죽으심과 부활이었다. 이 표적은 표적 중의 표적으로 모든 사람의 구원과 심판의 근거가 되었으니 믿는 자는 구원을 받은 것이요, 믿지 않는 자는 이미 심판을 받은 것이다. 이 표적은 이스라엘 백성들이 애굽에서 유월절 희생양의 피로 인하여 구원받았던 것과 동일한 표적이니 이것이 기독교 신앙의 핵심 진리이다.

하나님께서 선지자들을 통하여 예수님의 죽으심과 부활에 대하여 예고하셨는데 그대로 성취되었으니 하나님의 언약은 팩트로서 믿고 순종하는 모든 이에게 변함없는 구원의 근거가 된 것이다.

※ 예수는 우리 범죄함을 위하여 내어줌이 되고 또한 우리를 의롭다 하심을 위하여 살아나셨느니라(롬 4:25).

7. 오순절 성령강림 후에 사도들이 증거

> 해 받으신 후에 또한 저희에게 확실한 많은 증거로 친히 사심을 나타내사 사십 일 동안 저희에게 보이시며 하나님 나라의 일을 말씀하시니라 사도와 같이 모이사 저희에게 분부하여 가라사대 예루살렘을 떠나지 말고 내게 들은바 아버지의 약속하신 것을 기다리라. 요한은 물로 세례를 베풀었으나 너희는 몇 날이 못되어 성령으로 세례를 받으리라 하셨느니라 저희가 모였을 때에 예수께 묻자와 가로되 주께서 이스라엘 나라를 회복하심이 이 때니이까 하니 가라사대 때와 기한은 아버지께서 자기의 권한에 두셨으니 너희의 알바 아니요 오직 성령이 너희에게 임하시면 너희가 권능을 받고 예루살렘과 온 유대와 사마리아와 땅끝까지 이르러 내 증인이 되리라 하시니라 이 말씀

을 마치시고 저희 보는데서 올리워 가시니 구름이 저를 가리워 보이지 않게 하더라 올라가실 때에 제자들이 자세히 하늘을 쳐다 보고 있는데 흰옷 입은 두 사람이 저희 곁에 서서 가로되 갈릴리 사람들아 어찌하여 서서 하늘을 쳐다 보느냐 너희 가운데서 하늘로 올리우신 이 예수는 하늘로 가심을 본 그대로 오시리라 하였느니라(행 1:1-11).

그가 태초에 하나님과 함께 계셨고 만물이 그로 말미암아 지은바 되었으니 지은 것이 하나도 그가 없이는 된 것이 없느니라 그 안에 생명이 있었으니 이 생명은 사람들의 빛이라 빛이 어두움에 비취되 어두움이 깨닫지 못하더라 하나님께로서 보내심을 받은 사람이 났으니 이름은 요한이라 저가 증거하러 왔으니 곧 빛에 대하여 증거하고 모든 사람으로 자기를 인하여 믿게 하려 함이라 그는 이 빛이 아니요 이 빛에 대하여 증거하러 온 자라, 참 빛 곧 세상에 와서 각 사람에게 비취는 빛이 있었나니 그가 세상에 계셨으며 세상은 그로 말미암아 지은 바 되었으되 세상이 그를 알지 못하였고 자기 땅에 오매 자기 백성이 영접지 아니하였으나 영접하는 자 곧 그 이름을 믿는 자들에게는 하나님의 자녀가 되는 권세를 주셨으니 이는 혈통으로나 육정으로나 사람의 뜻으로 나지 아니하고 오직 하나님께로서 난 자들이니라 말씀이 육신이 되어 우리 가운데 거하시매 우리가 그 영광을 보니 아버지의 독생자의 영광이요 은혜와 진리가 충만하더라(요 1:1-14)

우리 중에 이루어진 사실에 대하여 처음부터 말씀의 목격자 되고 일군 된 자들의 전하여 준 그대로 내력을 저술하려고 붓을 든 사람이 많은지라 그 모든 일을 근원부터 자세히 미루어 살핀 나도 데오빌로 각하에게 차례대로 써 보내는 것이 좋은 줄 알았노니 이는 각하로 그 배운 바의 확실함을 알게 하려 함이로라(눅 1:1-4).

베드로가 열 한 사도와 같이 서서 소리를 높여 가로되 유대인들과 예루살렘에 사는 모든 사람들아 이 일을 너희로 알게 할 것이니 내 말에 귀를 기울이라 때가 제 삼시니 너희 생각과 같이 이 사람들이 취한 것이 아니라 이는 곧 선지자 요엘로 말씀하신 것이니 일렀으되 하나님이 가라사대 말세에 내가 내 영으로 모든 육체에게 부어 주리니 너희의 자녀들은 예언할 것이요 너희의 젊은이들은 환상을 보고 너희의 늙은이들은 꿈을 꾸리라 그 때에 내가 내 영으로 내 남종과 여종들에게 부어주리니 저희가 예언할 것이요 또 내가 위로 하늘에서는 기사와 아래로 땅에서는 징조를 베풀리니 곧 피와 불과 연기로다 주의 크고 영화로운 날이 이르기 전에 해가 변하여 어두워지고 달이 변하여 피가 되리라 누구든지 주의 이름을 부르는 자는 구원을 얻으리라 하였느니라. 이스라엘 사람들아 이 말을 들으라 너희도 아는 바에 하나님께서 나사렛 예수로 큰 권능과 기사와 표적을 너희 가운데서 베푸사 너희 앞에서 그를 증거 하셨느니라. 그가 하나님의 정하신 뜻과 미리 아신 대로 내어 준 바 되었거늘 너희가 법 없는 자들의 손을빌어 못 박아 죽였으나 하나님께서 사망의 고통을 풀어 살리셨으니 이는 그가 사망에게 매여 있을 수 없었음이라 다윗이 저를 가리켜 가로되 내가 항상 내 앞에 계신 주를 뵈었음이여 나로 요동치 않게 하기 위하여 그가 내 우편에 계시도다 이러므로 내 마음이 기뻐하였고 내 입술도 즐거워하였으며 육체는 희망에 거하리니 이는 내 영혼을 음부에 버리지 아니하시며 주의 거룩한 자로 썩음을 당치 않게 하실 것임이로다 주께서 생명의 길로 내게 보이셨으니 주의 앞에서 나로 기쁨이 충만하게 하시리로다 하였으니 형제들아 내가 조상 다윗에 대하여 담대히 말할 수 있노니 다윗이 죽어 장사되어 그 묘가 오늘까지 우리 중에 있도다. 그는 선지자라 하나님이 이미 맹세하사 그 자손 중에서 한 사람을 그 위에 앉게 하리라 하심을 알고 미리 보는 고로 그리스도의 부활하심을 말하되 저가 음부에 버림이 되지 않고 육신이 썩음을 당하지 아니하시리라 하더니 이 예수를 하나님이 살리신지라 우리가 다 이 일에 증인이로다. 하나님이 오른손으로 예수를 높이시매 그가 약속하신 성령을 아버지께 받아서 너희 보고 듣는 이것을 부어 주셨느니라(행 2:14-33).

제 구시 기도 시간에 베드로와 요한이 성전에 올라갈 쌔 나면서 앉은뱅이 된 자를 사람들이 메고 오니 이는 성전에 들어가는 사람들에게 구걸하기 위하여 날마다 미문이라는 성전 문에 두는 자라 그가 베드로와 요한이 성전에 들어 가려함을 보고 구걸하거늘 베드로가 요한으로 더불어 주목하여 가로되 우리를 보라 하니 그가 저희에게 무엇을 얻을까 하여 바라보거늘 베드로가 가로되 은과 금은 내게 없거니와 내게 있는 것으로 네게 주노니 곧 나사렛 예수 그리스도의 이름으로 걸으라 하고 오른손을 잡아 일으키니 발과 발목이 곧 힘을 얻고 뛰어 서서 걸으며 그들과 함께 성전으로 들어가면서 걷기도 하고 뛰기도 하며 하나님을 찬미하니 모든 백성이 그 걷는 것과 및 하나님을 찬미함을 보고 그 본래 성전 미문에 앉아 구걸하던 사람인 줄 알고 그의 당한 일을 인하여 심히 기이히 여기며 놀라니라 나은 사람이 베드로와 요한을 붙잡으니 모든 백성이 크게 놀라며 달려 나아가 솔로몬의 행각이라 칭하는 행각에 모이거늘 베드로가 이것을 보고 백성에게 말하되 이스라엘 사람들아 이 일을 왜 기이히 여기느냐 우리 개인의 권능과 경건으로 이 사람을 걷게 한 것처럼 왜 우리를 주목하느냐 아브라함과 이삭과 야곱의 하나님 곧 우리 조상의 하나님이 그 종 예수를 영화롭게 하셨느니라 너희가 저를 넘겨주고 빌라도가 놓아 주기로 결안한 것을 너희가 그 앞에서 부인하였으니 너희가 거룩하고 의로운 자를 부인하고 도리어 살인한 사람을 놓아 주기를 구하여 생명의 주를 죽였도다 그러나 하나님이 죽은자 가운데서 살리셨으니 우리가 이 일에 증인이로라 그 이름을 믿으므로 그 이름이 너희 보고 아는 이 사람을 성하게 하였나니 예수로 말미암아 난 믿음이 너희 모든 사람 앞에서 이같이 완전히 낫게 하였느니라(행 3:1-16).

사도들이 백성에게 말할 때에 제사장들과 성전 맡은 자와 사두개인들이 이르러 백성을 가르침과 예수를 들어 죽은자 가운데서 부활하는 도 전함을 싫어하여 저희를 잡으매 날이 이미 저문고로 이튿날까지 가두었으나 말씀을 들은 사람 중에 믿는 자가 많으니 남자의 수가 약 오천이나 되었더라 이튿날에 관원과 장로와 서기관들이 예루살렘에 모였는데 대제사장 안나스와 가야바와 요한과 알렉산더와 및 대제사장의 문중이 다 참예하여 사도들을 가운데 세우고 묻되 너희가 무슨 권세와 뉘 이름으로 이 일을 행하였느냐 이에 베드로가 성령이 충만하여 가로되 백성의 관원과 장로들아 만일 병인에게 행한 착한 일에 대하여 이 사람이 어떻게 구원을 얻었느냐고 오늘 우리에게 질문하면 너희와 모든 이스라엘 백성들은 알라 너희가 십자가에 못 박고 하나님이 죽은자 가운데서 살리신 나사렛 예수 그리스도의 이름으로 이 사람이 건강하게 되어 너희 앞에 섰느니라 이 예수는 너희 건축자들의 버린 돌로서 집 모퉁이의 머릿돌이 되었느니라 다른 이로서는 구원을 얻을 수 없나니 천하 인간에 구원을 얻을만한 다른 이름을 우리에게 주신 일이 없음이니라 하였더라(행 4:1-12).

그러므로 내가 첫째로 권하노니 모든 사람을 위하여 간구와 기도와 도고와 감사를 하되 임금들과 높은 지위에 있는 모든 사람을 위하여 하라, 이는 우리가 모든 경건과 단정한 중에 고요하고 평안한 생활을 하려 함이니라 이것이 우리 구주 하나님 앞에 선하고 받으실만한 것이니 하나님은 모든 사람이 구원을 받으며 진리를 아는데 이르기를 원하시느니라 하나님은 한 분이시요 또 하나님과 사람 사이에 중보도 한 분이시니 곧 사람이신 그리스도 예수라 그가 모든 사람을 위하여 자기를 속전으로 주셨으니 기약이 이르면 증거할 것이라 이를 위하여 내가 전파하는 자와 사도로 세움을 입은 것은 참말이요 거짓말이 아니니 믿음과 진리 안에서 내가 이방인의 스승이 되었노라(딤전 2:1-7).

그러므로 너희가 그리스도 예수를 주로 받았으니 그 안에서 행하되 그 안에 뿌리를 박으며 세움을 입어 교훈을 받은대로 믿음에 굳게 서서 감사함을 넘치게 하라 누가 철학과 헛된 속임수로 너희를 노략할까 주의하라 이것이 사람의 유전과 세상의 초등 학문을 좇음이요 그리스도를 좇음이 아니니라 그 안에는 신성의 모든 충만이 육체로 거하시고 너희도 그 안에서 충만하여졌으니 그는 모든 정사와 권세의 머리시라 또 그 안에서 너희가 손으로 하지 아니한 할례를 받았으니 곧 육적 몸을 벗는 것이요 그리스도의 할례니라 너희가 세례로 그리스도와 함께 장사한바 되고 또 죽은 자들 가운데서 그를 일으키신 하나님의 역사를 믿음으로 말미암아 그 안에서 함께 일으키심을 받았느니라 또 너희의 범죄와 육체의 무할례로 죽었던 너희를 하나님이 그와 함께 살리시고 우리에게 모든 죄를 사하시고 우리를 거스리고 우리를 대적하는 의문에 쓴 증서를 도말 하시고 제하여 버리사 십자가에 못 박으시고 정사와 권세를 벗어버려 밝히 드러내시고 십자가로 승리하셨느니라(골 2:6-15).

바울이 일어나 손짓하며 말하되 이스라엘 사람들과 및 하나님을 경외하는 사람들아 들으라 이 이스라엘 백성의 하나님이 우리 조상들을 택하시고 애굽 땅에서 나그네 된 그 백성을 높여 큰 권능으로 인도하여 내사 광야에서 약 사십 년간 저희 소행을 참으시고 가나안 땅 일곱 족속을 멸하사 그 땅을 기업으로 주시고 (약 사백 오십 년간) 그 후에 선지자 사무엘 때까지 사사를 주셨더니 그 후에 저희가 왕을 구하거늘 하나님이 베냐민 지파 사람 기스의 아들 사울을 사십 년간 주셨다가 폐하시고 다윗을 왕으로 세우시고 증거하여 가라사대 내가 이새의 아들 다윗을 만나니 내 마음에 합한 사람이라 내 뜻을 다 이루게 하리라 하시더니 하나님이 약속하신 대로 이 사람의 씨에서 이스라엘을 위하여 구주를 세우셨으니 곧 예수라(행 13:16-23).

예수 그리스도의 종 바울은 사도로 부르심을 받아 하나님의 복음을 위하여 택정함을 입었으니 이 복음은 하나님이 선지자들로 말미암아 그의 아들에 관하여 성경에 미리 약속하신 것이라 이 아들로 말하면 육신으로는 다윗의 혈통에서 나셨고 성결의 영으로는 죽은 가운데서 부활하여 능력으로 하나님의 아들로 인정되셨으니 곧 우리 주 예수 그리스도시니라(롬 1:1-4).

이제는 율법 외에 하나님의 한 의가 나타났으니 율법과 선지자들에게 증거를 받은 것이라(롬 3:21).

히브리서 저자는 구약성경에 그림자로 나타나신 예수님께서 언약의 실체이심을 명쾌하게 선포하였다.

> 그는 육체에 계실 때에 자기를 죽음에서 능히 구원하실 이에게 심한 통곡과 눈물로 간구와 소원을 올렸고 그의 경외 하심을 인하여 들으심을 얻었느니라. 그가 아들 이시라도 받으신 고난으로 순종함을 배워서 온전하게 되었은 즉 자기를 순종하는 모든 자에게 영원한 구원의 근원이 되시고 하나님께 멜기세덱의 반차를 좇은 대제사장이라 칭하심을 받았느니라(히 5:7-10).

> 이 멜기세덱은 살렘 왕이요 지극히 높으신 하나님의 제사장이라 여러 임금을 쳐서 죽이고 돌아오는 아브라함을 만나 복을 빈자라 아브라함이 일체 십분의 일을 그에게 나눠주니라 그 이름을 번역한즉 첫째 의의 왕이요 또 살렘 왕이니 곧 평강의 왕이요 아비도 없고 어미도 없고 족보도 없고 시작한 날도 없고 생명의 끝도 없어 하나님 아들과 방불하여 항상 제사장으로 있느니라 이 사람의 어떻게 높은 것을 생각하라 조상 아브라함이 노략물 중 좋은 것으로 십분의 일을 저에게 주었느니라 레위의 아들들 가운데 제사장의 직분을 받는 자들이 율법을 좇아 아브라함의 허리에서 난 자라도 자기 형제인 백성에게서 십분의 일을 취하라는 명령을 가졌으나 레위 족보에 들지 아니한 멜기세덱은 아브라함에게서 십분의 일을 취하고 그 약속 얻은 자를 위하여 복을 빌었나니 폐 일언 하고 낮은 자가 높은 자에게 복 빎을 받느니라 또 여기는 죽을 자들이 십분의 일을 받으나 저기는 산다고 증거를 얻은 자가 받았느니라 또한 십분의 일을 받는 레위도 아브라함으로 말미암아 십분의 일을 바쳤다 할 수 있나니

이는 멜기세덱이 아브라함을 만날 때에 레위는 아직 자기 조상의 허리에 있었음이니라 레위 계통의 제사 직분으로 말미암아 온전함을 얻을 수 있었으면 (백성이 그 아래서 율법을 받았으니) 어찌하여 아론의 반차를 좇지 않고 멜기세덱의 반차를 좇는 별다른 한 제사장을 세울 필요가 있느뇨 제사 직분이 변역한즉 율법도 반드시 변역하리니 이것은 한 사람도 제단 일을 받들지 않는 다른 지파에 속한 자를 가리켜 말한 것이라 우리 주께서 유다로 좇아 나신 것이 분명하도다 이 지파에는 모세가 제사장들에 관하여 말한 것이 하나도 없고 멜기세덱과 같은 별다른 한 제사장이 일어난 것을 보니 더욱 분명하도다 그는 육체에 상관된 계명의 법을 좇지 아니하고 오직 무궁한 생명의 능력을 좇아 된 것이니 증거 하기를 네가 영원히 멜기세덱의 반차를 좇는 제사장이라 하였도다 전엣 계명이 연약하며 무익하므로 폐하고 (율법은 아무것도 온전케 못할찌라) 이에 더 좋은 소망이 생기니 이것으로 우리가 하나님께 가까이 가느니라 또 예수께서 제사장 된 것은 맹세 없이 된 것이 아니니(저희는 맹세 없이 제사장이 되었으되 오직 예수는 자기에게 말씀하신 자로 말미암아 맹세로 되신 것이라 주께서 맹세하시고 뉘우치지 아니하시리니 네가 영원히 제사장이라 하셨도다) 이와 같이 예수는 더 좋은 언약의 보증이 되셨느니라 저희 제사장 된 자의 수효가 많은 것은 죽음을 인하여 항상 있지 못함이로되 예수는 영원히 계시므로 그 제사 직분도 갈리지 아니하나니 그러므로 자기를 힘입어 하나님께 나아가는 자들을 온전히 구원하실 수 있으니 이는 그가 항상 살아서 저희를 위하여 간구하심이니라 이러한 대제사장은 우리에게 합당하니 거룩하고 악이 없고 더러움이 없고 죄인에게서 떠나 계시고 하늘보다 높이 되신 자라 저가 저 대제사장들이 먼저 자기 죄를 위하고 다음에 백성의 죄를 위하여 날마다 제사 드리는 것과 같이 할 필요가 없으니 이는 저가 단번에 자기를 드려 이루셨음이니라 율법은 약점을 가진 사람들을 제사장으로 세웠거니와 율법 후에 하신 맹세의 말씀은 영원히 온전케 되신 아들을 세우셨느니라(히 7:1-28).

이제 하는 말의 중요한 것은 이러한 대제사장이 우리에게 있는 것이라 그가 하늘에서 위엄의 보좌 우편에 앉으셨으니 성소와 참 장막에 부리는 자라 이 장막은 주께서 베푸신 것이요 사람이 한 것이 아니니라 대제사장마다 예물과 제사 드림을 위하여 세운 자니 이러므로 저도 무슨 드릴 것이 있어야 할찌니라 예수께서 만일 땅에 계셨더면 제사장이 되지 아니하셨을 것이니 이는 율법을 좇아 예물을 드리는 제사장이 있음이라. 저희가 섬기는 것은 하늘에 있는 것의 모형과 그림자라 모세가 장막을 지으려 할 때에 지시하심을 얻음과 같으니 가라사대 삼가 모든 것을 산에서 네게 보이던 본을 좇아 지으라 하셨느니라. 그러나 이제 그가 더 아름다운 직분을 얻으셨으니 이는 더 좋은 약속으로 세우신 더 좋은 언약의 중보시라 저 첫 언약이 무흠 하였더면 둘째 것을 요구할 일이 없었으려니와 저희를 허물하여 일렀으되 주께서 가라사대 볼찌어다 날이 이르리니 내가 이스라엘 집과 유다 집으로 새 언약을 세우리라 또 주께서 가라사대 내가 저희 열조들의 손을 잡고 애굽 땅에서 인도하여 내던 날에 저희와 세운 언약과 같지 아니하도다 저희는 내 언약 안에 머물러 있지 아니하므로 내가 저희를 돌아보지 아니하였노라. 또 주께서 가라사대 그 날 후에 내가 이스라엘 집으로 세울 언약이 이것이니 내 법을 저희 생각에 두고 저희 마음에 이것을 기록하리라 나는 저희에게 하나님이 되고 저희는 내게 백성이 되리라(히 8:1-10).

그리스도께서 장래 좋은 일의 대제사장으로 오사 손으로 짓지 아니한 곧 이 창조에 속하지 아니한 더 크고 온전한 장막으로 말미암아 염소와 송아지의 피로 아니하고 오직 자기 피로 영원한 속죄를 이루사 단번에 성소에 들어 가셨느니라 염소와 황소의 피와 및 암송아지의 재로 부정한 자에게 뿌려 그 육체를 정결케 하여 거룩케 하거든 하물며 영원하신 성령으로 말미암아 흠 없는 자기를 하나님께 드린 그리스도의 피가 어찌 너희 양심으로 죽은 행실에서 깨끗하게 하고 살아계신 하나님을 섬기게 못하겠느뇨 이를 인하여 그는 새 언약의 중보니 이는 첫 언약 때에 범한 죄를 속하려고 죽으사 부르심을 입은 자로 하여금 영원한 기업의 약속을 얻게 하려 하심이니라(히 9:11-15).

그리스도께서는 참 것의 그림자인 손으로 만든 성소에 들어가지 아니하시고 오직 참 하늘에 들어가사 이제 우리를 위하여 하나님 앞에 나타나시고 대제사장이 해마다 다른 것의 피로써 성소에 들어가는 것 같이 자주 자기를 드리려고 아니하실찌니 그리하면 그가 세상을 창조할 때부터 자주 고난을 받았어야 할 것이로되 이제 자기를 단번에 제사로 드려 죄를 없게 하시려고 세상 끝에 나타나셨느니라 한번 죽는 것은 사람에게 정하신 것이요 그 후에는 심판이 있으리니 이와 같이 그리스도도 많은 사람의 죄를 담당하시려고 단번에 드리신바 되셨고 구원에 이르게 하기 위하여 죄와 상관없이 자기를 바라는 자들에게 두 번째 나타나시리라(히 9:24-28).

율법은 장차 오는 좋은 일의 그림자요 참 형상이 아니므로 해마다 늘 드리는바 같은 제사로는 나아오는 자들을 언제든지 온전케 할 수 없느니라 그렇지 아니하면 섬기는 자들이 단번에 정결케 되어 다시 죄를 깨닫는 일이 없으리니 어찌 드리는 일을 그치지 아니하였으리요 그러나 이 제사들은 해마다 죄를 생각하게 하는 것이 있나니 이는 황소와 염소의 피가 능히 죄를 없이 하지 못함이라 그러므로 세상에 임하실 때에 가라사대 하나님이 제사와 예물을 원치 아니하시고 오직 나를 위하여 한 몸을 예비하셨도다 전체로 번제함과 속죄제는 기뻐하지 아니하시나니 이에 내가 말하기를 하나님이여 보시옵소서 두루마리 책에 나를 가리켜 기록한 것과 같이 하나님의 뜻을 행하러 왔나이다 하시니라 위에 말씀하시기를 제사와 예물과 전체로 번제함과 속죄제는 원치도 아니하고 기뻐하지도 아니하신다 하셨고 (이는 다 율법을 따라 드리는 것이라) 그 후에 말씀하시기를 보시옵소서 내가 하나님의 뜻을 행하러 왔나이다 하셨으니 그 첫 것을 폐하심은 둘째 것을 세우려 하심이니라 이 뜻을 좇아 예수 그리스도의 몸을 단번에 드리심으로 말미암아 우리가 거룩함을 얻었노라 제사장마다 매일 서서 섬기며 자주 같은 제사를 드리되 이 제사는 언제든지 죄를 없게 하지 못하거니와 오직 그리스도는 죄를 위하여 한 영원한 제사를 드리시고 하나님 우편에 앉으사 그 후에 자기 원수들로 자기 발등상이 되게 하실 때까지 기다리시나니 저가 한 제물로 거룩하게 된 자들을 영원히 온전케 하셨느니라(히 10:1-14).

신,구약 성경 말씀은 그림자와 실체가 되시는 예수 그리스도에 관한 말씀임이 밝히 증명되었으니 이 사실을 깨닫는 것이 가장 중요하다. 많은 사람이 이 핵심에서 벗어나 엉뚱한 것이나 강조하니 듣는 사람들이 잘못된 믿음을 가지게 된 것이며 또한 시대마다 많은 거짓된 자가 나타나 교회를 혼란에 빠지게 하였으니 모두 말씀에서 이탈하였기 때문이다.

> 너희는 여호와의 책을 자세히 읽어보라 이것들이 하나도 빠진 것이 없고 하나도 그 짝이 없는 것이 없으리니 이는 여호와의 입이 이를 명하셨고 그의 신이 이것들을 모으셨음이라(사 34:16).

> 너희가 성경에서 영생을 얻는 줄 생각하고 성경을 상고하거니와 이 성경이 곧 내게 대하여 증거하는 것이로다(요 5:39).

> 예수와 함께 있던 자 중에 하나가 손을 펴 검을 빼어 대제사장의 종을 쳐 그 귀를 떨어뜨리니 이에 예수께서 이르시되 네 검을 도로 집에 꽂으라 검을 가지는 자는 다 검으로 망하느니라 너는 내가 내 아버지께 구하여 지금 열 두 영 더 되는 천사를 보내시게 할 수 없는 줄로 아느냐 내가 만일 그렇게 하면 이런 일이 있으리라 한 성경이 어떻게 이루어지리요 하시더라(마 26:51-54).

> 가라사대 미련하고 선지자들의 말한 모든 것을 마음에 더디 믿는 자들이여 그리스도가 이런 고난을 받고 자기의 영광에 들어가야 할 것이 아니냐 하시고 이에 모세와 및 모든 선지자의 글로 시작하여 모든 성경에 쓴바 자기에 관한 것을 자세히 설명하시니라(눅 24:25-27).

> 예수를 너희가 보지 못하였으나 사랑하는도다 이제도 보지 못하나 믿고 말할 수 없는 영광스러운 즐거움으로 기뻐하니 믿음의 결국 곧 영혼의 구원을 받음이라 이 구원에 대하여는 너희에게 임할 은혜를 예언하던 선

> 지자들이 연구하고 부지런히 살펴서 자기 속에 계신 그리스도의 영이 그 받으실 고난과 후에 얻으실 영광을 미리 증거하여 어느 시, 어떠한 때를 지시하시는지 상고하니라. 이 섬긴 바가 자기를 위한 것이 아니요 너희를 위한 것임이 계시로 알게 되었으니 이것은 하늘로부터 보내신 성령을 힘입어 복음을 전하는 자들로 이제 너희에게 고한 것이요 천사들도 살펴보기를 원하는 것이니라(벧전 1:8-12).

주님께서는 율법을 폐하러 온 것이 아니라 완전케 하려 함이라고 하셨다. 율법은 주님이 오심으로써 완성되었으니 율법으로써는 미완성이었으나 주님이 오심으로 인하여 완전케 되어 우리가 하나님 앞에 나아갈 수 있게 된 것이다.

> 내가 율법이나 선지자나 폐하러 온 줄로 생각지 말라 폐하러 온 것이 아니요 완전케 하려 함이로라 진실로 너희에게 이르노니 천지가 없어지기 전에는 율법의 일점 일획이라도 반드시 없어지지 아니하고 다 이루리라(마 5:17-18).

> 만일 그 유업이 율법에서 난 것이면 약속에서 난 것이 아니리라 그러나 하나님이 약속으로 말미암아 아브라함에게 은혜로 주신 것이라 그런즉 율법은 무엇이냐 범법 함을 인하여 더한 것이라 천사들로 말미암아 중보의 손을 빌어 베푸신 것인데 약속하신 자손이 오시기까지 있을 것이라 중보는 한편만 위한 자가 아니니 오직 하나님은 하나이시니라 그러면 율법이 하나님의 약속들을 거스리느냐 결코 그럴 수 없느니라 만일 능히 살게 하는 율법을 주셨더면 의가 반드시 율법으로 말미암았으리라 그러

> 나 성경이 모든 것을 죄 아래 가두었으니 이는 예수 그리스도를 믿음으로 말미암은 약속을 믿는 자들에게 주려 함이니라(갈 3:18-22).
>
> 하나님은 모든 사람이 구원을 받으며 진리를 아는데 이르기를 원하시느니라 하나님은 한 분이시요 또 하나님과 사람 사이에 중보도 한 분이시니 곧 사람이신 그리스도 예수라 그가 모든 사람을 위하여 자기를 속전으로 주셨으니 기약이 이르면 증거할 것이라(딤전 2:4-6).

하나님의 은혜로 말미암지 아니하고는 아무도 구원에 이를 수 없다. 모세가 이스라엘 백성들을 애굽(세상, 죽음의 나라)에서 끌어내고 후에 여호수아에 의하여 약속의 땅을 정복하여 정착하였던 것처럼, 율법이 우리를 죄악 된 세상에서 끌어내 예수님께 인도하니 우리가 주님과 하나 되어 하나님의 나라에 들어감을 얻을 수 있게 된 것이다.

여호수아가 가나안 땅을 지배하고 살았던 적을 정복한 후에 이스라엘 열두 지파가 그 땅을 분배받아 정착할 수 있었던 것처럼 예수님께서 오셔서 세상을 지배하고 있는 사탄의 세력을 결박하고 정복하여야 이 땅에 하나님의 나라(교회)가 세워진다.

사탄의 나라는 사람이나 율법으로 정복되지 않고 오직 사탄을 이기시고 죽음에서 승리하신 만왕의 왕 예수 그리스도에 의하여서만 정복된다. 죄와 사탄에 결박되어 있는 죄인을 구원하시려고 예수님께서 오셨으니 하나님의 언약이 드디어 성취된 것이다. 할렐루야.

※ 이 복음은 하나님이 선지자들로 말미암아 그의 아들에 관하여 성경에 미리 약속하신 것이라. 이 아들로 말하면 육신으로는 다윗의 혈통에서 나셨고 성결의 영으로는 죽은 가운데서 부활하여 능력

으로 하나님의 아들로 인정되셨으니 곧 우리 주 예수 그리스도시 니라(롬 1:2-4).

8. 성막과 성전의 무너짐 그리고 예수님의 십자가 죽으심의 공통점

구약 시대의 그 소중한 성막과 성전이 왜 무너지고 사라졌는가?

성막과 성전은 하나님의 백성들이 하나님을 만날 수 있도록 하나님이 정하신 유일한 장소로서 하나님이 정하신 제사법을 통하여 죄인이 하나님 앞에 나아갈 수 있었던 통로였다.

그런데 왜 하나님은 그것들을 이방인들에게 넘기셔서 파괴해 버리셨는가?

하나님은 솔로몬이 성전을 봉헌할 때 이미 경고하셨다. 그러나 솔로몬이나 그 백성들이 하나님의 경고를 간과하고 탐욕과 우상숭배에 빠지게 되었다.

> 솔로몬이 여호와의 전과 왕궁 건축하기를 마치며 자기의 무릇 이루기를 원하던 일이 마친 때에 여호와께서 전에 기브온에서 나타나심 같이 다시 솔로몬에게 나타나사 저에게 이르시되 네가 내 앞에서 기도하며 간구함을 내가 들었은즉 내가 너의 건축한 이 전을 거룩하게 구별하여 나의 이름을 영영히 그곳에 두며 나의 눈과 나의 마음이 항상 거기 있으리니 네가 만일 네 아비 다윗의 행함 같이 마음을 온전히 하고 바르게 하여 내 앞에서 행하며 내가 네게 명한대로 온갖 것을 순

종하여 나의 법도와 율례를 지키면 내가 네 아비 다윗에게 허하여 이르기를 이스라엘 위에 오를 사람이 네게서 끊어지지 아니하리라 한대로 너의 이스라엘의 왕위를 영원히 견고하게 하려니와 만일 너희나 너희 자손이 아주 돌이켜 나를 좇지 아니하며 내가 너희 앞에 둔 나의 계명과 법도를 지키지 아니하고 가서 다른 신을 섬겨 그것을 숭배하면 내가 이스라엘을 나의 준 땅에서 끊어 버릴 것이요 내 이름을 위하여 내가 거룩하게 구별한 이 전이라도 내 앞에서 던져 버리리니 이스라엘은 모든 민족 가운데 속담거리와 이야기거리가 될 것이며 이 전이 높을찌라도 무릇 그리로 지나가는 자가 놀라며 비웃어 가로되 여호와께서 무슨 까닭으로 이 땅과 이 전에 이 같이 행하셨는고 하면 대답하기를 저희가 자기 열조를 애굽 땅에서 인도하여 내신 자기 하나님 여호와를 버리고 다른 신에게 부종하여 그를 숭배하여 섬기므로 여호와께서 이 모든 재앙을 저희에게 내리심이라 하리라 하셨더라 (왕상 9:1-9).

그 열조의 하나님 여호와께서 그 백성과 그 거하시는 곳을 아끼사 부지런히 그 사자들을 그 백성에게 보내어 이르셨으나 그 백성이 하나님의 사자를 비웃고 말씀을 멸시하며 그 선지자를 욕하여 여호와의 진노로 그 백성에게 미쳐서 만회할 수 없게 하였으므로 하나님이 갈대아 왕의 손에 저희를 다 붙이시매 저가 와서 그 성전에서 칼로 청년을 죽이며 청년 남녀와 노인과 백발 노옹을 긍휼히 여기지 아니하였으며 또 하나님의 전의 대소 기명들과 여호와의 전의 보물과 왕과 방백들의 보물을 다 바벨론으로 가져가고 또 하나님의 전을 불사르며 예루살렘 성을 헐며 그 모든 궁실을 불사르며 그 모든 귀한 기명

> 을 훼파하고 무릇 칼에서 벗어난 자를 저가 바벨론으로 사로잡아가
> 매 무리가 거기서 갈대아 왕과 그 자손의 노예가 되어 바사국이 주
> 재할 때까지 이르니라 이에 토지가 황무하여 안식년을 누림 같이 안
> 식하여 칠십 년을 지내었으니 여호와께서 예레미야의 입으로 하신
> 말씀이 응하였더라(대하 36:15-21).

모세로부터 시작하여 예수님께서 오시기 전까지 많은 선지자가 우상숭배에 대하여 경고하고 또 경고하였지만, 이스라엘 백성들은 끝내 하나님의 말씀을 순종하지 못하였고 마지막으로 주인이신 예수님께서 오셔서 말씀하셨으나 예수님의 말씀도 거부하였으니 그들을 향하여 이렇게 말씀하셨다.

> 예루살렘아 예루살렘아 선지자들을 죽이고 네게 파송된 자들을 돌
> 로 치는 자여 암탉이 그 새끼를 날개 아래 모음 같이 내가 네 자녀를
> 모으려 한 일이 몇 번이냐 그러나 너희가 원치 아니하였도다, 보라
> 너희 집이 황폐하여 버린바 되리라 내가 너희에게 이르노니 이제부
> 터 너희는 찬송하리로다 주의 이름으로 오시는 이여 할 때까지 나를
> 보지 못하리라 하시니라(마 23:37-39).

성막과 성전이 사라진 후에는 일정 기간 암흑기가 있었으니 백성들에게 아주 혹독한 시련의 시기이었으며 자신을 돌아보며 회개하고 하나님을 찾도록 하는 매우 소중한 시간으로 그들의 생, 사가 이 시기에 결정되었다.

다리오왕 이년 팔월에 여호와의 말씀이 잇도의 손자 베레갸의 아들 선지자 스가랴에게 임하니라 가라사대 나 여호와가 무리의 열조에게 심히 진노하였느니라 그러므로 너는 무리에게 고하기를 만군의 여호와께서 이처럼 이르시되 너희는 내게로 돌아오라 나 만군의 여호와의 말이니라 그리하면 내가 너희에게로 돌아가리라 나 만군의 여호와의 말이니라 너희 열조를 본받지 말라 옛적 선지자들이 그들에게 외쳐 가로되 만군의 여호와께서 말씀하시기를 너희가 악한 길, 악한 행실을 떠나서 돌아오라 하셨다 하나 그들이 듣지 않고 내게 귀를 기울이지 아니하였느니라 나 여호와의 말이니라(슥 1:1-4).

너희 제사장들아 이제 너희에게 이같이 명령하노라 만군의 여호와가 이르노라 너희가 만일 듣지 아니하며 마음에 두지 아니하여 내 이름을 영화롭게 하지 아니하면 내가 너희에게 저주를 내려 너희의 복을 저주하리라 내가 이미 저주하였나니 이는 너희가 그것을 마음에 두지 아니하였음이니라 보라 내가 너희의 종자를 견책할 것이요 똥 곧 너희 절기의 희생의 똥을 너희 얼굴에 바를 것이라 너희가 그것과 함께 제하여 버림을 당하리라 만군의 여호와가 이르노라 내가 이 명령을 너희에게 내린 것은 레위와 세운 나의 언약이 항상 있게 하려 함인줄을 너희가 알리라 레위와 세운 나의 언약은 생명과 평강의 언약이라 내가 이것으로 그에게 준 것은 그로 경외하게 하려 함이라 그가 나를 경외하고 내 이름을 두려워하였으며 그 입에는 진리의 법이 있었고 그 입술에는 불의함이 없었으며 그가 화평과 정직한 중에서 나와 동행하며 많은 사람을 돌이켜 죄악에서 떠나게 하였느니라 대저 제사장의 입술은 지식을 지켜야 하겠고 사람들이 그 입에서 율법을 구하게 되어야 할 것이니 제사장은 만군의 여호와의 사자가 됨이어늘 너희는 정도에서 떠나 많은 사람으로 율법에 거치게 하도다 나 만군의 여호와가 이르노니 너희가 레위의 언약을 파하였느니라 너희가 내 도를 지키지 아니하고 율법을 행할 때에 사람에게 편벽되이 하였으므로 나도 너희로 모든 백성 앞에 멸시와 천대를 당하게 하였느니라 하시니라(말 2:1-9).

그가 또 큰 소리로 내 귀에 외쳐 가라사대 이 성읍을 관할하는 자들로 각기 살륙하는 기계를 손에 들고 나아오게 하라 하시더라 내가 본즉 여섯 사람이 북향한 윗 문 길로 좇아 오는데 각 사람의 손에 살륙하는 기계를 잡았고 그 중에 한 사람은 가는 베옷을 입고 허리에 서기관의 먹 그릇을 찼더라 그들이 들어와서 놋 제단 곁에 서더라 그룹에 머물러 있던 이스라엘 하나님의 영광이 올라 성전 문지방에 이르더니 여호와께서 그 가는 베옷을 입고 서기관의 먹 그릇을 찬 사람을 불러 이르시되 너는 예루살렘 성읍 중에 순행하여 그 가운데서 행하는 모든 가증한 일로 인하여 탄식하며 우는 자의 이마에 표하라 하시고 나의 듣는데 또 그 남은 자에게 이르시되 너희는 그 뒤를 좇아 성읍 중에 순행하며 아껴 보지도 말며 긍휼을 베풀지도 말고 쳐서 늙은 자와 젊은 자와 처녀와 어린아이와 부녀를 다 죽이되 이마에 표 있는 자에게는 가까이 말라, 내 성소에서 시작할찌니라 하시매 그들이 성전 앞에 있는 늙은 자들로부터 시작하더라 그가 또 그들에게 이르시되 너희는 성전을 더럽혀 시체로 모든 뜰에 채우라 너희는 나가라 하시매 그들이 나가서 성읍 중에서 치더라 그들이 칠때에 내가 홀로 있는지라 엎드리어 부르짖어 가로되 오호라 주 여호와여 예루살렘을 향하여 분노를 쏟으시오니 이스라엘 남은 자를 모두 멸하려 하시

> 나이까 그가 내게 이르시되 이스라엘과 유다 족속의 죄악이 심히 중하여 그 땅에 피가 가득하며 그 성읍에 불법이 찼나니 이는 그들이 이르기를 여호와께서 이 땅을 버리셨으며 보지 아니하신다 함이라 그러므로 내가 그들을 아껴 보지 아니하며 긍휼을 베풀지 아니하고 그 행위대로 그 머리에 갚으리라 하시더라 가는 베옷을 입고 허리에 먹 그릇을 찬 사람이 복명하여 가로되 주께서 내게 명하신대로 내가 준행하였나이다 하더라 (겔 9:1-11).

> 유다 왕 여호야김이 위에 있은 지 삼 년에 바벨론 왕 느부갓네살이 예루살렘에 이르러 그것을 에워쌌더니 주께서 유다 왕 여호야김과 하나님의 전 기구 얼마를 그의 손에 붙이시매 그가 그것을 가지고 시날 땅 자기 신의 묘에 이르러 그 신의 보고에 두었더라(단 1:1-2).

예수님은 제2 성전이 헤롯에 의하여 새롭게 건축되고 있었던 시기에 오셨다. 그러나 그 당시에도 성막 시대나 제1 성전 시대의 말로처럼 극도로 타락하여 성전의 주인이신 예수님께서 오셨지만 당시 지도자들이 주를 알아보지 못하였고 자기들이 주인의 자리에 앉아 온갖 만행을 저지르고 있었으니 예수님께서는 그들을 향하여 "내 집은 기도하는 집이라 일컬음을 받으리라 하였거늘 너희는 강도의 굴혈을 만드는도다" 하시며 책망하셨다.

> 예수께서 성전에 들어가사 성전 안에서 매매하는 모든 자를 내어쫓으시며 돈 바꾸는 자들의 상과 비둘기 파는 자들의 의자를 둘러 엎으시고 저희에게 이르시되 기록된바 내 집은 기도하는 집이라 일컬음을 받으리라

하였거늘 너희는 강도의 굴혈을 만드는도다 하시니라(마 21:12-13).

그러나 그들은 끝내 메시아 예수님을 알아보지 못하고 빌라도의 법정에 세워 십자가에 못 박아 죽였으니 성막이나 성전 시대와 마찬가지로 아무것도 알지 못하고 하나님과 상관없이 살아가면서 온갖 만행을 저지르고 있었으니 그들에 대하여 예수님은 비유로 말씀하셨다.

다시 한 비유를 들으라 한 집 주인이 포도원을 만들고 산울로 두르고 거기 즙 짜는 구유를 파고 망대를 짓고 농부들에게 세로 주고 타국에 갔더니 실과 때가 가까우매 그 실과를 받으려고 자기 종들을 농부들에게 보내니 농부들이 종들을 잡아 하나는 심히 때리고 하나는 죽이고 하나는 돌로 쳤거늘 다시 다른 종들을 처음보다 많이 보내니 저희에게도 그렇게 하였는지라 후에 자기 아들을 보내며 가로되 저희가 내 아들은 공경하리라 하였더니 농부들이 그 아들을 보고 서로 말하되 이는 상속자니 자 죽이고 그의 유업을 차지하자 하고 이에 잡아 포도원 밖에 내어쫓아 죽였느니라 그러면 포도원 주인이 올 때에 이 농부들을 어떻게 하겠느뇨 저희가 말하되 이 악한 자들을 진멸하고 포도원은 제때에 실과를 바칠만한 다른 농부들에게 세로 줄찌니이다 예수께서 가라사대 너희가 성경에 건축자들의 버린 돌이 모퉁이의 머릿돌이 되었나니 이것은 주로 말미암아 된 것이요 우리 눈에 기이하도다 함을 읽어 본 일이 없느냐 그러므로 내가 너희에게 이르노니 하나님의 나라를 너희는 빼앗기고 그 나라의 열매 맺는 백성이 받으리라 이 돌 위에 떨어지는 자는 깨어지겠고 이 돌이 사람 위에 떨어지면 저를 가루로 만들어 흩으리라 하시니 대제사장들과 바리새인들이 예수의 비유를 듣고 자기들을 가리켜 말씀하심인줄 알고 잡

> 고자 하나 무리를 무서워하니 이는 저희가 예수를 선지자로 앎이었더라 (마 21:33-46).

> 예수께서 성전에서 나와서 가실 때에 제자들이 성전 건물들을 가리켜 보이려고 나아오니 대답하여 가라사대 너희가 이 모든 것을 보지 못하느냐 내가 진실로 너희에게 이르노니 돌 하나도 돌 위에 남지 않고 다 무너뜨리우리라(마 24:1-2).

AD 70년 로마군에 의하여 예루살렘이 함락되었는데 전쟁에 관한 설은 여러 가지가 있으나 가장 중요한 것은 예수님 말씀대로 성전이 파괴되어 완전히 사라졌다는 사실이다. 유다의 역사가 요세푸스는 로마군에게 항복하고 전향한 유다의 장군 출신이다. 그가 남긴 기록을 참고하면 전쟁은 로마 총독 플로루스가 AD 66년 사, 오 월경 예루살렘 성전의 금고를 약탈함으로써 시작되었는데 이로 인하여 로마의 통치에 항거하는 대대적인 독립 운동이 일어났다.

처음에는 예루살렘의 유대인 내부의 평화주의자들인 대제사장과 바리새파와 헤롯 당원들이 하나가 되어 열심당원들과 각축전을 벌이나 결국 봉기를 일으킨 사람들이 주도권을 잡으면서 로마군에게 공격을 가하게 되었고 반란군들은 시 문서 보관실에 침입하여 빚 문서들을 불사르고 빚진 자들과 가난한 자들을 자기편으로 만들어 부자들에게 항거하도록 하였다.

그 후 로마군이 지키던 안토니아 요새와 헤롯 왕궁이 열심당원들의 수중에 들어갔고 메나헴이 열심당원들에게 가세하자 반란군의 세력은 더욱 강하여졌으니 요세푸스는 "메나헴이 마치 왕처럼 예루살렘에 입성하였다"라고 전하였다.

메나헴이 헤롯 왕궁의 통치권을 넘겨받았을 때 아그립바왕의 수비대는 항복하고 로마군은 후퇴하였다. 대제사장 아니니아가 살해되었고 살려 주겠다는 조건으로 항복하였던 로마 군인들도 무참히 살해되었다. 그런데 아나니아의 살해로 인하여 열심당원 사이에 균열이 생기면서 대제사장의 아들 엘르아살이 메나헴과 갈라서게 되었다.

어느 날 메나헴이 보석으로 치장한 왕의 옷차림을 하고 성전 예배에 들어서자 엘르아살을 추종하던 사람들이 메나헴을 죽이니 메나헴을 추종하던 사람들이 마사다로 퇴각하였다.

로마는 시리아의 행정장관 갈루스를 수장으로 하는 제12 군단을 예루살렘에 보내어 반란을 진압하려 했으나 실패하고 시리아로 퇴각하였다. 이 승리로 인하여 전쟁에 회의적이었던 유대인들이 전쟁에 가담하면서 로마군에 대한 승리에 크게 고무되어 있었다.

로마의 네로황제는 용장 베스파니안을 파병하여 반란군을 진압하게 하였는데 이때 베스파니안은 아들 티투스와 함께 육십칠 년 초에 육만 명의 군대를 이끌고 갈릴리로 진격하자 사십칠 일간 갈릴리를 고수하던 요세푸스가 육십칠 년 육, 칠 월경에 항복하였다. 이때 요세푸스와 함께 갈릴리를 지켰던 열심당원 지도자 기샬라의 요한은 예루살렘으로 탈출하였고 요세푸스는 로마에 전향하여 살아남을 수 있었다.

요세푸스에 의하면 자신이 살아남게 된 것은 하나님의 섭리였으며 베스파시안이 로마 황제가 되리라는 자기의 예언이 적중한 것이라고 말한다. 그리고 육십칠 년 말 갈릴리 지방 전체가 로마군에 넘어갔고 로마군은 이어서 예루살렘으로 진격하였다.

당시 예루살렘은 내전으로 혼란에 처하여 있었는데 갈릴리를 탈출한 기샬라의 요한을 중심으로 열심당의 극단주의가 예루살렘을 지배하고 있었다. 이들은 친로마적이며 중립적 입장을 취하고 있던 지배층들을 살해하고 기존의 대제사장을 몰아내고 자신들의 사람으로 대제사장을 세웠다. 그 사이에 로마군은 베레아와 유대 지방의 중심 지역을 점령하였다. 그 무렵 로마의 네로 황제가 사망하였다는 소식을 접하고 로마의 불안한 정세로 인하여 잠시 전쟁이 멈추게 되었다.

한편, 유대 군은 이러한 정세를 이용하지 못하고 새로운 내전에 들어갔는데 기샬라의 요한이 성전 지역을 장악한 한편, 또 다른 과격한 열심당 지도자인 시몬 바르가 예루살렘의 나머지 지역과 이두메 지역을 지배한다. 과격한 두 유대 지도자가 격렬한 내전을 벌이는 동안 원시 기독교 공동체는 예루살렘을 떠나 동부 요르단 지역에 있는 페트라로 피신하였다.

AD 69년 7월 1일에 알렉산드리아에 머물고 있던 베스파시안이 애굽 주둔 군단들에 의해 황제로 추대되었는데 베스파시안은 칠십 년에 아들 티투스를 예루살렘으로 보내니 티투스가 네 개 군단의 병력을 이끌고 와서 예루살렘을 포위하고 포위된 거주민들을 아사시킬 목적으로 도시 주변에 돌벽을 쌓아 식량 유입을 차단했는데 예수님께서는 이러한 일이 있을 것을 미리 아시고 말씀하고 사십 년 후 그대로 이루어진 것이다.

가까이 오사 성을 보시고 우시며 가라사대 너도 오늘날 평화에 관한 일을 알았더면 좋을 뻔하였거니와 지금 네 눈에 숨기웠도다 날이 이를지라 네 원수들이 토성을 쌓고 너를 둘러 사면으로 가두고 또 너와 및 그 가운데 있는 네 자식들을 땅에 메어치며 돌 하나도 돌 위에 남기지 아니하리니 이는 권고 받는 날을 네가 알지 못함을 인함이니라 하시니라(눅 19:41-44).

역사가 요세푸스에 의하면 예루살렘이 함락될 때 죽은 사람들이 무려 백십만 명이나 되는데 육십만 명 이상이 굶어 죽었다고 한다. 이렇게 많은 유대인이 죽은 것은 유월절 행사에 참여하기 위하여 각지에서 모여든 사람들이 예루살렘을 찾아왔다가 로마군에게 포위되어 밖으로 나가지 못하였기 때문이었다. 예수님께서도 유월절 때에 죽임을 당하셨는 데 이스라엘 백성들도 유월절 때에 이렇게 많은 사람이 죽었으니 예수님을 죽인 죄를 자기와 후손들에게 돌리라며 스스로 저주를 자초하였던 죗값이 아닌가 싶다.

예수님의 말씀대로 성전은 흔적도 없이 사라지고 성벽 일부가 남았는데 그들은 자기들의 죄로 인한 하나님의 징벌이라 생각하지 아니하고 성전이 무너진 것으로 인하여 통곡하고 있으니 지금까지도 자기들이 하나님의 아들 예수님을 죽인 죄를 깨닫지 못하고 있다. 언젠가 그들이 예수님을 알게 되고 자기들의 죄를 깨닫게 되어 진정으로 회개하고 하나님 앞에 돌아올 때가 세상의 종말이 될 것이며 예수님께서 재림하실 때이다. 하나님께서 그의 백성을 구원하시는 마지막 수단은 예수님의 십자가 희생이었다.

무지하고 어리석은 백성들은 성막과 성전이 무너지고 나라가 망하고 백성들이 뿔뿔이 흩어져서 고통의 삶을 살게 되었을 때 비로소 일부의 백성이 자기들의 죄를 깨닫고 하나님 앞에 돌아왔으니 하나님께서 어리석은 백성들을 구원하시기 위해서는 성막이나 성전, 그리고 마지막엔 아들 예수님까지도 기꺼이 버리셨다. 이 사랑을 깨달은 사람이 통곡의 회개를 하며 하나님께 돌아와 주님과 하나가 되는 것이다.

여호와께서 브두엘의 아들 요엘에게 이르신 말씀이라 늙은 자들아 너희는 이것을 들을찌어다 땅의 모든 거민아 너희는 귀를 기울일찌어다 너희의 날에나 너희 열조의 날에 이런 일이 있었느냐 너희는 이 일을 너희 자녀에게 고하고 너희 자녀는 자기 자녀에게 고하고 그 자녀는 후시대에 고할 것이니라 팟종이가 남긴 것을 메뚜기가 먹고 메뚜기가 남긴 것을 늣이 먹고 늣이 남긴 것을 황충이 먹었도다 무릇 취하는 자들아 너희는 깨어 울찌어다 포도주를 마시는 자들아 너희는 곡할찌어다 이는 단 포도주가 너희 입에서 끊어졌음이니 한 이족이 내 땅에 올라왔음이로다 그들은 강하고 무수하며 그 이는 사자의 이 같고 그 어금니는 암사자의 어금니 같도다. 그들이 내 포도나무를 멸하며 내 무화과나무를 긁어 말갛게 벗겨서 버리니 그 모든 가지가 하얗게 되었도다 너희는 애곡하기를 처녀가 어렸을 때에 약혼한 남편을 인하여 굵은 베로 동이고 애곡함 같이 할찌어다 소제와 전제가 여호와의 전에 끊어졌고 여호와께 수종드는 제사장은 슬퍼하도다 밭이 황무하고 토지가 처량하니 곡식이 진하여 새 포도주가 말랐고 기름이 다하였도다 농부들아 너희는 부끄러워할찌어다 포도원을 다스리는 자들아 곡할찌어다 이는 밀과 보리의 연고라 밭의 소산이 다 없어졌음이로다 포도나무가 시들었고 무화과나무가 말랐으며 석류나무와 대추나무와 사과나무와 및 밭의 모든 나무가 다 시들었으니 이러므로 인간의 희락이 말랐도다 제사장들아 너희는 굵은 베로 동이고 슬피 울찌어다 단에 수종드는 자들아 너희는 곡할찌어다 내 하나님께 수종드는 자들아 너희는 와서 굵은 베를 입고 밤이 맞도록 누울찌어다 이는 소제와 전제를 너희 하나님의 전에 드리지 못함이로다 너희는 금식일을 정하고 성회를 선포하여 장로들과 이 땅 모든 거민을 너희 하나님 여호와의 전으로 몰수히 모으고 여호와께 부르짖을찌어다 오호라 그 날이여

> 여호와의 날이 가까왔나니 곧 멸망 같이 전능자에게로서 이르리로다 식물이 우리 목전에 끊어지지 아니하였느냐 기쁨과 즐거움이 우리 하나님의 전에 끊어지지 아니하였느냐 씨가 흙덩이 아래서 썩어졌고 창고가 비었고 곳간이 무너졌으니 이는 곡식이 시들었음이로다 생축이 탄식하고 소떼가 민망해하니 이는 꼴이 없음이라 양떼도 피곤하도다 여호와여 내가 주께 부르짖으오니 불이 거친 들의 풀을 살랐고 불꽃이 밭의 모든 나무를 살랐음이니이다 들짐승도 주를 향하여 헐떡거리오니 시내가 다 말랐고 들의 풀이 불에 탔음이니이다(욜 1:1-20).

어느 시대나 마찬가지로 평화와 번영의 시대를 살아가는 사람들은 하나님을 부정하고 배반하며 온갖 탐욕을 일삼으며 죄에 빠져 살게 되어 하나님의 심판을 자초하였고, 그로 인한 하나님의 채찍으로 패망하고 큰 고통을 받게 되면 일부의 백성들이 하나님을 찾았으니 하나님께서는 고통스러운 채찍을 병든 사람들을 살리는 마지막 기회로 삼으신 것이다.

세상의 역사를 보면 흥하다가 그 후에는 반드시 전쟁과 기근, 전염병 등으로 망하는 역사가 반복되었고 현재에도 진행 중인데 지금은 번영과 평화의 시대를 지나 하나님의 채찍으로 인하여 고난의 길로 치닫는 시대가 되었다. 시대마다 선지자들을 보내셔서 하나님은 심판을 경고하셨지만, 평화의 시대에는 아무도 그 경고를 받아들이지 아니하였고 망하고 소멸한 후에나 일부 백성들이 회개하고 돌아왔다.

> 너희는 열방에 고하며 또 예루살렘에 알게 하기를 에워싸고 치는 자들이 먼 땅에서부터 와서 유다 성읍들을 향하여 소리를 지른다 하라 그들이 밭을 지키는 자 같이 예루살렘을 에워싸나니 이는 그가 나를 거역한

연고니라 여호와의 말이니라 네 길과 행사가 이 일들을 부르게 하였나니 이는 너의 악함이라 그 고통이 네 마음에까지 미치느니라 슬프고 아프다 내 마음속이 아프고 내 마음이 답답하여 잠잠할 수 없으니 이는 나의 심령 네가 나팔 소리와 전쟁의 경보를 들음이로다. 패망에 패망이 연속하여 온 땅이 탈취를 당하니 나의 천막은 홀연히 파멸되며 나의 휘장은 잠시간에 열파 되도다 (렘 4:16-20).

슬프다 이 성이여 본래는 거민이 많더니 이제는 어찌 그리 적막히 앉았는고, 본래는 열국 중에 크던 자가 이제는 과부 같고 본래는 열방 중에 공주 되었던 자가 이제는 조공 드리는 자가 되었도다, 밤새도록 애곡하니 눈물이 뺨에 흐름이여 사랑하던 자 중에 위로하는 자가 없고 친구도 다 배반하여 원수가 되었도다. 유다는 환난과 많은 수고로 인하여 사로잡혀 갔도다. 저가 열방에 거하여 평강을 얻지 못함이여 그 모든 핍박하는 자가 저를 쫓아 협착한 곳에 미쳤도다 시온의 도로가 처량함이여 절기에 나아가는 사람이 없음이로다. 모든 성문이 황적하며 제사장들이 탄식하며 처녀들이 근심하며 저도 곤고를 받았도다. 저의 대적이 머리가 되고 저의 원수가 형통함은 저의 죄가 많으므로 여호와께서 곤고케 하셨음이라 어린 자녀들이 대적에게 사로잡혔도다 처녀 시온의 모든 영광이 떠나감이여 저의 목백(관리의 명칭)은 꼴을 찾지 못한 사슴이 쫓는 자 앞에서 힘없이 달림 같도다. 예루살렘이 환난과 군박을 당하는 날에 옛날의 모든 즐거움을 생각함이여 백성이 대적의 손에 빠지나 돕는 자가 없고 대적은 보고 그 황적함을 비웃도다 예루살렘이 크게 범죄 하므로 불결한 자 같이 되니 전에 높이던 모든 자가 그 적신을 보고 업신여김이여 저가 탄식하며 물러가도다 저의 더러움이 그 치마에 있으나 결국을 생각지 아니함이여 그러므로 놀랍게 낮아져도 위로할 자가 없도다. 여호와여 원수가 스스로 큰체하오니 나의 환난을 감찰하소서 대적이 손을 펴서 보물을 빼앗았나이다 주께서 이미 이방인을 금하여 주의 공회에 들어오지 못하게 하셨사오나 저희가 성소에 들어간 것을 예루살렘이 보았나이다 그 모든 백성이 생명을 소성시키려고 보물로 식물들을 바꾸었더니 지금도 탄식하며 양식을 구하나이다 나는 비천하오니, 여호와여 나를 권고하옵소서 무릇 지나가는 자여 너희에게는 관계가 없는가 내게 임한 근심 같은 근심이 있는가 볼찌어다 여호와께서 진노하신 날에 나를 괴롭게 하신 것이로다. 위에서부터 나의 골수에 불을 보내어 이기게 하시고 내 발 앞에 그물을 베푸사 나로 물러가게 하셨음이여 종일토록 고적하여 곤비케 하셨도다, 내 죄악의 멍에를 그 손으로 묶고 얽어 내 목에 올리사 내 힘을 피곤케 하셨음이여 내가 당할 수 없는 자의 손에 주께서 나를 붙이셨도다 주께서 내 지경 안 모든 용사를 없는 것 같이 여기시고 성회를 모아 내 소년들을 부수심이여 처녀 유다를 술틀에 밟으셨도다 이를 인하여 내가 우니 내 눈에 눈물이 물 같이 흐름이여 나를 위로하여 내 영을 소성시킬 자가 멀리 떠났음이로다, 원수들이 이기매 내 자녀들이 외롭도다 시온이 두 손을 폈으나 위로할 자가 없도다. 여호와께서 야곱의 사면에 있는 자를 명하여 야곱의 대적이 되게 하셨으니 예루살렘은 저희 가운데 불결한 자 같도다. 여호와는 의로우시도다, 내가 여호와의 명령을 거역하였도다. 너희 모든 백성들아 내 말을 듣고 내 근심을 볼찌어다 나의 처녀와 소년들이 사로잡혀 갔도다 내가 내 사랑하는 자를 불렀으나 저희가 나를 속였으며 나의 제사장들과 장로들은 소성시킬 식물을 구하다가 성중에서 기절하였도다 여호와여 돌아보옵소서 내가 환난 중에서 마음이 괴롭고 마음이 번뇌하오니 나의 패역이 심히 큼 이니이다. 밖으로는 칼의 살륙이 있고 집에는 사망 같은 것이 있나이다. 저희가 나의 탄식을 들었으나 나를 위로하는 자가 없고 나의 모든 원수가 나의 재앙을 들었으나 주께서 이렇게 행하심을 기뻐하나이다 주께서 반포하신 날을 이르게 하시리니 저희가 나와 같이 되겠나이다 저희 모든 악을 주 앞에 나타내시고 나의 모든 죄악을 인하여 내게 행하신 것 같이 저희에게 행하옵소서 나의 탄식이 많고 나의 마음이 곤비하나이다(애 1:1-22).

오라 우리가 여호와께로 돌아가자 여호와께서 우리를 찢으셨으나 도로 낫게 하실 것이요 우리를 치셨으나 싸매어 주실 것임이라 여호와께서 이틀 후에 우리를 살리시며 제 삼 일에 우리를 일으키시니 우리가 그 앞에서 살리라 그러므로 우리가 여호와를 알자 힘써 여호와를 알자 그의 나오심은 새벽 빛 같이 일정하니 비와 같이, 땅을 적시는 늦은 비와 같이 우리에게 임하시리라 하리라(호 6:1-3).

또 백성과 및 그를 위하여 가슴을 치며 슬피 우는 여자의 큰 무리가 따라 오는지라 예수께서 돌이켜 그들을 향하여 가라사대 예루살렘의 딸들아 나를 위하여 울지 말고 너희와 너희 자녀를 위하여 울라(눅 23:27-28).

베드로가 맹세하고 또 부인하여 가로되 내가 그 사람을 알지 못하노라 하더라 조금 후에 곁에 섰던 사람들이 나아와 베드로에게 이르되 너도 진실로 그 당이라 네 말소리가 너를 표명한다 하거늘 저가 저주하며 맹세하여 가로되 내가 그 사람을 알지 못하노라 하니 닭이 곧 울더라 이에 베드로가 예수의 말씀에 닭 울기 전에 네가 세번 나를 부인하리라 하심이 생각나서 밖에 나가서 심히 통곡하니라(마 26:72-75).

> 제 구시 즈음에 예수께서 크게 소리질러 가라사대 엘리 엘리 라마 사박
> 다니 하시니 이는 곧 나의 하나님, 나의 하나님, 어찌하여 나를 버리셨나
> 이까 하는 뜻이라(마 27:46).

예수님의 처절한 십자가 고통의 죽음 앞에 예수님도 울고 모든 제자가 울었다. 베드로는 그 순간까지 주님의 죽으심에 대하여 이해하지 못하였고 주님의 사랑과 말씀을 깨닫지 못하였다가 주님의 죽으심 앞에서 깨닫게 되니 비로소 통곡하게 되었다. 베드로가 이때에 진정으로 회개하고 거듭나서 주님과 하나가 된 것이니 주님의 사람들은 반드시 이러한 경험을 통하여 주님과 하나 될 수 있는 것이다.

나를 살리시기 위하여 십자가 위에서 희생하신 주님의 사랑을 깨달은 사람은 진정한 회개를 하게 되어 주님과 하나가 되고 주님의 사랑과 희생을 알지 못하고 학습적 지식만 있는 사람의 회개는 모두 거짓 회개, 위장된 회개이니 이러한 사람들이 모두 위선자이다.

베드로가 이전에는 자신의 죄와 무지와 실수로 인하여 눈물 흘리며 울었던 적이 없었다. 그런데 예수님을 모른다고 부인한 후에 자신의 거짓되고 위장된 모습을 발견하고 통곡하며 회개하였으니 사람들 모두가 이렇게 철저하게 위장되어 있어서 숨겨진 자신의 거짓되고 가증스럽고 죄악 된 옛사람을 좀처럼 드러내지 않는 것이다. 기독교인 대부분이 자기들은 이미 회개하고 구원받은 백성으로 생각하고 있으나 실상은 대부분 회개하지 못한 교인들이니 구원에 대하여서도 확신하지 못하는 것이다.

그저 거짓된 자기 의와, 직분과, 공로와 종교적 행위와 세례 등으로 철저하게 위장하고 있을 뿐 회개하여 주님과 하나 된 사람을 찾아보기 어

렵다. 사람들은 언제나 의식적으로 자신의 거짓되고 추한 모습을 드러내지 않으려고 포장하고 또 포장하고 겹겹으로 포장하고 있을 뿐이다.

> 베드로가 대답하여 가로되 다 주를 버릴찌라도 나는 언제든지 버리지 않겠나이다 예수께서 가라사대 내가 진실로 네게 이르노니 오늘 밤 닭 울기 전에 네가 세번 나를 부인하리라 베드로가 가로되 내가 주와 함께 죽을찌언정 주를 부인하지 않겠나이다 하고 모든 제자도 이와 같이 말하니라(마 26:33-35).

이때까지 베드로도 자신의 참모습을 알지 못하였다. 주님을 버리지 않겠다고 다짐하고 또 다짐했다, 그러나 실제는 그것이 위장이었다. 주님을 모른다고 세 번씩이나 부인했던 그 모습이 베드로 본래의 모습이었다. 모든 사람이 그렇게 위장하고 살아가는 것이다.

> 두 사람이 기도하러 성전에 올라가니 하나는 바리새인이요 하나는 세리라 바리새인은 서서 따로 기도하여 가로되 하나님이여 나는 다른 사람들 곧 토색, 불의, 간음을 하는 자들과 같지 아니하고 이 세리와도 같지 아니함을 감사하나이다 나는 이레에 두 번씩 금식하고 또 소득의 십일조를 드리나이다 하고 세리는 멀리 서서 감히 눈을 들어 하늘을 우러러 보지도 못하고 다만 가슴을 치며 가로되 하나님이여 불쌍히 여기옵소서 나는 죄인이로소이다 하였느니라 내가 너희에게 이르노니 이 사람이 저보다 의롭다 하심을 받고 집에 내려 갔느니라 무릇 자기를 높이는 자는 낮아지고 자기를 낮추는 자는 높아지리라 하시니라(눅 18:10-14).

자신의 거짓되고 위장된 모습을 발견한 사람이 온전한 회개를 이루어 주님과 하나 될 수 있으니 죄인에게 참된 회개는 우리에게 가장 중요한 문제이다. 하나님 앞에서 우리의 깨끗함 이외에 아무것도 구하지 말라.

※ 성막과 성전이 무너지고 예수님께서 십자가에 못박혀 죽으심은 오직 그의 백성들을 살리시기 위함이었다.

> 저가 모든 사람을 대신하여 죽으심은 산 자들로 하여금 다시는 저희 자신을 위하여 살지 않고 오직 저희를 대신하여 죽었다가 다시 사신 자를 위하여 살게 하려 함이니라(고후 5:15).

성막과 성전이 무너졌을 때 그의 백성들이 회개하고 하나님 앞에 돌아오니 그들이 다시 살 수 있었듯이 예수님께서 십자가에서 죽으심으로 말미암아 하나님의 사랑을 깨닫고 주께로 돌아오는 사람들을 주께서 구원하신다.

9. 영원한 참 성전의 시대 도래

> 예수께서 대답하여 가라사대 너희가 이 성전을 헐라 내가 사흘 동안에 일으키리라 유대인들이 가로되 이 성전은 사십 륙년 동안에 지었거늘 네가 삼 일 동안에 일으키겠느뇨 하더라 그러나 예수는 성전 된 자기 육체를 가리켜 말씀하신 것이라(요 2:19-21).

구약의 선지자들이 예언하였고 예수님께서 친히 말씀하신 대로 예수님께서는 유대인들에 의하여 십자가에 못 박혀 죽으셨다가 삼 일 만에 부활하셨다. 그 후 사십 일동안 세상에 계실 때 제자들이 그분에 대한 모든 것을 알게 되었다. 예수님은 제자들에게 당신의 양을 맡기시며 모든 족속을 제자로 삼아 아버지와 아들과 성령의 이름으로 세례를 주고 내가 너희에게 분부한 모든 것을 가르쳐 지키게 하라는 사명을 주시고 내가 세상 끝 날까지 항상 너희와 함께 있으리라는 약속을 하시고 승천하시었다.

> 저희가 조반 먹은 후에 예수께서 시몬 베드로에게 이르시되 요한의 아들 시몬아 네가 이 사람들보다 나를 더 사랑하느냐 하시니 가로되 주여 그러하외다 내가 주를 사랑하는 줄 주께서 아시나이다 가라사대 내 어린양을 먹이라 하시고 또 두 번째 가라사대 요한의 아들 시몬아 네가 나를 사랑하느냐 하시니 가로되 주여 그러하외다 내가 주를 사랑하는 줄 주께서 아시나이다 가라사대 내 양을 치라 하시고 세 번째 가라사대 요한의 아들 시몬아 네가 나를 사랑하느냐 하시니 주께서 세 번째 네가 나를 사랑하느냐 하시므로 베드로가 근심하여 가로되 주여 모든 것을 아시오매 내가 주를 사랑하는 줄을 주께서 아시나이다 예수께서 가라사대 내 양을 먹이라(요 21:15-17).

> 열 한 제자가 갈릴리에 가서 예수의 명하시던 산에 이르러 예수를 뵈옵고 경배하나 오히려 의심하는 자도 있더라 예수께서 나아와 일러 가라사대 하늘과 땅의 모든 권세를 내게 주셨으니 그러므로 너희는 가서 모든 족속으로 제자를 삼아 아버지와 아들과 성령의 이름으로 세례를 주고 내가 너희에게 분부한 모든 것을 가르쳐 지키게 하라, 볼찌어다 내가 세상

끝날까지 너희와 항상 함께 있으리라 하시니라(마 28:16-20).

해 받으신 후에 또한 저희에게 확실한 많은 증거로 친히 사심을 나타내사 사십 일 동안 저희에게 보이시며 하나님 나라의 일을 말씀하시니라 사도와 같이 모이사 저희에게 분부하여 가라사대 예루살렘을 떠나지 말고 내게 들은바 아버지의 약속하신 것을 기다리라 요한은 물로 세례를 베풀었으나 너희는 몇 날이 못되어 성령으로 세례를 받으리라 하셨느니라 저희가 모였을 때에 예수께 묻자와 가로되 주께서 이스라엘 나라를 회복하심이 이 때니이까 하니 가라사대 때와 기한은 아버지께서 자기의 권한에 두셨으니 너희의 알바 아니요 오직 성령이 너희에게 임하시면 너희가 권능을 받고 예루살렘과 온 유대와 사마리아와 땅끝까지 이르러 내 증인이 되리라 하시니라 이 말씀을 마치시고 저희 보는데서 올리워 가시니 구름이 저를 가리워 보이지 않게 하더라(행 1:3-9).

오순절 날이 이미 이르매 저희가 다 같이 한곳에 모였더니 홀연히 하늘로부터 급하고 강한 바람 같은 소리가 있어 저희 앉은 온 집에 가득하며 불의 혀 같이 갈라지는 것이 저희에게 보여 각 사람 위에 임하여 있더니 저희가 다 성령의 충만함을 받고 성령이 말하게 하심을 따라 다른 방언으로 말하기를 시작하니라(행 2:1-4).

너희는 주께 받은바 기름 부음이 너희 안에 거하나니 아무도 너희를 가르칠 필요가 없고 오직 그의 기름 부음이 모든 것을 너희에게 가르치며 또 참되고 거짓이 없으니 너희를 가르치신 그대로 주 안에 거하라 자녀들아 이제 그 안에 거하라 이는 주께서 나타내신 바 되면 그의 강림 하실 때에 우

> 리로 담대함을 얻어 그 앞에서 부끄럽지 않게 하려 함이라(요일 2:27-28).

예수님께서 부활 승천하시고 약속의 성령께서 그의 백성들에게 임하셨으니 그 후에 하나님의 백성들이 예수님과 온전히 하나 되어 하나님 앞에 나아갈 수 있게 되었는데 이때를 가리켜서 신령과 진정으로 예배할 때라 하신 것이다.

> 무릇 그리스도 예수와 합하여 세례를 받은 우리는 그의 죽으심과 합하여 세례 받은 줄을 알지 못하느뇨 그러므로 우리가 그의 죽으심과 합하여 세례를 받음으로 그와 함께 장사 되었나니 이는 아버지의 영광으로 말미암아 그리스도를 죽은 자 가운데서 살리심과 같이 우리로 또한 새 생명 가운데서 행하게 하려 함이니라 만일 우리가 그의 죽으심을 본받아 연합한 자가 되었으면 또한 그의 부활을 본받아 연합한 자가 되리라(롬 6:3-5).

> 예수를 죽은 자 가운데서 살리신 이의 영이 너희 안에 거하시면 그리스도 예수를 죽은 자 가운데서 살리신 이가 너희 안에 거하시는 그의 영으로 말미암아 너희 죽을 몸도 살리시리라 그러므로 형제들아 우리가 빚진 자로되 육신에게 져서 육신대로 살 것이 아니니라 너희가 육신대로 살면 반드시 죽을 것이로되 영으로써 몸의 행실을 죽이면 살리니 무릇 하나님의 영으로 인도함을 받는 그들은 곧 하나님의 아들이라 너희는 다시 무서워하는 종의 영을 받지 아니하였고 양자의 영을 받았으므로 아바 아버지라 부르짖느니라 성령이 친히 우리 영으로 더불어 우리가 하나님의 자녀인 것을 증거 하시나니(롬 8:11-16).

> 예수께서 가라사대 여자여 내 말을 믿으라 이 산에서도 말고 예루살렘에서도 말고 너희가 아버지께 예배할 때가 이르리라 너희는 알지 못하는 것을 예배하고 우리는 아는 것을 예배하노니 이는 구원이 유대인에게서 남이니라 아버지께 참으로 예배하는 자들은 신령과 진정으로 예배할 때가 오나니 곧 이때라 아버지께서는 이렇게 자기에게 예배하는 자들을 찾으시느니라 하나님은 영이시니 예배하는 자가 신령과 진정으로 예배할찌니라 여자가 가로되 메시아 곧 그리스도라 하는 이가 오실 줄을 내가 아노니 그가 오시면 모든 것을 우리에게 고하시리이다 예수께서 이르시되 네게 말하는 내가 그로라 하시니라(요 4:21-26).

> 크도다 경건의 비밀이여, 그렇지 않다 하는 이 없도다, 그는 육신으로 나타난 바 되시고 영으로 의롭다 하심을 입으시고 천사들에게 보이시고 만국에서 전파되시고 세상에서 믿은 바 되시고 영광 가운데서 올리우셨음이니라(딤전 3:16).

> 너희는 사도들과 선지자들의 터 위에 세우심을 입은 자라 그리스도 예수께서 친히 모퉁이 돌이 되셨느니라 그의 안에서 건물마다 서로 연결하여 주 안에서 성전이 되어가고 너희도 성령 안에서 하나님의 거하실 처소가 되기 위하여 예수 안에서 함께 지어져 가느니라(엡 2:20-22).

 구약 시대에 존재하였던 성막과 성전이 무너진 것처럼 예수님께서도 그 백성들의 죄로 인하여 십자가 위에서 희생하셨고 사흘 만에 부활하시어 영으로서 그의 백성들과 하나 되어 영원토록 함께하시게 되었다. 예수님께서 희생 제물이 되어 하늘 성소에 들어가신 후에는 성전 시대에 드렸던 희생 제물을 다시 드릴 필요가 없으니 예수님께서 영원한 제물이 되셨기 때문이다.

또 내가 새 하늘과 새 땅을 보니 처음 하늘과 처음 땅이 없어졌고 바다도 다시 있지 않더라 또 내가 보매 거룩한 성 새 예루살렘이 하나님께로부터 하늘에서 내려오니 그 예비한 것이 신부가 남편을 위하여 단장한 것 같더라 내가 들으니 보좌에서 큰 음성이 나서 가로되 보라 하나님의 장막이 사람들과 함께 있으매 하나님이 저희와 함께 거하시리니 저희는 하나님의 백성이 되고 하나님은 친히 저희와 함께 계셔서 모든 눈물을 그 눈에서 씻기시매 다시 사망이 없고 애통하는 것이나 곡하는 것이나 아픈 것이 다시 있지 아니하리니 처음 것들이 다 지나갔음이러라. 보좌에 앉으신 이가 가라사대 보라 내가 만물을 새롭게 하노라 하시고 또 가라사대 이 말은 신실하고 참되니 기록하라 하시고 또 내게 말씀하시되 이루었도다 나는 알파와 오메가요 처음과 나중이라 내가 생명수 샘물로 목마른 자에게 값 없이 주리니 이기는 자는 이것들을 유업으로 얻으리라 나는 저의 하나님이 되고 그는 내 아들이 되리라(계 21:1-7).

내가 속히 임하리니 네가 가진 것을 굳게 잡아 아무나 네 면류관을 빼앗지 못하게 하라 이기는 자는 내 하나님 성전에 기둥이 되게 하리니 그가 결코 다시 나가지 아니하리라 내가 하나님의 이름과 하나님의 성 곧 하늘에서 내 하나님께로부터 내려 오는 새 예루살렘의 이름과 나의 새 이름을 그이 위에 기록하리라(계 3:11-12).

성안에 성전을 내가 보지 못하였으니 이는 주 하나님 곧 전능하신 이와 및 어린양이 그 성전이심이라 그 성은 해나 달의 비췸이 쓸데 없으니 이

> 는 하나님의 영광이 비취고 어린양이 그 등이 되심이라 만국이 그 빛 가운데로 다니고 땅의 왕들이 자기 영광을 가지고 그리로 들어오리라 성문들을 낮에 도무지 닫지 아니하리니 거기는 밤이 없음이라 사람들이 만국의 영광과 존귀를 가지고 그리로 들어오겠고 무엇이든지 속된 것이나 가증한 일 또는 거짓말 하는 자는 결코 그리로 들어오지 못하되 오직 어린양의 생명책에 기록된 자들뿐이라(계 21:22-27).

※ 오늘날 적그리스도의 일꾼들은 세상의 모든 종교를 통합하고 예루살렘에 제3 성전을 건축하려는 계획을 추진하고 있는데 영적으로 무지하고 사탄에 미혹된 많은 거짓 목사가 이 가증스런 연합운동에 앞장서고 있다.

저들이 큰 교세와 많은 재물까지 소유하고 앞장서서 활동하고 있는 모습을 보고 대부분의 교인도 그들이 하는 일을 옳다고 생각하고 이 연합활동을 지지하며 협력하고 있으니 소경이 소경을 인도하고 있는 것이다. 죄인이 구원받을 수 있는 성전은 사람의 손으로 건축한 눈에 보이는 세상에 있는 성전이 아니라 눈에 보이지 않는 하늘에 계신 참 성전이신 예수 그리스도 안에서 구원을 받는 것이다.

제3장

최후의 심판을 대비하라

1. 사후에는 영생과 영원한 형벌이 예고되어 있다

　대부분 사람은 영생과 영원한 형벌이 있다는 사실을 알지 못하고 살다가 세상을 떠나는데 그 이유는 사람으로서는 사후의 세계를 전혀 알 수 없기 때문이며 거짓 영의 미혹으로 하나님의 말씀도 받아들이지 않기 때문이다.
　성경은 하나님의 말씀이다. 하나님은 사후에 영생과 영원한 형벌이 있다고 분명하게 성경 여러 곳에서 말씀하셨다. 믿음은 하나님의 말씀을 신뢰하고 그대로 받아들이는 것이다.
　영적 세계나 영적 일은 하나님의 말씀 안에서 믿음으로만 이해할 수 있고 인간의 이성이나 지식으로는 판단 불가능하고 증명할 수도 없다. 오직 믿음으로 받아들일 뿐이다.

> 믿음은 바라는 것들의 실상이요 보지 못하는 것들의 증거니 선진들이 이로써 증거를 얻었느니라 믿음으로 모든 세계가 하나님의 말씀으로 지어진 줄을 우리가 아나니 보이는 것은 나타난 것으로 말미암아 된것이 아

니니라. 믿음으로 아벨은 가인보다 더 나은 제사를 하나님께 드림으로 의로운 자라 하시는 증거를 얻었으니 하나님이 그 예물에 대하여 증거하심이라 저가 죽었으나 그 믿음으로써 오히려 말하느니라 믿음으로 에녹은 죽음을 보지 않고 옮기웠으니 하나님이 저를 옮기심으로 다시 보이지 아니하니라 저는 옮기우기 전에 하나님을 기쁘시게 하는 자라 하는 증거를 받았느니라 믿음이 없이는 기쁘시게 못하나니 하나님께 나아가는 자는 반드시 그가 계신 것과 또한 그가 자기를 찾는 자들에게 상 주시는 이심을 믿어야 할찌니라 믿음으로 노아는 아직 보지 못하는 일에 경고하심을 받아 경외함으로 방주를 예비하여 그 집을 구원하였으니 이로 말미암아 세상을 정죄하고 믿음을 좇는 의의 후사가 되었느니라 믿음으로 아브라함은 부르심을 받았을 때에 순종하여 장래 기업으로 받을 땅에 나갈쎄 갈 바를 알지 못하고 나갔으며 믿음으로 저가 외방에 있는것 같이 약속하신 땅에 우거하여 동일한 약속을 유업으로 함께 받은 이삭과 야곱으로 더불어 장막에 거하였으니 이는 하나님의 경영하시고 지으실 터가 있는 성을 바랐음이니라 믿음으로 사라 자신도 나이 늙어 단산하였으나 잉태하는 힘을 얻었으니 이는 약속하신 이를 미쁘신줄 앎이라 이러므로 죽은 자와 방불한 한 사람으로 말미암아 하늘에 허다한 별과 또 해변의 무수한 모래와 같이 많이 생육하였느니라 이 사람들은 다 믿음을 따라 죽었으며 약속을 받지 못하였으되 그것들을 멀리서 보고 환영하며 또 땅에서는 외국인과 나그네로라 증거하였으니 이같이 말하는 자들은 본향 찾는 것을 나타냄이라 저희가 나온바 본향을 생각하였더면 돌아갈 기회가 있었으려니와 저희가 이제는 더 나은 본향을 사모하니 곧 하늘에 있는 것이라 그러므로 하나님이 저희 하나님이라 일컬음 받으심을 부끄러워 아니하시고 저희를 위하여 한 성을 예비하셨느니라 아브라함은 시험을 받을 때에 믿음으로 이삭을 드렸으니 저는 약속을 받은 자로되 그 독생자를 드렸느니라 저에게 이미 말씀하시기를 네 자손이라 칭할 자는 이삭으로 말미암으리라 하셨으니 저가 하나님이 능히 죽은 자 가운데서 다시 살리실 줄로 생각한지라 비유컨대 죽은 자 가운데서 도로 받은 것이니라 믿음으로 이삭은 장차 오는 일에 대하여 야곱과 에서에게 축복하였으며 믿음으로 야곱은 죽을 때에 요셉의 각 아들에게 축복하고 그 지팡이 머리에 의지하여 경배하였으며 믿음으로 요셉은 임종시에 이스라엘 자손들의 떠날 것을 말하고 또 자기 해골을 위하여 명하였으며 믿음으로 모세가 났을 때에 그 부모가 아름다운 아이임을 보고 석달 동안 숨겨 임금의 명령을 무서워 아니하였으며 믿음으로 모세는 장성하여 바로의 공주의 아들이라 칭함을 거절하고 도리어 하나님의 백성과 함께 고난 받기를 잠시 죄악의 낙을 누리는 것보다 더 좋아하고 그리스도를 위하여 받는 능욕을 애굽의 모든 보화보다 더 큰 재물로 여겼으니 이는 상주심을 바라봄이라 믿음으로 애굽을 떠나 임금의 노함을 무서워 아니하고 곧 보이지 아니하는 자를 보는것 같이 하여 참았으며 믿음으로 유월절과 피 뿌리는 예를 정하였으니 이는 장자를 멸하는 자로 저희를 건드리지 않게 하려한 것이며 믿음으로 저희가 홍해를 육지 같이 건넜으나 애굽 사람들은 이것을 시험하다가 빠져 죽었으며 믿음으로 칠일 동안 여리고를 두루 다니매 성이 무너졌으며 믿음으로 기생 라합은 정탐군을 평안히 영접하였으므로 순종치 아니한 자와 함께 멸망치 아니하였도다 내가 무슨 말을 더 하리요 기드온, 바락, 삼손, 입다와 다윗과 사무엘과 및 선지자들의 일을 말하려면 내게 시간이 부족하리로다 저희가 믿음으로 나라들을 이기기도 하며 의를 행하기도 하며 약속을 받기도 하며 사자들의 입을 막기도 하며 불의 세력을 멸하기도 하며 칼날을 피하기도 하며 연약한 가운데서 강하게 되기도 하며 전쟁에 용맹되어 이방 사람들의 진을 물리치기도 하며 여자들은 자기의 죽은 자를 부활로 받기도 하며 또 어떤이들은 더 좋은 부활을 얻고자 하여 악형을 받되 구차히 면하지 아니하였으며 또 어떤이들은 희롱과 채찍질 뿐아니라 결박과 옥에 갇히는 시험도 받았으며 돌로 치는 것과 톱으로 켜는 것과 시험과 칼에 죽는 것을 당하고 양과 염소의 가죽을 입고 유리하여 궁핍과 환난과 학대를 받았으니(이런 사람은 세상이 감당치 못하도다) 저희가 광야와 산중과 암혈과 토굴에 유리하였느니라 이 사람들이 다 믿음으로 말미암아 증거를 받았으나 약속을 받지 못하였으니 이는 하나님이 우리를 위하여 더 좋은 것을 예비하셨은즉 우리가 아니면 저희로 온전함을 이루지 못하게 하려 하심이니라(히 11:1-40).

오직 하나님이 성령으로 이것을 우리에게 보이셨으니 성령은 모든 것 곧 하나님의 깊은 것이라도 통달하시느니라 사람의 사정을 사람의 속에 있는 영 외에는 누가 알리요 이와 같이 하나님의 사정도 하나님의 영 외에는 아무도 알지 못하느니라. 우리가 세상의 영을 받지 아니하고 오직 하나님께로 온 영을 받았으니 이는 우리로 하여금 하나님께서 우리에게 은혜로 주신 것들을 알게 하려 하심이라 우리가 이것을 말하거니와 사람의 지혜의 가르친 말로 아니하고 오직 성령의 가르치신 것으로 하니 신령한 일은 신령한 것으로 분별하느니라 육에 속한 사람은 하나님의 성령의 일을 받지 아니하나니 저희에게는 미련하게 보임이요 또 깨닫지도 못하나니 이런 일은 영적으로라야 분변함이니라(고전 2:10-14).

우리의 스승은 오직 성경 말씀과 성부, 성자, 성령이시다. 세상에 있는 선생들은 니고데모처럼 가장 중요한 것을 알지 못하고 있으니 이것이 세상에 있는 선생들의 한계이다. 그러니 육적으로 학습된 지식만 가지고 자기가 마치 모든 것을 아는 것처럼 함부로 망언하지 말라. 이렇게 말하는 사람들에 의하여 얼마나 많은 사람이 지옥행 열차를 탔는지 지옥문은 언제나 만원이다.

> 좁은 문으로 들어가라 멸망으로 인도하는 문은 크고 그 길이 넓어 그리로 들어가는 자가 많고 생명으로 인도하는 문은 좁고 길이 협착하여 찾는 이가 적음이니라(마 7:13-14).

내가 알지 못한다고 부정하지 말라.
세상에 속한 일도 평생 배워도 다 알 수 없는 데 하물며 영적 세계의 하나님이 하시는 일을 어떻게 알 수 있겠는가?
사람의 이성이나 지식으로는 절대로 영적 세계를 알 수 없다. 예수님께서 유대교 지도자들을 향하여 영적 소경이라고 하신 것은 영적 세계는 물론, 성경 말씀도 제대로 알지 못하면서 선생 노릇을 하고 있었기 때문이다.

> 무리를 불러 이르시되 듣고 깨달으라 입에 들어가는 것이 사람을 더럽게 하는 것이 아니라 입에서 나오는 그것이 사람을 더럽게 하는 것이니라 이에 제자들이 나아와 가로되 바리새인들이 이 말씀을 듣고 걸림이 된 줄 아시나이까 예수께서 대답하여 가라사대 심은 것마다 내 천부께서 심으시지 않은 것은 뽑힐 것이니 그냥 두어라 저희

는 소경이 되어 소경을 인도하는 자로다 만일 소경이 소경을 인도하면 둘이 다 구덩이에 빠지리라 하신대(마 15:10-14).

예수께서 가라사대 너는 이스라엘의 선생으로서 이러한 일을 알지 못하느냐 진실로 진실로 네게 이르노니 우리 아는 것을 말하고 본 것을 증거하노라 그러나 너희가 우리 증거를 받지 아니하는도다 내가 땅의 일을 말하여도 너희가 믿지 아니하거든 하물며 하늘 일을 말하면 어떻게 믿겠느냐 하늘에서 내려온 자 곧 인자 외에는 하늘에 올라간 자가 없느니라 모세가 광야에서 뱀을 든 것 같이 인자도 들려야 하리니 이는 저를 믿는 자마다 영생을 얻게 하려 하심이니라 하나님이 세상을 이처럼 사랑하사 독생자를 주셨으니 이는 저를 믿는 자마다 멸망치 않고 영생을 얻게 하려 하심이니라(요 3:10-16).

한 부자가 있어 자색 옷과 고운 베옷을 입고 날마다 호화로이 연락하는데 나사로라 이름한 한 거지가 헌데를 앓으며 그 부자의 대문에 누워 부자의 상에서 떨어지는 것으로 배 불리려 하매 심지어 개들이 와서 그 헌데를 핥더라 이에 그 거지가 죽어 천사들에게 받들려 아브라함의 품에 들어가고 부자도 죽어 장사되매 저가 음부에서 고통 중에 눈을 들어 멀리 아브라함과 그의 품에 있는 나사로를 보고 불러 가로되 아버지 아브라함이여 나를 긍휼히 여기사 나사로를 보내어 그 손가락 끝에 물을 찍어 내 혀를 서늘하게 하소서 내가 이 불꽃 가운데서 고민하나이다 아브라함이 가로되 애 너는 살았을 때에 너는 좋은 것을 받았고 나사로는 고난을 받았으니 이것을 기억하라 이제 저는 여기서 위로를 받고 너는 고민을 받느니라 이뿐 아니라 너희와 우리 사이에 큰 구렁이 끼어 있어 여기서 너희에게 건너가고자 하되 할 수 없고 거기서 우리에게 건너 올 수도 없게 하였느니라 가로되 그러면 구하노니 아버지여 나사로를 내 아버지의 집에 보내소서 내 형제 다섯이 있으니 저희에게 증거하게 하여 저희로 이 고통 받는 곳에 오지 않게 하소서 아브라함이 가로되 저희에게 모세와 선지자들이 있으니 그들에게 들을찌니라 가로되 그렇지 아니하니이다 아버지 아브라함이여 만일 죽은 자에게서 저희에게 가는 자가 있으면 회개하리이다 가로되 모세와 선지자들에게 듣지 아니하면 비록 죽은 자 가운데서 살아나는 자가 있을찌라도 권함을 받지 아니하리라 하였다 하시니라 (눅 16:19-31).

예수께서 다시 비유로 대답하여 가라사대 천국은 마치 자기 아들을 위하여 혼인 잔치를 베푼 어떤 임금과 같으니 그 종들을 보내어 그 청한 사람들을 혼인 잔치에 오라 하였더니 오기를 싫어하거늘 다시 다른 종들을 보내며 가로되 청한 사람들에게 이르기를 내가 오찬을 준비하되 나의 소와 살진 짐승을 잡고 모든 것을 갖추었으니 혼인 잔치에 오소서 하라 하였더니 저희가 돌아보지도 않고 하나는 자기 밭으로, 하나는 자기 상업차로 가고 그 남은 자들은 종들을 잡아 능욕하고 죽이니 임금이 노하여 군대를 보내어 그 살인한 자들을 진멸하고 그 동네를 불사르고 이에 종들에게 이르되 혼인 잔치는 예비 되었으나 청한 사람들은 합당치 아니하니 사거리 길에 가서 사람을 만나는 대로 혼인 잔치에 청하여 오너라 한 대 종들이 길에 나가 악한 자나 선한 자나 만나는 대로 모두 데려오니 혼인 자리에 손이 가득

한지라. 임금이 손을 보러 들어올 쌔 거기서 예복을 입지 않은 한 사람을 보고 가로되 친구여 어찌하여 예복을 입지 않고 여기 들어왔느냐 하니 저가 유구무언 이어늘 임금이 사환들에게 말하되 그 수족을 결박하여 바깥 어두움에 내어 던지라 거기서 슬피 울며 이를 갊이 있으리라 하니라청함을 받은 자는 많되 택함을 입은 자는 적으니라 (마 22:1-14).

혹이 여짜오되 주여 구원을 얻는 자가 적으니이까 저희에게 이르시되 좁은 문으로 들어가기를 힘쓰라 내가 너희에게 이르노니 들어가기를 구하여도 못하는 자가 많으리라 집 주인이 일어나 문을 한번 닫은 후에 너희가 밖에 서서 문을 두드리며 주여 열어 주소서 하면 저가 대답하여 가로되 나는 너희가 어디로서 온 자인지 알지 못하노라 하리니 그 때에 너희가 말하되 우리는 주 앞에서 먹고 마셨으며 주는 또한 우리 길거리에서 가르치셨나이다 하나 저가 너희에게 일러 가로되 나는 너희가 어디로서 왔는지 알지 못하노라 행악하는 모든 자들아 나를 떠나가라 하리라 너희가 아브라함과 이삭과 야곱과 모든 선지자는 하나님 나라에 있고 오직 너희는 밖에 쫓겨난 것을 볼 때에 거기서 슬피 울며 이를 갊이 있으리라(눅 13:23-28).

어떤 사람이 주께 와서 가로되 선생님이여 내가 무슨 선한 일을 하여야 영생을 얻으리이까 예수께서 가라사대 어찌하여 선한 일을 내게 묻느냐 선한이는 오직 한 분이시니라 네가 생명에 들어가려면 계명들을 지키라 가로되 어느 계명 이오니이까 예수께서 가라사대 살인하지 말라, 간음하지 말라, 도적질하지 말라, 거짓증거하지 말라,

네 부모를 공경하라, 네 이웃을 네 몸과 같이 사랑하라 하신 것이니라 그 청년이 가로되 이 모든 것을 내가 지키었사오니 아직도 무엇이 부족하니이까 예수께서 가라사대 네가 온전 하고자 할찐대 가서 네 소유를 팔아 가난한 자들을 주라 그리하면 하늘에서 보화가 네게 있으리라 그리고 와서 나를 좇으라 하시니 그 청년이 재물이 많으므로 이 말씀을 듣고 근심하며 가니라 예수께서 제자들에게 이르시되 내가 진실로 너희에게 이르노니 부자는 천국에 들어가기가 어려우니라 다시 너희에게 말하노니 약대가 바늘귀로 들어가는 것이 부자가 하나님의 나라에 들어가는 것보다 쉬우니라 하신대 제자들이 듣고 심히 놀라 가로되 그런즉 누가 구원을 얻을 수 있으리이까 예수께서 저희를 보시며 가라사대 사람으로는 할 수 없으되 하나님으로서는 다 할 수 있느니라(마 19:16-26).

그 때에 천국은 마치 등을 들고 신랑을 맞으러 나간 열 처녀와 같다 하리니 그 중에 다섯은 미련하고 다섯은 슬기 있는지라 미련한 자들은 등을 가지되 기름을 가지지 아니하고 슬기 있는 자들은 그릇에 기름을 담아 등과 함께 가져갔더니 신랑이 더디 오므로 다 졸며 잘쌔 밤중에 소리가 나되 보라 신랑이로다, 맞으러 나오라 하매 이에 그 처녀들이 다 일어나 등을 준비할쌔 미련한 자들이 슬기 있는 자들에게 이르되 우리 등불이 꺼져가니 너희 기름을 좀 나눠 달라, 하거늘 슬기 있는 자들이 대답하여 가로되 우리와 너희의 쓰기에 다 부족할까 하노니 차라리 파는 자들에게 가서 너희 쓸 것을 사라 하니 저희가 사러 간 동안에 신랑이 오므로 예비하였던 자들은 함께 혼인 잔치에 들어가고 문은 닫힌지라 그 후에 남은 처녀들이 와서 가로되 주여, 주여, 우리에게 열어 주소서 대답하여 가로되 진실로 너희에게 이르노니 내가 너희를 알지 못하노라 하였느니라(마 25:1-12).

몸은 죽여도 영혼은 능히 죽이지 못하는 자들을 두려워하지 말고 오직 몸과 영혼을 능히 지옥에 멸하시는 자를 두려워하라(마 10:28).

화 있을찐저 외식하는 서기관들과 바리새인들이여 너희는 천국 문을 사람들 앞에서 닫고 너희도 들어가지 않고 들어가려 하는 자도 들어가지 못하게 하는도다(없음) 화 있을찐저 외식하는 서기관들과 바리새인들이여 너희는 교인 하나를 얻기 위하여 바다와 육지를 두루 다니다가 생기면 너희보다 배나 더 지옥 자식이 되게 하는도다(마 23:13-15).

그러나 민간에 또한 거짓 선지자들이 일어났었나니 이와 같이 너희 중에도 거짓 선생들이 있으리라 저희는 멸망케 할 이단을 가만히 끌어들여 자기들을 사신 주를 부인하고 임박한 멸망을 스스로 취하는 자들이라 여럿이 저희 호색하는 것을 좇으리니 이로 인하여 진리의 도가 훼방을 받을 것이요 저희가 탐심을 인하여 지은 말을 가지고 너희로 이를 삼으니 저희 심판은 옛적부터 지체하지 아니하며 저희 멸망은 자지 아니하느니라 하나님이 범죄한 천사들을 용서치 아니하시고 지옥에 던져 어두운 구덩이에 두어 심판 때 까지 지키게 하셨으며 옛 세상을 용서치 아니하시고 오직 의를 전파하는 노아와 그 일곱 식구를 보존하시고 경건치 아니한 자들의 세상에 홍수를 내리셨으며 소돔과 고모라 성을 멸망하기로 정하여 재가 되게 하사 후세에 경건치 아니할 자들에게 본을 삼으셨으며 무법한 자의 음란한 행실을 인하여 고통하는 의로운 롯을 건지셨으니(벧후 2:1-7).

하나님께서 각 사람에게 그 행한대로 보응하시되 참고 선을 행하여 영광과 존귀와 썩지 아니함을 구하는 자에게는 영생으로 하시고 오직 당을 지어 진리를 좇지 아니하고 불의를 좇는 자에게는 노와 분으로 하시리라 악을 행하는 각 사람의 영에게 환난과 곤고가 있으리니 첫째는 유대인에게요 또한 헬라인에게며 선을 행하는 각 사람에게는 영광과 존귀와 평강이 있으리니 첫째는 유대인에게요 또한 헬라인에게라 이는 하나님께서 외모로 사람을 취하지 아니하심이니라 무릇 율법 없이 범죄한 자는 또한 율법 없이 망하고 무릇 율법이 있고 범죄한 자는 율법으로 말미암아 심판을 받으리라(롬 2:6-12).

너희 중에 어느 사람이 양 일백 마리가 있는데 그중에 하나를 잃으면 아흔아홉 마리를 들에 두고 그 잃은 것을 찾도록 찾아다니지 아니하느냐 또 찾은즉 즐거워 어깨에 메고 집에 와서 그 벗과 이웃을 불러 모으고 말하되 나와 함께 즐기자 나의 잃은 양을 찾았노라 하리라 내가 너희에게 이르노니 이와 같이 죄인 하나가 회개하면 하늘에서는 회개할 것 없는 의인 아흔아홉을 인하여 기뻐하는 것보다 더 하리라(눅 15:4-7).

※ 내가 너희에게 이르노니 이와 같이 죄인 하나가 회개하면 하늘에서는 회개할 것 없는 의인 아흔 아홉을 인하여 기뻐하는 것보다 더하리라(눅 15:7).

2. 나 외에는 구원자가 없느니라

> 야곱아 너를 창조하신 여호와께서 이제 말씀하시느니라 이스라엘아 너를 조성하신 자가 이제 말씀하시느니라 너는 두려워 말라 내가 너를 구속하였고 내가 너를 지명하여 불렀나니 너는 내 것이라 네가 물 가운데로 지날 때에 내가 함께할 것이라 강을 건널 때에 물이 너를 침몰치 못할 것이며 네가 불 가운데로 행할 때에 타지도 아니할 것이요 불꽃이 너를 사르지도 못하리니 대저 나는 여호와 네 하나님이요 이스라엘의 거룩한 자요 네 구원자임이라. 내가 애굽을 너의 속량물로, 구스와 스바를 너의 대신으로 주었노라 내가 너를 보배롭고 존귀하게 여기고 너를 사랑하였은즉 내가 사람들을 주어 너를 바꾸며 백성들로 네 생명을 대신하리니 두려워 말라 내가 너와 함께 하여 네 자손을 동방에서부터 오게 하며 서방에서부터 너를 모을 것이며 내가 북방에게 이르기를 놓으라 남방에게 이르기를 구류하지 말라 내 아들들을 원방에서 이끌며 내 딸들을 땅끝에서 오게 하라 무릇 내 이름으로 일컫는 자 곧 내가 내 영광을 위하여 창조한 자를 오게 하라 그들을 내가 지었고 만들었느니라. 눈이 있어도 소경이요 귀가 있어도 귀머거리인 백성을 이끌어 내라. 열방은 모였으며 민족들이 회집 하였은들 그들 중에 누가 능히 이 일을 고하며 이전 일을 우리에게 보이겠느냐 그들로 증인을 세워서 자기의 옳음을 나타내어 듣는 자들로 옳다 말하게 하라 나 여호와가 말하노라 너희는 나의 증인, 나의 종으로 택함을 입었나니 이는 너희로 나를 알고 믿으며 내가 그인줄 깨닫게 하려 함이라 나의 전에 지음을 받은 신이 없었느니라 나의 후에도 없으리라 나 곧 나는 여호와라 나 외에 구원자가 없느니라 (사 43:1-11).

에브라임이 말을 발하면 사람이 떨었도다 저가 이스라엘 중에서 자기를 높이더니 바알로 인하여 범죄 하므로 망하였거늘 이제도 저희가 더욱 범죄 하여 그 은으로 자기를 위하여 우상을 부어 만들되 자기의 공교함을 따라 우상을 만들었으며 그것은 다 장색이 만든 것이어늘 저희가 그것에 대하여 말하기를 제사를 드리는 자는 송아지의 입을 맞출 것이라 하도다 이러므로 저희는 아침 구름 같으며 쉽게 사라지는 이슬 같으며 타작 마당에서 광풍에 날리우는 쭉정이 같으며 굴뚝에서 나가는 연기 같으리라 그러나 네가 애굽 땅에서 나옴으로부터 나는 네 하나님 여호와라 나 밖에 네가 다른 신을 알지 말 것이라 나 외에는 구원자가 없느니라(호 13:1-4).

형제들아 너희가 스스로 지혜 있다 함을 면키 위하여 이 비밀을 너희가 모르기를 내가 원치 아니하노니 이 비밀은 이방인의 충만한 수가 들어오기까지 이스라엘의 더러는 완악하게 된 것이라 그리하여 온 이스라엘이 구원을 얻으리라 기록된바 구원자가 시온에서 오사 야곱에게서 경건치 않은 것을 돌이키시겠고 내가 저희 죄를 없이 할 때에 저희에게 이루어질 내 언약이 이것이라 함과 같으니라(롬 11:25-27).

느부갓네살이 그들에게 물어 가로되 사드락, 메삭, 아벳느고야 너희가 내 신을 섬기지 아니하며 내가 세운 금 신상에게 절하지 아니하니 짐짓 그리하였느냐 이제라도 너희가 예비하였다가 언제든지 나팔과 피리와 수금과 삼현금과 양금과 생황과 및 모든 악기 소리를 듣거든 내가 만든 신상 앞에 엎드리어 절하면 좋거니와 너희가 만일 절하지 아니하면 즉시 너희를 극렬히 타는 풀무 가운데 던져 넣을 것이니 능히 너희를 내 손에서 건져 낼 신이 어떤 신이겠느냐 사드락과 메삭과 아벳느고가 왕에게 대답하여 가로되 느부갓네살이여 우리가 이 일에 대하여 왕에게 대답할 필요가 없나이다 만일 그럴 것이면 왕이여 우리가 섬기는 우리 하나님이 우리를 극렬히 타는 풀무 가운데서 능히 건져내시겠고 왕의 손에서도 건져내시리이다 그리 아니하실찌라도 왕이여 우리가 왕의 신들을 섬기지도 아니하고 왕의 세우신 금 신상에게 절하지도 아니할 줄을 아옵소서. 느부갓네살이 분이 가득하여 사드락과 메삭과 아벳느고를 향하여 낯빛을 변하고 명하여 이르되 그 풀무를 뜨겁게 하기를 평일보다 칠배나 뜨겁게 하라하고 군대 중 용사 몇 사람을 명하여 사드락과 메삭과 아벳느고를 결박하여 극렬히 타는 풀무 가운데 던지라 하니 이 사람들을 고의와 속옷과 겉옷과 별다른 옷을 입은채 결박하여 극렬히 타는 풀무 가운데 던질 때에 왕의 명령이 엄하고 풀무가 심히 뜨거우므로 불꽃이 사드락과 메삭과 아벳느고를 붙든 사람을 태워 죽였고 이 세 사람 사드락과 메삭과 아벳느고는 결박된 채 극렬히 타는 풀무 가운데 떨어졌더라 때에 느부갓네살왕이 놀라 급히 일어나서 모사들에게 물어 가로되 우리가 결박하여 불 가운데 던진 자는 세 사람이 아니었느냐 그들이 왕에게 대답하여 가로되 왕이여 옳소이다 왕이 또 말하여 가로되 내가 보니 결박되지 아니한 네 사람이 불 가운데로 다니는데 상하지도 아니하였고 그 네째의 모양은 신들의 아들과 같도다 하고 느부갓네살이 극렬히 타는 풀무 아구 가까이 가서 불러 가로되 지극히 높으신 하나님의 종 사드락, 메삭, 아벳느고야 나와서 이리로 오라 하매 사드락과 메삭과 아벳느고가 불 가운데서 나온지라 방백과 수령과 도백과 왕의 모사들이 모여 이 사람들을 본즉 불이 능히 그 몸을 해하지 못하였고 머리털도 그슬리지 아니하였고 고의 빛도 변하지 아니하였고 불 탄 냄새도 없었더라. 느부갓네살이 말하여 가로되 사드락과 메삭과 아벳느고의 하나님을 찬송할찌로다 그가 그 사자를 보내사 자기를 의뢰하고 그 몸을 버려서 왕의 명을 거역하고 그 하나님 밖에는 다른 신을 섬기지 아니하며 그에게 절하지 아니한 종들을 구원하셨도다. 그러므로 내가 이제 조서를 내리노니 각 백성과 각 나라와 각 방언하는 자가 무릇 사드락과 메삭과 아벳느고의 하나님께 설만히 말하거든 그 몸을 쪼개고 그 집으로 거름터를 삼을찌니 이는 이같이 사람을 구원할 다른 신이 없음이니라 하고 왕이 드디어 사드락과 메삭과 아벳느고를 바벨론 도에서 더욱 높이니라(단 3:14-30).

내가 이제 조서를 내리노라 내 나라 관할 아래 있는 사람들은 다 다니엘의 하나님 앞에서 떨며 두려워할찌니 그는 사시는 하나님이시요 영원히 변치 않으실 자시며 그 나라는 망하지 아니할 것이요 그 권세는 무궁할 것이며 그는 구원도 하시며 건져내기도 하시며 하늘에서든지 땅에서든지 이적과 기사를 행하시는 자로서 다니엘을 구원하여 사자의 입에서 벗어나게 하셨음이니라 하였더라. 이 다니엘이 다리오왕의 시대와 바사 사람 고레스왕의 시대에 형통하였더라(단 6:26-28).

여호와는 그 경외하는 자 곧 그 인자하심을 바라는 자를 살피사 저희 영혼을 사망에서 건지시며 저희를 기근시에 살게 하시는도다(시 33:18-19).

> 내 영혼아 네 평안함에 돌아갈지어다 여호와께서 너를 후대하심이로다 주께서 내 영혼을 사망에서, 내 눈을 눈물에서, 내 발을 넘어짐에서 건지셨나이다(시 116:7-8).

> 내가 저희를 음부의 권세에서 속량하며 사망에서 구속하리니 사망아 네 재앙이 어디 있느냐 음부야 네 멸망이 어디 있느냐 뉘우침이 내 목전에 숨으리라(호 13:14).

> 형제들아 우리가 아시아에서 당한 환난을 너희가 알지 못하기를 원치 아니하노니 힘에 지나도록 심한 고생을 받아 살 소망까지 끊어지고 우리 마음에 사형 선고를 받은 줄 알았으니 이는 우리로 자기를 의뢰하지 말고 오직 죽은 자를 다시 살리시는 하나님만 의뢰하게 하심이라. 그가 이같이 큰 사망에서 우리를 건지셨고 또 건지시리라 또한 이후에라도 건지시기를 그를 의지하여 바라노라(고후 1:8-10).

> 그러므로 너희가 선지자 다니엘의 말한바 멸망의 가증한 것이 거룩한 곳에 선 것을 보거든 (읽는 자는 깨달을찐저) 그 때에 유대에 있는 자들은 산으로 도망할찌어다 지붕 위에 있는 자는 집안에 있는 물건을 가질러 내려 가지 말며 밭에 있는 자는 겉옷을 가질러 뒤로 돌이키지 말찌어다. 그 날에는 아이 밴 자들과 젖먹이는 자들에게 화가 있으리로다 너희의 도망하는 일이 겨울에나 안식일에 되지 않도록 기도하라 이는 그 때에 큰 환난이 있겠음이라 창세로부터 지금까지 이런 환난이 없었고 후에도 없으리라 그 날들을 감하지 아니할 것이면 모든 육체가 구원을 얻지 못할 것이나 그러나 택하신 자들을 위

> 하여 그 날들을 감하시리라 그 때에 사람이 너희에게 말하되 보라 그리스도가 여기 있다 혹 저기 있다 하여도 믿지 말라 거짓 그리스도들과 거짓 선지자들이 일어나 큰 표적과 기사를 보이어 할 수만 있으면 택하신 자들도 미혹하게 하리라 보라 내가 너희에게 미리 말하였노라 그러면 사람들이 너희에게 말하되 보라 그리스도가 광야에 있다 하여도 나가지 말고 보라 골방에 있다 하여도 믿지 말라 번개가 동편에서 나서 서편까지 번쩍임 같이 인자의 임함도 그러하리라 (마 24:15-27).

> 그 때에 인자의 징조가 하늘에서 보이겠고 그 때에 땅의 모든 족속들이 통곡하며 그들이 인자가 구름을 타고 능력과 큰 영광으로 오는 것을 보리라 저가 큰 나팔소리와 함께 천사들을 보내리니 저희가 그 택하신 자들을 하늘 이 끝에서 저 끝까지 사방에서 모으리라 무화과나무의 비유를 배우라 그 가지가 연하여지고 잎사귀를 내면 여름이 가까운 줄을 아나니 이와 같이 너희도 이 모든 일을 보거든 인자가 가까이 곧 문 앞에 이른 줄 알라 내가 진실로 너희에게 말하노니 이 세대가 지나가기 전에 이 일이 다 이루리라 천지는 없어지겠으나 내 말은 없어지지 아니하리라(마 24:30-35).

> 예수께서 가라사대 네가 말하였느니라 그러나 내가 너희에게 이르노니 이 후에 인자가 권능의 우편에 앉은 것과 하늘 구름을 타고 오는 것을 너희가 보리라 하시니(마 26:64).

> 너희는 마음에 근심하지 말라 하나님을 믿으니 또 나를 믿으라 내 아버지 집에 거할 곳이 많도다, 그렇지 않으면 너희에게 일렀으리라 내가 너희를 위하여 처소를 예비하러 가노니 가서 너희를 위하여 처소를 예비하면 내가 다시 와서 너희를 내게로 영접하여 나 있는 곳에 너희도 있게 하리라 내가 가는 곳에 그 길을 너희가 알리라 도마가 가로되 주여, 어디로 가시는지 우리가 알지 못하거늘 그 길을 어찌 알겠삽나이까 예수께서 가라사대 내가 곧 길이요 진리요 생명이니 나로 말미암지 않고는 아버지께로 올 자가 없느니라(요 14:1-6).

사랑하는 자들아 내가 이제 이 둘째 편지를 너희에게 쓰노니 이 둘로 너희 진실한 마음을 일깨워 생각하게 하여 곧 거룩한 선지자의 예언한 말씀과 주 되신 구주께서 너희의 사도들로 말미암아 명하신 것을 기억하게 하려 하노라. 먼저 이것을 알찌니 말세에 기롱하는 자들이 와서 자기의 정욕을 좇아 행하며 기롱하여 가로되 주의 강림하신다는 약속이 어디 있느뇨 조상들이 잔 후로부터 만물이 처음 창조할 때와 같이 그냥 있다 하니 이는 하늘이 옛적부터 있는 것과 땅이 물에서 나와 물로 성립한 것도 하나님의 말씀으로 된 것을 저희가 일부러 잊으려 함이로다. 이로 말미암아 그때 세상은 물의 넘침으로 멸망하였으되 이제 하늘과 땅은 그 동일한 말씀으로 불사르기 위하여 간수하신바 되어 경건치 아니한 사람들의 심판과 멸망의 날까지 보존하여 두신 것이니라 사랑하는 자들아 주께는 하루가 천년 같고 천년이 하루 같은 이 한가지를 잊지 말라 주의 약속은 어떤이의 더디다고 생각하는 것 같이 더딘 것이 아니라 오직 너희를 대하여 오래 참으사 아무도 멸망치 않고 다 회개하기에 이르기를 원하시느니라 그러나 주의 날이 도적 같이 오리니 그 날에는 하늘이 큰 소리로 떠나가고, 체질이 뜨거운 불에 풀어지고 땅과 그 중에 있는 모든 일이 드러나리로다 이 모든 것이 이렇게 풀어지리니 너희가 어떠한 사람이 되어야 마땅하뇨 거룩한 행실과 경건함으로 하나님의 날이 임하기를 바라보고 간절히 사모하라 그날에 하늘이 불에 타서 풀어지고 체질이 뜨거운 불에 녹아지려니와 우리는 그의 약속대로 의의 거하는 바 새 하늘과 새 땅을 바라보도다 그러므로 사랑하는 자들아 너희가 이것을 바라보나니 주 앞에서 점도 없고 흠도 없이 평강 가운데서 나타나기를 힘쓰라. 또 우리 주의 오래 참으심이 구원이 될 줄로 여기라 우리 사랑하는 형제 바울도 그 받은 지혜대로 너희에게 이같이 썼고 또 그 모든 편지에도 이런 일에 관하여 말하였으되 그 중에 알기 어려운 것이 더러 있으니 무식한 자들과 굳세지 못한 자들이 다른 성경과 같이 그것도 억지로 풀다가 스스로 멸망에 이르느니라 그러므로 사랑하는 자들아 너희가 이것을 미리 알았은즉 무법한 자들의 미혹에 이끌려 너희 굳센데서 떨어질까 삼가라 오직 우리 주 곧 구주 예수 그리스도의 은혜와 저를 아는 지식에서 자라 가라 영광이 이제와 영원한 날까지 저에게 있을찌어다(벧후 3:1-18).

또 내가 들으니 성전에서 큰 음성이 나서 일곱 천사에게 말하되 너희는 가서 하나님의 진노의 일곱 대접을 땅에 쏟으라 하더라 첫째가 가서 그 대접을 땅에 쏟으매 악하고 독한 헌데가 짐승의 표를 받은 사람들과 그 우상에게 경배하는 자들에게 나더라 둘째가 그 대접을 바다에 쏟으매 바다가 곧 죽은 자의 피같이 되니 바다 가운데 모든 생물이 죽더라 세째가 그 대접을 강과 물 근원에 쏟으매 피가 되더라 내가 들으니 물을 차지한 천사가 가로되 전에도 계셨고 시방도 계신 거룩하신 이여 이렇게 심판하시니 의로우시도다 저희가 성도들과 선지자들의 피를 흘렸으므로 저희로 피를 마시게 하신 것이 합당하니이다 하더라 또 내가 들으니 제단이 말하기를 그러하다 주 하나님 곧 전능하신 이시여 심판하시는 것이 참되시고 의로우시도다, 하더라 네째가 그 대접을 해에 쏟으매 해가 권세를 받아 불로 사람들을 태우니 사람들이 크게 태움에 태워진지라 이 재앙들을 행하는 권세를 가지신 하나님의 이름을 훼방하며 또 회개하여 영광을 주께 돌리지 아니하더라 또 다섯째가 그 대접을 짐승의 보좌에 쏟으니 그 나라가 곧 어두워지며 사람들이 아파서 자기 혀를 깨물고 아픈 것과 종기로 인하여 하늘의 하나님을 훼방하고 저희 행위를 회개치 아니하더라 또 여섯째가 그 대접을 큰 강 유브라데에 쏟으매 강물이 말라서 동방에서 오는 왕들의 길이 예비되더라 또 내가 보매 개구리 같은 세 더러운 영이 용의 입과 짐승의 입과 거짓 선지자의 입에서 나오니 저희는 귀신의 영이라 이적을 행하여 온 천하 임금들에게 가서 하나님 곧 전능하신 이의 큰 날에 전쟁을 위하여 그들을 모으더라 보라 내가 도적 같이 오리니 누구든지 깨어 자기 옷을 지켜 벌거벗고 다니지 아니하며 자기의 부끄러움을 보이지 아니하는 자가 복이 있도다(계 16:1-15).

또 저가 수정같이 맑은 생명수의 강을 내게 보이니 하나님과 및 어린양의 보좌로부터 나서 길 가운데로 흐르더라 강 좌우에 생명 나무가 있어 열 두 가지 실과를 맺히되 달마다 그 실과를 맺히고 그 나무 잎사귀들은 만국을 소성하기 위하여 있더라 다시 저주가 없으며 하나님과 그 어린양의 보좌가 그 가운데 있으리니 그의 종들이 그를 섬기며 그의 얼굴을 볼터이요 그의 이름도 저희 이마에 있으리라 다시 밤이 없겠고 등불과 햇빛이 쓸데없으니 이는 주 하나님이 저희에게 비춰심이라 저희가 세세토록 왕 노릇 하리로다 또 그가 내게 말하기를 이 말은 신실하고 참된지라 주 곧 선지자들의 영의 하나님이 그의 종들에게 결코 속히 될 일을 보이시려고 그의 천사를 보내셨도다 보라 내가 속히 오리니 이 책의 예언의 말씀을 지키는 자가 복이 있으리라 하더라 이것들을 보고 들은 자는 나 요한이니 내가 듣고 볼 때에 이 일을 내게 보이던 천사의 발 앞에 경배하려고 엎드렸더니 저가 내게 말하기를 나는 너와 네 형제 선지자들과 또 이 책의 말을 지키는 자들과 함께 된 종이니 그리하지 말고 오직 하나님께 경배하라 하더라 또 내게 말하되 이 책의 예언의 말씀을 인봉하지 말라 때가 가까우니라. 불의를 하는 자는 그대로 불의를 하고 더러운 자는 그대로 더럽고 의로운 자는 그대로 의를 행하고 거룩한 자는 그대로 거룩되게 하라 보라 내가 속히 오리니 내가 줄 상이 내게 있어 각 사람에게 그의 일한대로 갚아 주리라 나는 알파와 오메가요 처음과 나중이요 시작과 끝이라 그 두루마기를 빠는 자들은 복이 있으니 이는 저희가 생명 나무에 나아가며 문들을 통하여 성에 들어갈 권세를 얻으려 함이로다 (계 22:1-14).

※ 보라 내가 도적같이 오리니 누구든지 깨어 자기 옷을 지켜 벌거벗고 다니지 아니하며 자기의 부끄러움을 보이지 아니하는 자가 복이 있도다(계 16:15).

3. 그리스도 예수 안에 있는 자는 결코 정죄함이 없느니라

> 이튿날 요한이 예수께서 자기에게 나아오심을 보고 가로되 보라 세상 죄를 지고 가는 하나님의 어린양이로다(요 1:29).

> 우리는 다 양 같아서 그릇 행하여 각기 제 길로 갔거늘 여호와께서는 우리 무리의 죄악을 그에게 담당시키셨도다(사 53:6).

> 모든 사람이 죄를 범하였으매 하나님의 영광에 이르지 못하더니 그리스도 예수 안에 있는 구속으로 말미암아 하나님의 은혜로 값없이 의롭다 하심을 얻은 자 되었느니라 이 예수를 하나님이 그의 피로 인하여 믿음으로 말미암는 화목 제물로 세우셨으니 이는 하나님께서 길이 참으시는 중에 전에 지은 죄를 간과하심으로 자기의 의로우심을 나타내려 하심이니 곧 이 때에 자기의 의로우심을 나타내사 자기도 의로우시며 또한 예수 믿는 자를 의롭다 하려 하심이니라(롬 3:23-26).

> 여호와는 자비로우시며 은혜로우시며 노하기를 더디 하시며 인자하심이 풍부하시도다. 항상 경책지 아니하시며 노를 영원히 품지 아니하시리로다 우리의 죄를 따라 처치하지 아니하시며 우리의 죄악을 따라 갚지 아니하셨으니 이는 하늘이 땅에서 높음같이 그를 경외하는 자에게 그 인자하심이 크심이로다 동이 서에서 먼 것 같이 우리 죄과를 우리에게서 멀리 옮기셨으며(시 103:8-12).

우리가 아직 죄인 되었을 때에 그리스도께서 우리를 위하여 죽으심으로 하나님께서 우리에게 대한 자기의 사랑을 확증하셨느니라 그러면 이제 우리가 그 피를 인하여 의롭다 하심을 얻었은즉 더욱 그로 말미암아 진노하심에서 구원을 얻을 것이니 곧 우리가 원수 되었을 때에 그 아들의 죽으심으로 말미암아 하나님으로 더불어 화목되었은즉 화목된 자로서는 더욱 그의 살으심을 인하여 구원을 얻을 것이니라. 이뿐 아니라 이제 우리로 화목을 얻게 하신 우리 주 예수 그리스도로 말미암아 하나님 안에서 또한 즐거워하느니라 이러므로 한 사람으로 말미암아 죄가 세상에 들어오고 죄로 말미암아 사망이 왔나니 이와 같이 모든 사람이 죄를 지었으므로 사망이 모든 사람에게 이르렀느니라(롬 5:8-12).

너희가 죄의 종이 되었을 때에는 의에 대하여 자유하였느니라 너희가 그 때에 무슨 열매를 얻었느뇨 이제는 너희가 그 일을 부끄러워하나니 이는 그 마지막이 사망임이니라. 그러나 이제는 너희가 죄에게서 해방되고 하나님께 종이 되어 거룩함에 이르는 열매를 얻었으니 이 마지막은 영생이라 죄의 삯은 사망이요 하나님의 은사는 그리스도 예수 우리 주 안에 있는 영생이니라(롬 6:20-23).

그러므로 이제 그리스도 예수 안에 있는 자에게는 결코 정죄함이 없나니 이는 그리스도 예수 안에 있는 생명의 성령의 법이 죄와 사망의 법에서 너를 해방하였음이라. 율법이 육신으로 말미암아 연약하여 할 수 없는 그것을 하나님은 하시나니 곧 죄를 인하여 자기 아들을 죄 있는 육신의 모양으로 보내어 육신에 죄를 정하사 육신을 좇지 않고 그 영을 좇아 행하는 우리에게 율법의 요구를 이루어지게 하려 하심이니라(롬 8:1-4).

보라 내가 너희에게 비밀을 말하노니 우리가 다 잠잘 것이 아니요 마지막 나팔에 순식간에 홀연히 다 변화하리니 나팔 소리가 나매 죽은 자들이 썩지 아니할 것으로 다시 살고 우리도 변화하리라 이 썩을 것이 불가불 썩지 아니할 것을 입겠고 이 죽을 것이 죽지 아니함을 입으리로다 이 썩을 것이 썩지 아니함을 입고 이 죽을 것이 죽지 아니함을 입을 때에는 사망이 이김의 삼킨바 되리라고 기록된 말씀이 응하리라 사망아 너의 이기는 것이 어디 있느냐 사망아 너의 쏘는 것이 어디 있느냐 사망의 쏘는 것은 죄요 죄의 권능은 율법이라 우리 주 예수 그리스도로 말미암아 우리에게 이김을 주시는 하나님께 감사하노니 그러므로 내 사랑하는 형제들아 견고하며 흔들리지 말며 항상 주의 일에 더욱 힘쓰는 자들이 되라 이는 너희 수고가 주 안에서 헛되지 않은 줄을 앎이니라(고전 15:51-58).

예수께서 가라사대 나는 부활이요 생명이니 나를 믿는 자는 죽어도 살겠고 무릇 살아서 나를 믿는 자는 영원히 죽지 아니하리니 이것을 네가 믿느냐(요 11:25-26).

그 때에 네 민족을 호위하는 대군 미가엘이 일어날 것이요 또 환난이 있으리니 이는 개국 이래로 그 때까지 없던 환난일 것이며 그 때에 네 백성 중 무릇 책에 기록된 모든 자가 구원을 얻을 것이라 땅의 티끌 가운데서 자는 자 중에 많이 깨어 영생을 얻는 자도 있겠고 수욕을 받아서 무궁히 부끄러움을 입을 자도 있을 것이며 지혜 있는 자는 궁창의 빛과 같이 빛날 것이요 많은 사람을 옳은데로 돌아오게 한 자는 별과 같이 영원토록 비취리라 다니엘아 마지막 때까지 이 말을 간수하고 이 글을 봉함하라 많은 사람이 빨리 왕래하며 지식이 더하리라(단 12:1-4).

또 내가 새 하늘과 새 땅을 보니 처음 하늘과 처음 땅이 없어졌고 바다도 다시 있지 않더라 또 내가 보매 거룩한 성 새 예루살렘이 하나님께로부터 하늘에서 내려오니 그 예비한 것이 신부가 남편을 위하여 단장한 것 같더라. 내가 들으니 보좌에서 큰 음성이 나서 가로되 보라 하나님의 장막이 사람들과 함께 있으매 하나님이 저희와 함께 거하시리니 저희는 하나님의 백성이 되고 하나님은 친히 저희와 함께 계셔서 모든 눈물을 그 눈에서 씻기시매 다시 사망이 없고 애통하는 것이나 곡하는 것이나 아픈 것이 다시 있지 아니하리니 처음 것들이 다 지나갔음이러라 보좌에 앉으신 이가 가라사대 보라 내가 만물을 새롭게 하노라 하시고 또 가라사대 이 말은 신실하고 참되니 기록하라 하시고 또 내게 말씀하시되 이루었도다 나는 알파와 오메가요 처음과 나중이라 내가 생명수 샘물로 목마른 자에게 값없이 주리니 이기는 자는 이것들을 유업으로 얻으리라 나는 저의 하나님이 되고 그는 내 아들이 되리라(계 21:1-7).

또 저가 수정같이 맑은 생명수의 강을 내게 보이니 하나님과 및 어린양의 보좌로부터 나서 길 가운데로 흐르더라 강 좌우에 생명 나무가 있어 열 두가지 실과를 맺히되 달마다 그 실과를 맺히고 그 나무 잎사귀들은 만국을 소성하기 위하여 있더라 다시 저주가 없으며 하나님과 그 어린양의 보좌가 그 가운데 있으리니 그의 종들이 그를 섬기며 그의 얼굴을 볼터이요 그의 이름도 저희 이마에 있으리라 다시 밤이 없겠고 등불과 햇빛이 쓸데 없으니 이는 주 하나님이 저희에게 비취심이라 저희가 세세토록 왕 노릇 하리로다(계 22:1-5).

※ 예수께서 가라사대 나는 부활이요 생명이니 나를 믿는 자는 죽어도 살겠고, 무릇 살아서 나를 믿는 자는 영원히 죽지 아니하리니 이것을 네가 믿느냐(요 11:25-26).

4. 구원의 복음에 대한 사람들의 반응

오순절 성령 강림 이후 사도들이 증거하는 복음을 듣고 사람들은 깜짝 놀라는 반응을 보이며 급속도로 전파되기 시작하였다. 그러나 유대교의 지도자들과 일부 열성분자는 거세게 대적하며 훼방하였으니 사도들과 성도들이 큰 어려움을 당하였으며 많은 사람이 순교하기도 하였다.

오순절 날이 이미 이르매 저희가 다 같이 한곳에 모였더니 홀연히 하늘로부터 급하고 강한 바람 같은 소리가 있어 저희 앉은 온 집에 가득하며 불의 혀 같이 갈라지는 것이 저희에게 보여 각 사람 위에 임하여 있더니 저희가 다 성령의 충만함을 받고 성령이 말하게 하심을 따라 다른 방언으로 말하기를 시작하니라 그 때에 경건한 유대인이 천하 각국으로부터 와서 예루살렘에 우거하더니 이 소리가 나매 큰 무리가 모여 각각 자기의 방언으로 제자들의 말하는 것을 듣고 소동하여 다 놀라 기이히 여겨 이르되 보라 이 말하는 사람이 다 갈릴리 사람이 아니냐 우리가 우리 각 사람의 난 곳 방언으로 듣게 되는 것이 어찜이뇨 우리는 바대인과 메대인과 엘림인과 또 메소보다미아,

유대와 갑바도기아, 본도와 아시아, 브루기아와 밤빌리아, 애굽과 및 구레네에 가까운 리비야 여러 지방에 사는 사람들과 로마로부터 온 나그네 곧 유대인과 유대교에 들어 온 사람들과 그레데인과 아라비아인들이라 우리가 다 우리의 각 방언으로 하나님의 큰 일을 말함을 듣는도다 하고 다 놀라며 의혹하여 서로 가로되 이 어찐 일이냐 하며 또 어떤이들은 조롱하여 가로되 저희가 새 술이 취하였다 하더라 베드로가 열 한 사도와 같이 서서 소리를 높여 가로되 유대인들과 예루살렘에 사는 사람들아 이 일을 너희로 알게 할 것이니 내 말에 귀를 기울이라 때가 제 삼시니 너희 생각과 같이 이 사람들이 취한 것이 아니라 이는 곧 선지자 요엘로 말씀하신 것이니 일렀으되 하나님이 가라사대 말세에 내가 내 영으로 모든 육체에게 부어 주리니 너희의 자녀들은 예언할 것이요 너희의 젊은이들은 환상을 보고 너희의 늙은이들은 꿈을 꾸리라 그 때에 내가 내 영으로 내 남종과 여종들에게 부어주리니 저희가 예언할 것이요 또 내가 위로 하늘에서는 기사와 아래로 땅에서는 징조를 베풀리니 곧 피와 불과 연기로다 주의 크고 영화로운 날이 이르기 전에 해가 변하여 어두워지고 달이 변하여 피가 되리라 누구든지 주의 이름을 부르는 자는 구원을 얻으리라 하였느니라 이스라엘 사람들아 이 말을 들으라 너희도 아는 바에 하나님께서 나사렛 예수로 큰 권능과 기사와 표적을 너희 가운데서 베푸사 너희 앞에서 그를 증거 하셨느니라 그가 하나님의 정하신 뜻과 미리 아신대로 내어 준바 되었거늘 너희가 법 없는 자들의 손을 빌어 못 박아 죽였으나 하나님께서 사망의 고통을 풀어 살리셨으니 이는 그가 사망에게 매여 있을 수 없었음이라 다윗이 저를 가리켜 가로되 내가 항상 내 앞에 계신 주를 뵈웠음이여 나로 요동치 않게 하기 위하여 그가 내 우편에 계시도다 이러므로 내 마음이 기뻐하였고 내 입술도 즐거워하였으며 육체는 희망에 거하리니 이는 내 영혼을 음부에 버리지 아니하시며 주의 거룩한 자로 썩음을 당치 않게 하실 것임이로다 주께서 생명의 길로 내게 보이셨으니 주의 앞에서 나로 기쁨이 충만하게 하시리로다 하였으니 형제들아 내가 조상 다윗에 대하여 담대히 말할 수 있노니 다윗이 죽어 장사되어 그 묘가 오늘까지 우리 중에 있도다 그는 선지자라 하나님이 이미 맹세하사 그 자손 중에서 한 사람을 그 위에 앉게 하리라 하심을 알고 미리 보는 고로 그리스도의 부활하심을 말하되 저가 음부에 버림이 되지 않고 육신이 썩음을 당하지 아니하시리라 하더니 이 예수를 하나님이 살리신지라 우리가 다 이 일에 증인이로다. 하나님이 오른손으로 예수를 높이시매 그가 약속하신 성령을 아버지께 받아서 너희 보고 듣는 이것을 부어 주셨느니라 다윗은 하늘에 올라가지 못하였으나 친히 말하여 가로되 주께서 내 주에게 말씀하시기를 내가 네 원수로 네 발등상 되게 하기까지 너는 내 우편에 앉았으라 하셨도다 하였으니 그런즉 이스라엘 온 집이 정녕 알찌니 너희가 십자가에 못 박은 이 예수를 하나님이 주와 그리스도가 되게 하셨느니라 하니라. 저희가 이 말을 듣고 마음에 찔려 베드로와 다른 사도들에게 물어 가로되 형제들아 우리가 어찌할꼬 하거늘 베드로가 가로되 너희가 회개하여 각각 예수 그리스도의 이름으로 세례를 받고 죄 사함을 얻으라 그리하면 성령을 선물로 받으리니 이 약속은 너희와 너희 자녀와 모든 먼데 사람 곧 주 우리 하나님이 얼마든지 부르시는 자들에게 하신 것이라 하고 또 여러 말로 확증하며 권하여 가로되 너희가 이 패역한 세대에서 구원을 받으라 하니 그 말을 받는 사람들은 세례를 받으매 이 날에 제자의 수가 삼천이나 더하더라(행 2:1-41).

사도들이 백성에게 말할 때에 제사장들과 성전 맡은 자와 사두개인들이 이르러 백성을 가르침과 예수를 들어 죽은자 가운데서 부활하는 도 전함을 싫어하여 저희를 잡으매 날이 이미 저물고로 이튿날까지 가두었으나 말씀을 들은 사람 중에 믿는 자가 많으니 남자의 수가 약 오천이나 되었더라 이튿날에 관원과 장로와 서기관들이 예루살렘에 모였는데 대제사장 안나스와 가야바와 요한과 알렉산더와 및 대제사장의 문중이 다 참예하여 사도들을 가운데 세우고 묻되 너희가 무슨 권세와 뉘 이름으로 이 일을 행하였느냐 이에 베드로가 성령이 충만하여 가로되 백성의 관원과 장로들아 만일 병인에게 행한 착한 일에 대하여 이 사람이 어떻게 구원을 얻었느냐고 오늘 우리에게 질문하면 너희와 모든 이스라엘 백성들은 알라 너희가 십자가에 못박고 하나님이 죽은자 가운데서 살리신 나사렛 예수 그리스도의 이름으로 이 사람이 건강하게 되어 너희 앞에 섰느니라 이 예수는 너희 건축자들의 버린 돌로서 집 모퉁이의 머릿돌이 되었느니라 다른 이로서는 구원을 얻을 수 없나니 천하 인간에 구원을 얻을만한 다른 이름을 우리에게 주신 일이 없음이니라 하였더라 저희가 베드로와 요한이 기탄없이 말함을 보고 그 본래 학문 없는 범인으로 알았다가 이상히 여기며 또 그 전에 예수와 함께 있던 줄도 알고 또 병 나은 사람이 그들과 함께 섰는 것을 보고 힐난할 말이 없는지라 명하여 공회에서 나가라 하고 서로 의논하여 가로되 이 사람들을 어떻게 할꼬 저희로 인하여 유명한 표적 나타난 것이 예루살렘에 사는 모든 사람에게 알려졌으니 우리도 부인할 수 없는지라 이것이 민간에 더 퍼지지 못하게 저희를 위협하여 이후에는 이 이름으로 아무 사람에게도 말하지 말게 하자 하고 그들을 불러 경계하여 도무지 예수의 이름으로 말하지도 말고 가르치지도 말라 하니 베드로와 요한이 대답하여 가로되 하나님 앞에서 너희 말 듣는 것이 하나님 말씀 듣는 것보다 옳은가 판단하라 우리는 보고 들은 것을 말하지 아니할 수 없다 하니 관원들이 백성을 인하여 저희를 어떻게 벌할 도리를 찾지 못하고 다시 위협하여 놓아 주었으니 이는 모든 사람이 그 된 일을 보고 하나님께 영광을 돌림이러라(행 4:1-21).

사울이 그의 죽임 당함을 마땅히 여기더라 그날에 예루살렘에 있는 교회에 큰 핍박이 나서 사도 외에는 다 유대와 사마리아 모든 땅으로 흩어지니라 경건한 사람들이 스데반을 장사하고 위하여 크게 울더라 사울이 교회를 잔멸할 쌔 각 집에 들어가 남녀를 끌어다가 옥에 넘기니라 그 흩어진 사람들이 두루 다니며 복음의 말씀을 전할 쌔 빌립이 사마리아 성에 내려가 그리스도를 백성에게 전파하니 무리가 빌립의 말도 듣고 행하는 표적도 보고 일심으로 그의 말하는 것을 좇더라 많은 사람에게 붙었던 더러운 귀신들이 크게 소리를 지르며 나가고 또 많은 중풍병자와 앉은뱅이가 나으니 그 성에 큰 기쁨이 있더라(행 8:1-8).

※ 이방인들이 듣고 기뻐하여 하나님의 말씀을 찬송하며 영생을 주시기로 작정된 자는 다 믿더라(행 13:48).

5. 복음을 위해 목숨 바친 제자들

목숨보다 귀한 것은 아무것도 없다.

목숨을 잃으면 그의 소유가 아무 소용이 없으니 천하를 준다 한들 자기 목숨과 바꿀 사람이 어디에 있겠는가!

> 사람이 만일 온 천하를 얻고도 제 목숨을 잃으면 무엇이 유익하리요 사람이 무엇을 주고 제 목숨을 바꾸겠느냐(막 8:36-37).

그러나 주님의 제자들은 복음을 위하여 기꺼이 자기의 생명을 바쳤으니 이는 주님의 복음이 생명보다도 더 귀하다는 사실을 깨달았기 때문이다.

> 저희가 믿음으로 나라들을 이기기도 하며 의를 행하기도 하며 약속을 받기도 하며 사자들의 입을 막기도 하며 불의 세력을 멸하기도 하며 칼날을 피하기도 하며 연약한 가운데서 강하게 되기도 하며 전쟁에 용맹되어 이방 사람들의 진을 물리치기도 하며 여자들은 자기의 죽은 자를 부활로 받기도 하며 또 어떤 이들은 더 좋은 부활을 얻고자 하여 악형을 받되 구차히 면하지 아니하였으며 또 어떤 이들은 희롱과 채찍질뿐만 아니라 결박과 옥에 갇히는 시험도 받았으며 돌로 치는 것과 톱으로 켜는 것과 시험과 칼에 죽는 것을 당하고 양과 염소의 가죽을 입고 유리하여 궁핍과 환난과 학대를 받았으니(이런 사람은 세상이 감당치 못하도다) 저희가 광야와 산중과 암혈과 토굴에 유리하였느니라 이 사람들이 다 믿음으로 말미암아 증거를 받았으나 약속을 받지

못하였으니 이는 하나님이 우리를 위하여 더 좋은 것을 예비하셨은 즉 우리가 아니면 저희로 온전함을 이루지 못하게 하려 하심이니라(히 11:33-40).

바울이 밀레도에서 사람을 에베소로 보내어 교회 장로들을 청하니 오매 저희에게 말하되 아시아에 들어온 첫날부터 지금까지 내가 항상 너희 가운데서 어떻게 행한 것을 너희도 아는바니 곧 모든 겸손과 눈물이며 유대인의 간계를 인하여 당한 시험을 참고 주를 섬긴 것과 유익한 것은 무엇이든지 공중 앞에서나 각 집에서나 꺼림이 없이 너희에게 전하여 가르치고 유대인과 헬라인들에게 하나님께 대한 회개와 우리 주 예수 그리스도께 대한 믿음을 증거한 것이라 보라 이제 나는 심령에 매임을 받아 예루살렘으로 가는데 저기서 무슨 일을 만날는지 알지 못하노라. 오직 성령이 각 성에서 내게 증거하여 결박과 환난이 나를 기다린다 하시나 나의 달려갈 길과 주 예수께 받은 사명 곧 하나님의 은혜의 복음 증거하는 일을 마치려 함에는 나의 생명을 조금도 귀한 것으로 여기지 아니하노라(행 20:17-24).

형제들아 우리가 너희 가운데 들어감이 헛되지 않은 줄을 너희가 친히 아나니 너희 아는 바와 같이 우리가 먼저 빌립보에서 고난과 능욕을 당하였으나 우리 하나님을 힘입어 많은 싸움 중에 하나님의 복음을 너희에게 말하였노라 우리의 권면은 간사에서나 부정에서 난 것도 아니요, 궤계에 있는 것도 아니라 오직 하나님의 옳게 여기심을 입어 복음 전할 부탁을 받았으니 우리가 이와 같이 말함은 사람을 기쁘게 하려 함이 아니요 오직 우리 마음을 감찰하시는 하나님을 기쁘시게 하려 함이라 너희도 알거니와 우리가 아무 때에도 아첨의 말이나 탐심의 탈을 쓰지 아니한 것을 하나님이 증거 하시느니라 우리가 그리스도의 사도로 능히 존중할 터이나 그러나 너희에게든지 다른 이에게든지 사람에게는 영광을 구치 아니하고 오직 우리가 너희 가운데서 유순한 자 되어 유모가 자기 자녀를 기름과 같이 하였으니 우리가 이같이 너희를 사모하여 하나님의 복음으로만 아니라 우리 목숨까지 너희에게 주기를 즐겨함은 너희가 우리의 사랑하는 자 됨이니라. 제들아 우리의 수고와 애쓴 것을 너희가 기억하리니 너희 아무에게도 누를 끼치지 아니하려고 밤과 낮으로 일하면서 너희에게 하나님의 복음을 전파하였노라(살전 2:1-9).

내 계명은 곧 내가 너희를 사랑한 것 같이 너희도 서로 사랑하라 하는 이것이니라 사람이 친구를 위하여 자기 목숨을 버리면 이에서 더 큰 사랑이 없나니 너희가 나의 명하는대로 행하면 곧 나의 친구라 이제부터는 너희를 종이라 하지 아니하리니 종은 주인의 하는 것을 알지 못함이라 너희를 친구라 하였노니 내가 내 아버지께 들은 것을 다 너희에게 알게 하였음이니라(요 15:12-15).

형제들아 너희가 그리스도 예수 안에서 유대에 있는 하나님의 교회들을 본받은 자 되었으니 저희가 유대인들에게 고난을 받음과 같이 너희도 너희 나라 사람들에게 동일한 것을 받았느니라 유대인은 주 예수와 선지자들을 죽이고 우리를 쫓아내고 하나님을 기쁘시게 아니하고 모든 사람에게 대적이 되어 우리가 이방인에게 말하여 구원 얻게 함을 저희가 금하여 자기 죄를 항상 채우매 노하심이 끝까지 저희에게 임하였느니라 형제들아 우리가 잠시 너희를 떠난 것은 얼굴

> 이요 마음은 아니니 너희 얼굴 보기를 열정으로 더욱 힘썼노라 그러므로 나 바울은 한번 두번 너희에게 가고자 하였으나 사탄이 우리를 막았도다 우리의 소망이나 기쁨이나 자랑의 면류관이 무엇이냐 그의 강림하실 때 우리 주 예수 앞에 너희가 아니냐 너희는 우리의 영광이요 기쁨이니라(살전 2:14-20).

영원한 생명, 하늘의 보화는 우리의 생명에 비교할 수 없는 가치가 있는 것으로 이 세상에서 생명과 바꿀 수 있는 것은 오직 복음뿐이다.

> 성령이 친히 우리 영으로 더불어 우리가 하나님의 자녀인 것을 증거하시나니 자녀이면 또한 후사 곧 하나님의 후사요 그리스도와 함께한 후사니 우리가 그와 함께 영광을 받기 위하여 고난도 함께 받아야 될 것이니라. 생각건 대 현재의 고난은 장차 우리에게 나타날 영광과 족히 비교할 수 없도다(롬 8:16-18).

> 내가 복음을 부끄러워하지 아니하노니 이 복음은 모든 믿는 자에게 구원을 주시는 하나님의 능력이 됨이라 첫째는 유대인에게요 또한 헬라인에게로다(롬 1:16).

> 아버지께서는 모든 충만으로 예수 안에 거하게 하시고 그의 십자가의 피로 화평을 이루사 만물 곧 땅에 있는 것들이나 하늘에 있는 것들을 그로 말미암아 자기와 화목케 되기를 기뻐하심이라 전에 악한 행실로 멀리 떠나 마음으로 원수가 되었던 너희를 이제는 그의 육체의 죽음으로 말미암아 화목케 하사 너희를 거룩하고 흠 없고 책망할

것이 없는 자로 그 앞에 세우고자 하셨으니 만일 너희가 믿음에 거하고 터 위에 굳게 서서 너희 들은바 복음의 소망에서 흔들리지 아니하면 그리하리라 이 복음은 천하 만민에게 전파된 바요 나 바울은 이 복음의 일군이 되었노라. 내가 이제 너희를 위하여 받는 괴로움을 기뻐하고 그리스도의 남은 고난을 그의 몸된 교회를 위하여 내 육체에 채우노라. 내가 교회 일군 된 것은 하나님이 너희를 위하여 내게 주신 경륜을 따라 하나님의 말씀을 이루려 함이니라 이 비밀은 만세와 만대로부터 옴으로 감취었던 것인데 이제는 그의 성도들에게 나타났고 하나님이 그들로 하여금 이 비밀의 영광이 이방인 가운데 어떻게 풍성한 것을 알게 하려 하심이라 이 비밀은 너희 안에 계신 그리스도시니 곧 영광의 소망이니라(골 1:19-27).

저들은 나의 매임에 괴로움을 더하게 할 줄로 생각하여 순전치 못하게 다툼으로 그리스도를 전파하느니라 그러면 무엇이뇨 외모로 하나 참으로 하나 무슨 방도로 하든지 전파되는 것은 그리스도니 이로써 내가 기뻐하고 또한 기뻐하리라 이것이 너희 간구와 예수 그리스도의 성령의 도우심으로 내 구원에 이르게 할 줄 아는 고로 나의 간절한 기대와 소망을 따라 아무 일에든지 부끄럽지 아니하고 오직 전과 같이 이제도 온전히 담대하여 살든지 죽든지 내 몸에서 그리스도가 존귀히 되게 하려 하나니 이는 내게 사는 것이 그리스도니 죽는 것도 유익함이니라 그러나 만일 육신으로 사는 이것이 내 일의 열매일찐대 무엇을 가릴는지 나는 알지 못하노라 내가 그 두 사이에 끼였으니 떠나서 그리스도와 함께 있을 욕망을 가진 이것이 더욱 좋으나 그러나 내가 육신에 거하는 것이 너희를 위하여 더 유익하리라(빌 1:17-24).

하나님 앞과 산 자와 죽은 자를 심판하실 그리스도 예수 앞에서 그의 나타나실 것과 그의 나라를 두고 엄히 명하노니 너는 말씀을 전파하라, 때를 얻든지 못 얻든지 항상 힘쓰라 범사에 오래 참음과 가르침으로 경책하며 경계하며 권하라 때가 이르리니 사람이 바른 교훈을 받지 아니하며 귀가 가려워서 자기의 사욕을 좇을 스승을 많이 두고 또 그 귀를 진리에서 돌이켜 허탄한 이야기를 좇으리라 그러나 너는 모든 일에 근신하여 고난을 받으며 전도인의 일을 하며 네 직무를 다하라. 관제와 같이 벌써 내가 부음이 되고 나의 떠날 기약이 가까웠도다 내가 선한 싸움을 싸우고 나의 달려갈 길을 마치고 믿음을 지켰으니 이제 후로는 나를 위하여 의의 면류관이 예비되었으므로 주 곧 의로우신 재판장이 그날에 내게 주실 것이니 내게만 아니라 주의 나타나심을 사모하는 모든 자에게니라(딤후 4:1-8).

형제들아 너희는 함께 나를 본받으라 또 우리로 본을 삼은 것 같이 그대로 행하는 자들을 보이라 내가 여러 번 너희에게 말하였거니와 이제도 눈물을 흘리며 말하노니 여러 사람들이 그리스도 십자가의 원수로 행하느니라 저희의 마침은 멸망이요 저희의 신은 배요 그 영광은 저희의 부끄러움에 있고 땅의 일을 생각하는 자라 오직 우리의 시민권은 하늘에 있는지라 거기로서 구원하는 자 곧 주 예수 그리스도를 기다리노니 그가 만물을 자기에게 복종케 하실 수 있는 자의 역사로 우리의 낮은 몸을 자기 영광의 몸의 형체와 같이 변케 하시리라(빌 3:17-21).

제자들은 이렇게 자기의 생명을 바쳐 예수 그리스도를 증거하였으니 예수님께서 자신을 희생하여 우리를 죄와 사망과 형벌에서 구원하신 놀라운 사랑을 깨닫고 자기들도 생명 바쳐 복음을 전하는 것을 지극히 마땅하게 여겼다.

> 그가 우리를 위하여 목숨을 버리셨으니 우리가 이로써 사랑을 알고 우리도 형제들을 위하여 목숨을 버리는 것이 마땅하니라(요일 3:16).

> 그리스도께서 나를 보내심은 세례를 주게 하려 하심이 아니요 오직 복음을 전케 하려 하심이니 말의 지혜로 하지 아니함은 그리스도의 십자가가 헛되지 않게 하려 함이라 십자가의 도가 멸망하는 자들에게는 미련한 것이요 구원을 얻는 우리에게는 하나님의 능력이라(고전 1:17-18).

> 형제들아 내가 너희에게 나아가 하나님의 증거를 전할 때에 말과 지혜의 아름다운 것으로 아니 하였나니 내가 너희 중에서 예수 그리스도와 그의 십자가에 못 박히신 것 외에는 아무것도 알지 아니하기로 작정하였음이라(고전 2:1-2).

> 내가 그리스도와 함께 십자가에 못 박혔나니 그런즉 이제는 내가 산 것이 아니요 오직 내 안에 그리스도께서 사신 것이라 이제 내가 육체 가운데 사는 것은 나를 사랑하사 나를 위하여 자기 몸을 버리신 하나님의 아들을 믿는 믿음 안에서 사는 것이라(갈 2:20).

우리의 구원이 이렇게 고귀한 예수 그리스도의 희생으로 얻어진 것이니 얼마나 값진 것인가를 깨닫게 된다.

하나님은 말씀으로 세상의 모든 것을 창조하시는 능력을 갖추셨다. 그러나 우리의 구원은 친히 오셔서 피 흘려 우리의 죄를 대속하심으로 이루셨으니 이 사랑, 이 은혜를 세상의 무엇과 비교할 수 있겠는가!

> 우리가 이같이 큰 구원을 등한히 여기면 어찌 피하리오. 이 구원은 처음에 주로 말씀하신 바요 들은 자들이 우리에게 확증한 바니 하나님도 표적들과 기사들과 여러가지 능력과 및 자기 뜻을 따라 성령의 나눠주신 것으로써 저희와 함께 증거하셨느니라(히 2:3-4).

> 모든 사람이 죄를 범하였으매 하나님의 영광에 이르지 못하더니 그리스도 예수 안에 있는 구속으로 말미암아 하나님의 은혜로 값없이 의롭다 하심을 얻은 자 되었느니라 이 예수를 하나님이 그의 피로 인하여 믿음으로 말미암는 화목 제물로 세우셨으니 이는 하나님께서 길이 참으시는 중에 전에 지은 죄를 간과하심으로 자기의 의로우심을 나타내려 하심이니 곧 이 때에 자기의 의로우심을 나타내사 자기도 의로우시며 또한 예수 믿는 자를 의롭다 하려 하심이니라 (롬 3:23-26).

> 아버지께서는 모든 충만으로 예수 안에 거하게 하시고 그의 십자가의 피로 화평을 이루사 만물 곧 땅에 있는 것들이나 하늘에 있는 것들을 그로 말미암아 자기와 화목케 되기를 기뻐하심이라 전에 악한

행실로 멀리 떠나 마음으로 원수가 되었던 너희를 이제는 그의 육체의 죽음으로 말미암아 화목케 하사 너희를 거룩하고 흠 없고 책망할 것이 없는 자로 그 앞에 세우고자 하셨으니 만일 너희가 믿음에 거하고 터 위에 굳게 서서 너희 들은바 복음의 소망에서 흔들리지 아니하면 그리하리라 이 복음은 천하 만민에게 전파된 바요 나 바울은 이 복음의 일군이 되었노라(골 1:19-23).

예수 그리스도의 계시라 이는 하나님이 그에게 주사 반드시 속히 될 일을 그 종들에게 보이시려고 그 천사를 그 종 요한에게 보내어 지시하신 것이라 요한은 하나님의 말씀과 예수 그리스도의 증거 곧 자기의 본 것을 다 증거하였느니라 이 예언의 말씀을 읽는 자와 듣는 자들과 그 가운데 기록한 것을 지키는 자들이 복이 있나니 때가 가까움이라 요한은 아시아에 있는 일곱 교회에 편지하노니 이제도 계시고 전에도 계시고 장차 오실 이와 그 보좌 앞에 일곱 영과 또 충성된 증인으로 죽은 자들 가운데서 먼저 나시고 땅의 임금들의 머리가 되신 예수 그리스도로 말미암아 은혜와 평강이 너희에게 있기를 원하노라 우리를 사랑하사 그의 피로 우리 죄에서 우리를 해방하시고 그 아버지 하나님을 위하여 우리를 나라와 제사장으로 삼으신 그에게 영광과 능력이 세세토록 있기를 원하노라 아멘 볼찌어다 구름을 타고 오시리라 각인의 눈이 그를 보겠고 그를 찌른 자들도 볼터이요 땅에 있는 모든 족속이 그를 인하여 애곡하리니 그리하리라 아멘 주 하나님이 가라사대 나는 알파와 오메가라 이제도 있고 전에도 있었고 장차 올 자요 전능한 자라 하시더라(계 1:1-8).

※ 그가 우리를 위하여 목숨을 버리셨으니 우리가 이로써 사랑을
알고 우리도 형제들을 위하여 목숨을 버리는 것이 마땅하니라
(요일 3:16).

6. 누구도 피할 수 없는 사망과 형벌

여호와 하나님이 그 사람을 이끌어 에덴동산에 두사 그것을 다스리며 지키게 하시고 여호와 하나님이 그 사람에게 명하여 가라사대 동산 각종 나무의 실과는 네가 임의로 먹되 선악을 알게 하는 나무의 실과는 먹지 말라 네가 먹는 날에는 정녕 죽으리라 하시니라 (창 2:15-17).

아담에게 이르시되 네가 네 아내의 말을 듣고 내가 너더러 먹지 말라 한 나무 실과를 먹었은즉 땅은 너로 인하여 저주를 받고 너는 종신토록 수고하여야 그 소산을 먹으리라 땅이 네게 가시덤불과 엉겅퀴를 낼 것이라 너의 먹을 것은 밭의 채소인즉 네가 얼굴에 땀이 흘러야 식물을 먹고 필경은 흙으로 돌아가리니 그 속에서 네가 취함을 입었음이라 너는 흙이니 흙으로 돌아갈 것이니라 하시니라 (창 3:17-19).

이러므로 한 사람으로 말미암아 죄가 세상에 들어오고 죄로 말미암아 사망이 왔나니 이와같이 모든 사람이 죄를 지었으므로 사망이 모든 사람에게 이르렀느니라 (롬 5:12).

죄의 삯은 사망이요 하나님의 은사는 그리스도 예수 우리 주 안에 있는 영생이니라(롬 6:23).

알지 못하던 시대에는 하나님이 허물치 아니하셨거니와 이제는 어디든지 사람을 다 명하사 회개하라 하셨으니 이는 정하신 사람으로 하여금 천하를 공의로 심판할 날을 작정하시고 이에 저를 죽은 자 가운데서 다시 살리신 것으로 모든 사람에게 믿을만한 증거를 주셨음이니라 하니라(행 17:30-31).

하나님을 모르는 자들과 우리 주 예수의 복음을 복종치 않는 자들에게 형벌을 주시리니 이런 자들이 주의 얼굴과 그의 힘의 영광을 떠나 영원한 멸망의 형벌을 받으리로다(살후 1:8-9).

한번 죽는 것은 사람에게 정하신 것이요 그 후에는 심판이 있으리니(히 9:27).

육신을 좇는 자는 육신의 일을, 영을 좇는 자는 영의 일을 생각하나니 육신의 생각은 사망이요 영의 생각은 생명과 평안이니라. 육신의 생각은 하나님과 원수가 되나니 이는 하나님의 법에 굴복치 아니할 뿐 아니라 할 수도 없음이라(롬 8:5-7).

네째 인을 떼실 때에 내가 네째 생물의 음성을 들으니 가로되 오라 하기로 내가 보매 청황색 말이 나오는데 그 탄 자의 이름은 사망이니 음부가 그 뒤를 따르더라 저희가 땅 사분 일의 권세를 얻어 검과 흉년과 사망과 땅의 짐승으로써 죽이더라(계 6:7-8).

그러나 두려워하는 자들과 믿지 아니하는 자들과 흉악한 자들과 살인자들과 행음자들과 술객들과 우상 숭배자들과 모든 거짓말 하는 자들은 불과 유황으로 타는 못에 참예 하리니 이것이 둘째 사망이라(계 21;8).

모이기를 폐하는 어떤 사람들의 습관과 같이 하지 말고 오직 권하여 그 날이 가까움을 볼수록 더욱 그리하자 우리가 진리를 아는 지식을 받은 후 짐짓 죄를 범한즉 다시 속죄하는 제사가 없고 오직 무서운 마음으로 심판을 기다리는 것과 대적하는 자를 소멸할 맹렬한 불만 있으리라(히 10:25-27).

또 내가 보니 죽은 자들이 무론 대소하고 그 보좌 앞에 섰는데 책들이 펴있고 또 다른 책이 펴졌으니 곧 생명책이라 죽은 자들이 자기 행위를 따라 책들에 기록된대로 심판을 받으니 바다가 그 가운데서 죽은 자들을 내어주고 또 사망과 음부도 그 가운데서 죽은 자들을 내어주매 각 사람이 자기의 행위대로 심판을 받고 사망과 음부도 불못에 던지우니 이것은 둘째 사망 곧 불못이라 누구든지 생명책에 기록되지 못한 자는 불못에 던지우더라(계 20:12-15).

우리가 살아도 주를 위하여 살고 죽어도 주를 위하여 죽나니 그러므로 사나 죽으나 우리가 주의 것이로라 이를 위하여 그리스도께서 죽었다가 다시 살으셨으니 곧 죽은 자와 산 자의 주가 되려 하심이니

> 라 네가 어찌하여 네 형제를 판단하느뇨 어찌하여 네 형제를 업신여기느뇨 우리가 다 하나님의 심판대 앞에 서리라(롬 14:8-10).

> 그런즉 우리는 거하든지 떠나든지 주를 기쁘시게 하는 자 되기를 힘쓰노라 이는 우리가 다 반드시 그리스도의 심판대 앞에 드러나 각각 선악간에 그 몸으로 행한 것을 따라 받으려 함이라(고후 5:9-10).

죽음으로 모든 것이 끝이라면 큰 문제가 되지 않는다. 그러나 하나님은 사람들에게 죽음 이후에 영원한 형벌이 있다고 반복하여 말씀하셨으니 이 말씀을 믿는 사람에게는 구원의 길이 열려 있지만 믿지 않는 사람들에게는 절대로 영생 얻을 기회를 얻지 못할 것이다.

하나님이 작정하시고 선고하신 사망의 형벌에서 누가 살아남을 수 있겠는가!

우리의 구원자로 오신 예수님께서는 친히 이렇게 말씀하셨다.

> 하늘에서 내려온 자 곧 인자 외에는 하늘에 올라간 자가 없느니라 모세가 광야에서 뱀을 든것 같이 인자도 들려야 하리니 이는 저를 믿는 자마다 영생을 얻게 하려 하심이니라 하나님이 세상을 이처럼 사랑하사 독생자를 주셨으니 이는 저를 믿는 자마다 멸망치 않고 영생을 얻게 하려 하심이니라. 하나님이 그 아들을 세상에 보내신 것은 세상을 심판하려 하심이 아니요 저로 말미암아 세상이 구원을 받게 하려 하심이라 저를 믿는 자는 심판을 받지 아니하는 것이요 믿지 아니하는 자는 하나님의 독생자의 이름을 믿지 아니하므로 벌써 심판을 받은 것이니라(요 3:13-18).

> 아버지께서 아무도 심판하지 아니하시고 심판을 다 아들에게 맡기셨으니 이는 모든 사람으로 아버지를 공경하는 것 같이 아들을 공경하게 하려 하심이라 아들을 공경치 아니하는 자는 그를 보내신 아버지를 공경치 아니하느니라. 내가 진실로 진실로 너희에게 이르노니 내 말을 듣고 또 나 보내신 이를 믿는 자는 영생을 얻었고 심판에 이르지 아니하나니 사망에서 생명으로 옮겼느니라 진실로 진실로 너희에게 이르노니 죽은 자들이 하나님의 아들의 음성을 들을 때가 오나니 곧 이때라 듣는 자는 살아나리라. 아버지께서 자기 속에 생명이 있음같이 아들에게도 생명을 주어 그 속에 있게 하셨고 또 인자됨을 인하여 심판하는 권세를 주셨느니라 이를 기이히 여기지 말라 무덤 속에 있는 자가 다 그의 음성을 들을 때가 오나니 선한 일을 행한 자는 생명의 부활로, 악한 일을 행한 자는 심판의 부활로 나오리라 (요 5:22-29).

사망의 형벌 아래 있는 사람에게 구원에 이를 수 있다는 소식은 이 세상에서 들을 수 있는 가장 기쁜 소식이다, 성경에서 말하는 복은 바로 이 복을 말하는 것이다. 그래서 사도 요한은 이 말씀을 듣고 지키는 자를 복된 사람이라고 말한 것이다.

> 예수 그리스도의 계시라 이는 하나님이 그에게 주사 반드시 속히 될 일을 그 종들에게 보이시려고 그 천사를 그 종 요한에게 보내어 지시하신 것이라 요한은 하나님의 말씀과 예수 그리스도의 증거 곧 자기의 본 것을 다 증거하였느니라 이 예언의 말씀을 읽는 자와 듣는 자들과 그 가운데 기록한 것을 지키는 자들이 복이 있나니 때가 가까움이라(계 1:1-3).

> 성도들의 인내가 여기 있나니 저희는 하나님의 계명과 예수 믿음을 지키는 자니라 또 내가 들으니 하늘에서 음성이 나서 가로되 기록하라 자금 이후로 주 안에서 죽는 자들은 복이 있도다, 하시매 성령이 가라사대 그러하다 저희 수고를 그치고 쉬리니 이는 저희의 행한 일이 따름이라 하시더라(계 14:12-13).

하나님의 백성들은 언제나 이 말씀을 듣고, 지키며, 말씀(예수님) 안에 살면서 언제 다시 오실지 모르는 주님을 맞이하기 위하여 항상 깨어 준비하고 기다리며 살아야 한다.

> 보라 내가 도적 같이 오리니 누구든지 깨어 자기 옷을 지켜 벌거벗고 다니지 아니하며 자기의 부끄러움을 보이지 아니하는 자가 복이 있도다 (계 16:15).

> 형제들아 때와 시기에 관하여는 너희에게 쓸 것이 없음은 주의 날이 밤에 도적같이 이를 줄을 너희 자신이 자세히 앎이라 저희가 평안하다, 안전하다 할 그 때에 잉태된 여자에게 해산 고통이 이름과 같이 멸망이 홀연히 저희에게 이르리니 결단코 피하지 못하리라 형제들아 너희는 어두움에 있지 아니하매 그날이 도적같이 너희에게 임하지 못하리니 너희는 다 빛의 아들이요 낮의 아들이라 우리가 밤이나 어두움에 속하지 아니하나니 그러므로 우리는 다른 이들과 같이 자지 말고 오직 깨어 근신할찌라 자는 자들은 밤에 자고 취하는 자들은 밤에 취하되 우리는 낮에 속하였으니 근신하여 믿음과 사랑의 흉배를 붙이고 구원의 소망의 투구를 쓰자 하나님이 우리를 세우

> 심은 노하심에 이르게 하심이 아니요 오직 우리 주 예수 그리스도
> 로 말미암아 구원을 얻게 하신 것이라 예수께서 우리를 위하여 죽으
> 사 우리로 하여금 깨든지 자든지 자기와 함께 살게 하려 하셨느니라
> (살전 5:1-10).

※ 한 번 죽는 것은 사람에게 정하신 것이요 그 후에는 심판이 있으리니(히 9:27).

7. 역사 속에 등장하였다가 사라진 교회

구약 시대의 성전이 사라진 원인과 교회가 사라지는 원인이 모두 같으니 백성들의 하나님에 대한 무지와 탐욕과 사탄의 미혹으로 거짓된 것을 추종하다가 결국 버림받은 것이다.

> 형제들아 너희가 알지 못하기를 내가 원치 아니하노니 우리 조상들
> 이 다 구름 아래 있고 바다 가운데로 지나며 모세에게 속하여 다 구
> 름과 바다에서 세례를 받고 다 같은 신령한 식물을 먹으며 다 같은
> 신령한 음료를 마셨으니 이는 저희를 따르는 신령한 반석으로부터
> 마셨으매 그 반석은 곧 그리스도시라 그러나 저희의 다수를 하나님
> 이 기뻐하지 아니하신고로 저희가 광야에서 멸망을 받았느니라. 그
> 런 일은 우리의 거울이 되어 우리로 하여금 저희가 악을 즐겨한 것
> 같이 즐겨하는 자가 되지 않게 하려 함이니 저희 중에 어떤 이들과
> 같이 너희는 우상숭배 하는 자가 되지 말라 기록된바 백성이 앉아서

> 먹고 마시며 일어나서 뛰논다 함과 같으니라 저희 중에 어떤 이들이 간음하다가 하루에 이만 삼천 명이 죽었나니 우리는 저희와 같이 간음하지 말자 저희 중에 어떤 이들이 주를 시험하다가 뱀에게 멸망하였나니 우리는 저희와 같이 시험하지 말자 저희 중에 어떤 이들이 원망하다가 멸망시키는 자에게 멸망하였나니 너희는 저희와 같이 원망하지 말라 저희에게 당한 이런 일이 거울이 되고 또한 말세를 만난 우리의 경계로 기록하였느니라 그런즉 선 줄로 생각하는 자는 넘어질까 조심하라(고전 10:1-12).

> 너희가 달음질을 잘하더니 누가 너희를 막아 진리를 순종치 않게 하더냐 (갈 5:7).

> 에베소 교회의 사자에게 편지하기를 오른손에 일곱별을 붙잡고 일곱 금 촛대 사이에 다니시는 이가 가라사대 내가 네 행위와 수고와 네 인내를 알고 또 악한 자들을 용납지 아니한 것과 자칭 사도라 하되 아닌 자들을 시험하여 그 거짓된 것을 네가 드러낸 것과, 또 네가 참고 내 이름을 위하여 견디고 게으르지 아니한 것을 아노라 그러나 너를 책망할 것이 있나니 너의 처음 사랑을 버렸느니라 그러므로 어디서 떨어진 것을 생각하고 회개하여 처음 행위를 가지라 만일 그리하지 아니하고 회개치 아니하면 내가 네게 임하여 네 촛대를 그 자리에서 옮기리라(계 2:1-5).

많은 교회가 에베소 교회처럼 처음에는 잘하였으나 시간이 지나면서 점점 변하여 온갖 거짓되고 부정한 것이 들어와 뿌리를 내림으로 결국 버림받게 되었으니 어느 시대나 마찬가지이다. 이스라엘 백성들이 하나님을 떠나 살게 되므로 인하여 실로의 성막이 삼백이십오 년 만에 무너지고, 제1 성전도 삼백칠십삼 년 만에 무너졌으며, 제2 성전이 오백오십사 년 만에 역사 속에서 완전히 사라져 버렸다.

성막과 성전이 무너지고 버림받을 수밖에 없었던 시대와 예수님께서 십자가에 못박혀 죽으시던 시대의 백성들이 모두 하나님의 징벌로 버림받을 수밖에 없을 정도로 타락하고 부패하였었다.

※ 오늘의 교회는 주님이 승천하신 후 거의 이천 년의 시간이 흘러갔는데 얼마나 오염되고 변질 되었을까 상상하여 보라. 오늘의 천차만별의 교회 모습과 수많은 거짓 교회가 난립하여 백성들을 미혹하고 있는 현실이 타락한 이 시대의 교회 모습이니, 앞으로 남은 것은 하나님의 무서운 심판뿐이다. 그날에 모든 것이 불에 타서 사라질 것이다.

구약 시대에는 하나님께서 그의 백성들과 언약을 지켜 가시기 위하여 극도로 타락할 때마다 전쟁이란 수단을 동원하시어서 모두 흩으시고 무너트리신 후에 회개하고 돌아오는 사람들과 언약의 맥을 이어 가셨는데 이 세상 마지막 때에도 대 환난의 심판을 작정하시고 그의 백성들을 환난을 통하여 정화하고 구별하시어 남은 자들을 이끌어 내심으로 마지막 언약이 성취될 것이다. 이 환난에서 많은 사람이 회개하고 하나님 앞에 돌아올 것이니, 이때가 하나님이 준비하신 마지막 구원의 기회이다.

8. 영광의 주인공이 될 최후의 승리자들

하나님의 관심은 '최후의 심판 날에 얼마나 많은 사람들이 환난을 통과하고 살아서 돌아올 것인가'이다.

> 예수께서 감람산 위에 앉으셨을 때에 제자들이 종용히 와서 가로되 우리에게 이르소서 어느 때에 이런 일이 있겠사오며 또 주의 임하심과 세상 끝에는 무슨 징조가 있사오리이까 예수께서 대답하여 가라사대 너희가 사람의 미혹을 받지 않도록 주의하라 많은 사람이 내 이름으로 와서 이르되 나는 그리스도라 하여 많은 사람을 미혹케 하리라 난리와 난리 소문을 듣겠으나 너희는 삼가 두려워 말라 이런 일이 있어야 하되 끝은 아직 아니니라 민족이 민족을, 나라가 나라를 대적하여 일어나겠고 처처에 기근과 지진이 있으리니 이 모든 것이 재난의 시작이니라. 그 때에 사람들이 너희를 환난에 넘겨주겠으며 너희를 죽이리니 너희가 내 이름을 위하여 모든 민족에게 미움을 받으리라 그 때에 많은 사람이 시험에 빠져 서로 잡아 주고 서로 미워하겠으며 거짓 선지자가 많이 일어나 많은 사람을 미혹하게 하겠으며 불법이 성하므로 많은 사람의 사랑이 식어지리라 그러나 끝까지 견디는 자는 구원을 얻으리라 이 천국 복음이 모든 민족에게 증거되기 위하여 온 세상에 전파되리니 그제야 끝이 오리라(마 24:3-14).

> 저희가 어린양으로 더불어 싸우려니와 어린양은 만주의 주시요 만왕의 왕이시므로 저희를 이기실 터이요 또 그와 함께 있는 자들 곧 부르심을 입고 빼내심을 얻고 진실한 자들은 이기리로다(계 17:14).

> 제자들이 둘러섰을 때에 바울이 일어나 성에 들어갔다가 이튿날 바나바와 함께 더베로 가서 복음을 그 성에서 전하여 많은 사람을 제자로 삼고 루스드라와 이고니온과 안디옥으로 돌아가서 제자들의 마음을 굳게 하여 이 믿음에 거하라 권하고 또 우리가 하나님 나라에 들어가려면 많은 환난을 겪어야 할 것이라 하고(행 14:20-22).

이 세상에는 의의 일꾼만 있는 것이 아니라 사탄의 일군들도 출현하여 자기를 광명한 천사처럼 위장하고 사람들을 미혹하고 있어서 그들을 추종하는 자들이 무리를 이루고 있으니 얼마나 많은 사람이 지옥으로 떨어질지 생각만 하여도 끔찍한 일이다.

> 저런 사람들은 거짓 사도요 궤휼의 역군이니 자기를 그리스도의 사도로 가장하는 자들이니라 이것이 이상한 일이 아니라 사탄도 자기를 광명의 천사로 가장하나니 그러므로 사탄의 일군들도 자기를 의의 일군으로 가장하는 것이 또한 큰 일이 아니라 저희의 결국은 그 행위대로 되리라(고후 11:13-15).

> 주께서 가라사대 지혜 있고 진실한 청지기가 되어 주인에게 그 집 종들을 맡아 때를 따라 양식을 나누어 줄 자가 누구냐 주인이 이를 때에 그 종의 이렇게 하는 것을 보면 그 종이 복이 있으리로다(눅 12:42-43).

> 예수께서 그들 앞에 또 비유를 베풀어 가라사대 천국은 좋은 씨를 제 밭에 뿌린 사람과 같으니 사람들이 잘 때에 그 원수가 와서 곡식

가운데 가라지를 덧뿌리고 갔더니 싹이 나고 결실할 때에 가라지도 보이거늘 집주인의 종들이 와서 말하되 주여, 밭에 좋은 씨를 심지 아니하였나이까 그러면 가라지가 어디서 생겼나이까 주인이 가로되 원수가 이렇게 하였구나, 종들이 말하되 그러면 우리가 가서 이것을 뽑기를 원하시나이까 주인이 가로되 가만 두어라, 가라지를 뽑다가 곡식까지 뽑을까 염려하노라 둘 다 추수 때까지 함께 자라게 두어라 추수 때에 내가 추숫군들에게 말하기를 가라지는 먼저 거두어 불사르게 단으로 묶고 곡식은 모아 내 곳간에 넣으라 하리라(마 13:24-30).

또 천국은 마치 바다에 치고 각종 물고기를 모는 그물과 같으니 그 물에 가득하매 물가로 끌어내고 앉아서 좋은 것은 그릇에 담고 못된 것은 내어 버리느니라 세상 끝에도 이러하리라 천사들이 와서 의인 중에서 악인을 갈라 내어 풀무 불에 던져 넣으리니 거기서 울며 이를 갊이 있으리라(마 13:47-50).

이미 도끼가 나무 뿌리에 놓였으니 좋은 열매 맺지 아니하는 나무마다 찍어 불에 던지우리라 나는 너희로 회개케 하기 위하여 물로 세례를 주거니와 내 뒤에 오시는 이는 나보다 능력이 많으시니 나는 그의 신을 들기도 감당치 못하겠노라 그는 성령과 불로 너희에게 세례를 주실 것이요 손에 키를 들고 자기의 타작 마당을 정하게 하사 알곡은 모아 곡간에 들이고 쭉정이는 꺼지지 않는 불에 태우시리라 (마 3:10-12).

너희는 돌아보아 하나님 은혜에 이르지 못하는 자가 있는가 두려워하고 또 쓴 뿌리가 나서 괴롭게 하고 많은 사람이 이로 말미암아 더러움을 입을까 두려워하고 음행하는 자와 혹 한 그릇 식물을 위하여 장자의 명분을 판 에서와 같이 망령된 자가 있을까 두려워하라 너희의 아는 바와 같이 저가 그 후에 축복을 기업으로 받으려고 눈물을 흘리며 구하되 버린 바가 되어 회개할 기회를 얻지 못하였느니라 (히 12:15-17).

우리가 시작할 때에 확실한 것을 끝까지 견고히 잡으면 그리스도와 함께 참예한 자가 되리라 성경에 일렀으되 오늘날 너희가 그의 음성을 듣거든 노하심을 격동할 때와 같이 너희 마음을 강퍅케 하지 말라 하였으니 듣고 격노케 하던 자가 누구뇨 모세를 좇아 애굽에서 나온 모든 이가 아니냐 또 하나님이 사십 년 동안에 누구에게 노하셨느뇨 범죄하여 그 시체가 광야에 엎드러진 자에게가 아니냐 또 하나님이 누구에게 맹세하사 그의 안식에 들어오지 못하리라 하셨느뇨 곧 순종치 아니하던 자에게가 아니냐 이로 보건대 저희가 믿지 아니하므로 능히 들어가지 못한 것이라(히 3:14-19).

그러므로 우리는 두려워할지니 그의 안식에 들어갈 약속이 남아 있을지라도 너희 중에 혹 미치지 못할 자가 있을까 함이라 저희와 같이 우리도 복음 전함을 받은 자이나 그러나 그 들은바 말씀이 저희에게 유익되지 못한 것은 듣는 자가 믿음을 화합지 아니함이라 이미 믿는 우리들은 저 안식에 들어가는도다 그 말씀하신 바와 같으니 내가 노하여 맹세한 바와 같이 저희가 내 안식에 들어오지 못하리라 하셨다

> 하였으나 세상을 창조할 때부터 그 일이 이루었느니라. 제 칠일에 관하여는 어디 이렇게 일렀으되 하나님은 제 칠일에 그의 모든 일을 쉬셨다 하였으며 또 다시 거기 저희가 내 안식에 들어오지 못하리라 하였으니 그러면 거기 들어갈 자들이 남아 있거니와 복음 전함을 먼저 받은 자들은 순종치 아니함을 인하여 들어가지 못하였으므로 오랜 후에 다윗의 글에 다시 어느 날을 정하여 오늘날이라고 미리 이같이 일렀으되 오늘날 너희가 그의 음성을 듣거든 너희 마음을 강퍅케 말라 하였나니 만일 여호수아가 저희에게 안식을 주었더면 그 후에 다른 날을 말씀하지 아니하셨으리라 그런즉 안식할 때가 하나님의 백성에게 남아 있도다 이미 그의 안식에 들어간 자는 하나님이 자기 일을 쉬심과 같이 자기 일을 쉬느니라 그러므로 우리가 저 안식에 들어가기를 힘쓸지니 이는 누구든지 저 순종치 아니하는 본에 빠지지 않게 하려 함이라(히 4:1-11).

> 인자가 자기 영광으로 모든 천사와 함께 올때에 자기 영광의 보좌에 앉으리니 모든 민족을 그 앞에 모으고 각각 분별하기를 목자가 양과 염소를 분별하는 것 같이 하여 양은 그 오른편에, 염소는 왼편에 두리라 그 때에 임금이 그 오른편에 있는 자들에게 이르시되 내 아버지께 복 받을 자들이여 나아와 창세로부터 너희를 위하여 예비 된 나라를 상속하라(마 25:31-34).

구원받은 백성은 마지막 환난을 통과하고 살아남은 사람들이다. 이 남은 자가 승리한 교회이다. 세상에 있는 교회는 아직 구별되지 않은 양과 염소가 섞여 있는 집단이요 가라지와 곡식이 함께 자라고 있는 밭이다. 마지막 환난을 거쳐야 비로소 분리가 된 것이다.

> 이 일 후에 내가 네 천사가 땅 네 모퉁이에 선 것을 보니 땅의 사방의 바람을 붙잡아 바람으로 하여금 땅에나 바다에나 각종 나무에 불지 못하게 하더라 또 보매 다른 천사가 살아계신 하나님의 인을 가지고 해 돋는 데로부터 올라와서 땅과 바다를 해롭게 할 권세를 얻은 네 천사를 향하여 큰 소리로 외쳐 가로되 우리가 우리 하나님의 종들의 이마에 인치기까지 땅이나 바다나 나무나 해하지 말라 하더라 내가 인맞은 자의 수를 들으니 이스라엘 자손의 각 지파 중에서 인맞은 자들이 십 사만 사천이니 유다 지파 중에 인맞은 자가 일만 이천이요 르우벤 지파 중에 일만 이천이요 갓 지파 중에 일만 이천이요 아셀 지파 중에 일만 이천이요 납달리 지파 중에 일만 이천이요 므낫세 지파 중에 일만 이천이요 시므온 지파 중에 일만 이천이요 레위 지파 중에 일만 이천이요 잇사갈 지파 중에 일만 이천이요 스불론 지파 중에 일만 이천이요 요셉 지파 중에 일만 이천이요 베냐민 지파 중에 인맞은 자가 일만 이천이라 이 일 후에 내가 보니 각 나라와 족속과 백성과 방언에서 아무라도 능히 셀 수 없는 큰 무리가 흰 옷을 입고 손에 종려 가지를 들고 보좌 앞과 어린양 앞에 서서 큰 소리로 외쳐 가로되 구원하심이 보좌에 앉으신 우리 하나님과 어린양에게 있도다 하니 모든 천사가 보좌와 장로들과 네 생물의 주위에 섰다가 보좌 앞에 엎드려 얼굴을 대고 하나님께 경배하여 가로되 아멘 찬송과 영광과 지혜와 감사와 존귀와 능력과 힘이 우리 하나님께 세세토록 있을찌로다 아멘 하더라 장로 중에 하나가 응답하여 내게 이르되 이 흰옷 입은 자들이 누구며 또 어디서 왔느뇨 내가 가로되 내 주

여 당신이 알리이다 하니 그가 나더러 이르되 이는 큰 환난에서 나오는 자들인데 어린양의 피에 그 옷을 씻어 희게 하였느니라(계 7:1-14).

※ 저희가 어린양으로 더불어 싸우려니와 어린양은 만주의 주시요 만왕의 왕이시므로 저희를 이기실 터이요 또 그와 함께 있는 자들 곧 부르심을 입고 빼내심을 얻고 진실한 자들은 이기리로다 (계 17:14).

부록: 언약의 성취 과정을 보여 주는 교회사

1. 언약의 성취 과정을 보여 주는 교회사

    족장 시대(BC 2200?-BC 1847?)

    애굽에서의 번성과 노예 시대(BC 1876-BC 1446)

    애굽에서의 해방과 가나안 정착 시대(BC 1446-BC 1406)

    실로의 성막 시대(BC 1400-BC 1075) 325년

    솔로몬의 성전 시대(BC 959-BC 586) 373년

    스룹바벨 성전 시대(BC 516-BC 20) 496년

    헤롯의 성전 시대(BC 20-AD70) 90년

    예수의 탄생과 사역(BC 4?-AD30년)

2. 교회 시대(AD 30년 - 현재)

세상 모든 민족을 대상으로 진행되는 언약의 성취

1) 초대 교회 시대(30년-313년)

(1) 사도 시대(30년-100년

사도들에 의하여 소아시아, 헬라, 로마로 복음이 전파됨

(2) 로마 황제의 박해 시대(60년-313년

네로, 도미티아누스, 디오클레티아누스 황제의 극심한 박해를 당하며 복음은 세계로 전파되었다.

2) 교회의 발전 시대(313년-590년)

콘스탄티누스 대제가 기독교를 공인하고(313) 데오도시우스 황제가 국교로 공인한 후(392) 교회는 크게 확산하며 조직화 되어 갔다.

3) 중세 교회 시대(590년-1517년)

(1) 로마가톨릭교회의 과도 시대(590년-800년)

그레고리우스 1세가 교황권을 강화하고 영국을 비롯한 서유럽에 기독교가 전파되어 널리 퍼졌으나 로마제국의 약화와 이슬람교의 확장으로 기독교가 약화 되기 시작하였다.

(2) 로마가톨릭교회의 성장 시대(800년-1073년)

기독교 옹호 사상을 앞세운 신성로마제국이 등장하고 기독교가 동부 유럽으로 전파되는 등 크게 성장하였으나 동서 로마가톨릭교회가 교리 등의 문제로 분열되어 서방은 로마가톨릭으로, 동방은 희랍정교회로 발전하였다.

(3) 로마가톨릭교회의 전성 시대(1073년-1303년)

로마교황 그레고리우스 7세가 하인리히 4세를 굴복시키는 등 교황권이 절정에 달하고 이노켄티우스 3세 등에 의해 기독교가 전성기를 누리는 이 시기에 교황의 주도로 십자군 운동이 일어났다.

(4) 로마가톨릭교회의 쇠퇴 시대(1303년-1517년)

십자군 운동의 실패로 교황권이 약화되고 르네상스 운동이 일어났다. 이때 성직이 매매되고 면죄부를 파는 등 교회의 부패가 절정에 이르렀다.

4) 종교개혁 시대(1517년-1648년)

루터의 종교개혁 시작부터 독일의 30년 전쟁이 끝날 때까지
로마가톨릭교회가 타락해 가자 1517년 독일의 마틴 루터가 성경의 근본 사상으로 돌아가자는 종교개혁을 일으킨 이후 쯔빙글리, 칼빈 등에 의해 종교개혁이 일어났고 독일에서는 신, 구교도 간에 30년 전쟁이 일어나 신교도들에게도 종교적 자유가 주어졌다.

한편, 가톨릭 내부에서는 이그티우스, 로욜라의 예수회를 중심으로 개혁이 일어났다.

5) 근세 교회 시대(1648년-1800년)

종교개혁으로 프로테스탄트(청교도:신교)가 태동하게 되고 청교도들이 박해를 피해 북미주로 이동하여 기독교를 전파하였으며, 영국에서는 크롬웰의 주도로 청교도 혁명이 일어나(1642-1649) 종교의 자유가 허락되는 등 프로테스탄트가 전 세계로 확산하였다.

6) 현대 교회 시대(1800년- 현재)

유럽과 미국에서 기독교의 각 교파가 교리와 조직을 확립하고 교통의 발달로 복음은 짧은 시간에 전 세계로 확산하였다.

7) 예수님의 재림과 새 하늘과 새 땅의 영원의 시대 도래(?)

3. 대한민국의 교회 시대(1883년-현재)

1) 우리 민족에게 최초로 복음을 전한 사람들과 최초로 세워진 교회

1832년 독일 루터교 출신 칼 귀츨라프 선교사 입국

1866년 영국 웨일스 출신 로버트 저메인 토마스 개신교 선교사 대동강 변에서 순교

1884년 미국의 조선 주재 외교관 장로교 선교사 알렌 의사 부부 입국. 의료 선교

1885년 미국 장로교 선교사 언더우드 입국. 교육 활동

미국 감리회 선교사 아펜젤러 입국. 교육 활동

1883년 서상륜 서경조 형제가 황해도 장연군 대구면 송천리 소래 마을에 소래교회 설립(5월 16일)

1885년 새문안교회(7월 2일)

정동교회(7월 17일)

인천 내리교회가 창립일 이전에 소수가 모여 예배드리기 시작(7월 29일)

1887년 언더우드 선교사에 의하여 새문안교회가 장로 두 명을 세우며 열네 명의 성도로 최초의 조직교회로 설립(9월 27일)

CLC의 언약 주제 도서

1. **하나님의 생명으로 맺은 언약**
   강우원 지음 | 신국판 | 388면

2. **언약신학과 세대주의 이해**
   R. 토드 맹굼 지음 | 김장복 옮김 | 신국판 | 256면

3. **언약 연구의 새 지평**
   이병은 지음 | 신국판 | 256면

4. **언약으로 성경 읽기**
   토마스 R. 슈라이너 지음 | 임요한 옮김 | 사륙변형 | 200면

5. **언약신학 연구**
   박영호 지음 | 신국판 | 527면

6. **언약사상사**
   서요한 지음 | 신국판 | 496면

7. **언약도의 역사와 유산**
   에드윈 니스벳 무어 지음 | 오수영 옮김 | 신국 무선 | 676면

8. **언약과 그리스도의 복음**
   임덕규 지음 | 신국판 양장 | 304면

9. **마이클 호튼의 언약신학**
   김찬영 지음 | 신국판 | 448면

10. **칼빈의 언약사상**
    피터A.릴백 지음 | 원종천 옮김 | 신국판 | 500면

11. **더 뉴커버넌트 신학 (개정증보판)**
    송영재 지음 | 신국판 | 516면

12. **개혁주의 언약신학**
    문정식 지음 | 신국판 | 324면

13. **계약신학과 그리스도**
    팔머 로벗슨 지음 | 김의원 옮김 | 신국판 | 306면

14. **언약과 구속**
    이순태 지음 | 신국판 | 214면

15. **계약신앙**
    앤드류 머레이 지음 | 이성강 옮김 | 국판변형 | 162면

16. **계약신학과 약속**
    토마스 맥코미스키 지음 | 김의원 옮김 | 신국판 | 268면